COMPENDIO

DEL

DERECHO ADMINISTRATIVO

POR

Manuel A. Fuentes

Abogado de los Tribunales de Justicia de la República.

SEGUNDA EDICION

LIMA
IMPRENTA DEL ESTADO
CALLE DE LA RIFA NUM. 58.

1875.

COMPENDIO

DEL

DERECHO · ADMINISTRATIVO

» Vivimos en una época, dice el célebre publicista Pradier-Fodéré, en que las cuestiones de organizacion social, política y administrativa tienen el privilegio de excitar vivamente la atencion general. No es permitido hoy á los jóvenes que pueden mañana tomar á su cargo los asuntos públicos, ignorar el mecanismo de la vida íntima de los pueblos. »

Convencido de esta verdad, he creido que un libro pequeño que trazase, aunque á grandes rasgos, los cuadros de nuestra aɑministracion, prestaria alguna utilidad si no para los hombres familiarizados con los crecidos volúmenes que constituyen la recopilacion de nuestras leyes, á lo menos, para los que pretendan conocer de un modo general la organizacion administrativa del Perú; mi principal trabajo así como el principal objeto de este libro, han sido llamar la atencion de los legisladores hácia ciertas materias incompletamente organizadas y hácia otras que, á pesar de su alta importancia no han merecido hasta hoy llamar la atencion del cuerpo legislativo. De tal naturaleza son por ejemplo, los Bancos, Montes de Piedad, Privilegios, Obras Públicas y otros varios asuntos llamados á producir mil ventajas sociales, á dar vida á nuevas y provechosas industrias y á prestar por lo mismo garantías de órden y esperanzas de una solida prosperidad.

Con respecto á los puntos no legislados, ni reglamentados, me ha parecido oportuno indicar, aunque de un modo somero los principios fundamentales de las legislaciones estrangeras y en especial de la Francesa, principios que con ligeras modificaciones podrian adoptarse con provecho en el Perú. Teniendo á la vista las obras de los mas clásicos escritores; la compilacion de las leyes peruanas y el Diccionario del recomendable Garcia Calderon, mi trabajo se na limitado á ligeras apreciaciones á las cuales no puede atribuirse otro mérito que el que nace del sincero deseo de ser útil al país en la pequeñísima parte que mis escasos conocimientos lo permiten.

Lima, Julio de 1864.

AGOTADA completamente la edicion del COMPENDIO DE DERECHO ADMINISTRATIVO que publiqué el año de 1865, y habiendo merecido la honra de que el ilustre Profesor Señor Pradier Fodéré lo haya recomendado á los alumnos de la Facultad de Ciencias Políticas, he creido necesario dar mayor extension á la obra primitiva, tomando en consideracion las nuevas disposiciones y las modificaciones introducidas en nuestra legislacion administrativa.

Varias materias, como la administracion local la organizacion de las oficinas de Hacienda, la concesion de privilegios, la organizacion de la Guardia Nacional y el reclutamiento han sido el objeto de leyes dadas posteriormente y que vienen á llenar en parte los vacios que se notaban en nuestra anterior legislacion.

Materias de grande importancia, como los ferro-carriles y los bancos, cuyo número en el dia, mereceria haber fijado la atencion de los legisladores, permanecen aún sin la necesaria reglamentacion, falta tanto mas sensible y mas perjudicial cuanto que las variadas transacciones que los bancos' verifican y los diversos papeles de crédito que de esas transacciones resultan, dan lugar á cuestiones judiciales que no pueden resolverse por las leyes comunes, dejando esas soluciones en gran parte al capricho de los jueces.

Para no introducir confusion, me ha parecido mas oportuno reimprimir el Compendio tal cual salió á luz la primera edicion, y escribir un segundo tomo en que trataré de todas las modificaciones ya insinuadas.

Lima, 1875.

M. A. FUENTES.

INDICE.

PRIMERA PARTE.

PODER ADMINISTRATIVO.

CAPITULO I.

CAPITULO II.

CAPITULO III.

CAPITULO IV.

CAPITULO V.

CAPITULO VI.

CAPITULO VII.

CAPITULO VIII.

PARTE SEGUNDA.

MATERIA ADMINISTRATIVA.

CAPITULO I.

CAPITULO II.

CAPITULO III.

PARTE TERCERA.

INTERESES MORALES.

CAPITULO UNICO.

CUARTA PARTE.

DE LOS

DERECHOS DE LA ADMINISTRACION

SOBRE LAS PERSONAS Y COSAS.

CAPITULO I.

CAPITULO II.

CAPITULO III.

APENDICE

DE LA PRIMERA EDICION.

APENDICE

DE LA SEGUNDA EDICION.

PRIMERA PARTE.

CAPITULO I.

CAPITULO II.

CAPITULO III.

CAPITULO IV.

SEGUNDA PARTE

CAPITULO III.

CAPITULO IV.

CAPITULO V.

TERCERA PARTE.

CAPITULO UNICO.

CUARTA PARTE.

CAPITULO I.

CAPITULO II.

CAPITULO III.

ERRATAS.

La página 269 principia por :

CAPITULO PRIMERO,

Debiendo decir antes :

PRIMERA PARTE.

En la línea 4ª de la misma página, dice : Al hablar de la division Léase : Al tratar.....

COMPENDIO

DE

DERECHO ADMINISTRATIVO

PRIMERA PARTE

PODER ADMINISTRATIVO

CAPITULO PRIMERO

Estado. — Gobierno. — Poderes públicos. — Administracion. — Leyes administrativas. — Ciencia administrativa. — Derecho administrativo. — Ciencia del derecho administrativo. — Fuentes del derecho administrativo. — Division de la administracion. — Objeto de la administracion activa.— Autoridad de cosa juzgada.— Division de la administracion activa. —Organos de la administracion.

EL ESTADO es la personificacion de la sociedad que tiene una existencia y necesidades que le son propias y que debe, como el hombre, velar por su conservacion y desarrollo.

Para conservarse y desarrollarse, ha necesitado la sociedad sustituir al imperio ciego y desordenado de las fuerzas

1

individuales, una fuerza inteligente y suprema, un poder
público encargado de satisfacer los intereses comunes despues de haberlos examinado y reconocido (1).

EL GOBIERNO es ese poder que tiene por mision especial
dirijir á la sociedad por las vias de su desarrollo, y de atender solícitamente á su conservacion y felicidad.

PODERES PUBLICOS. Para funcionar en esta vasta esfera de
accion, el gobierno reposa en tres poderes igualmente necesarios en toda sociedad bien organizada : el que *ordena*,
el que *aplica* y el que *ejecuta*; el poder *legislativo*, el *judicial*
y el *ejecutivo*. La separacion y distincion de estos poderes
son las primeras condiciones de todo buen gobierno. Se
concibe, en efecto, que el poder regulador, que abraza á la
sociedad en su conjunto, no puede encargarse ni del exámen de los casos particulares ni de la ejecucion de las reglas que prescribe, sin perder el tiempo en los detalles de la
práctica (2).

(1). P. Fodéré.

(2) No todos los tratadistas están de acuerdo en esta triple division de
poderes. Los publicistas franceses no reconocen sino dos poderes, el legislativo y el ejecutivo, considerando á este subdividido en administrativo y
judicial.

Berriat de St. Prix ha dicho : « de cualquier modo que se considere la
naturaleza del hombre siempre se distinguirán en él la voluntad y la accion.
La misma distincion debe aplicarse al pueblo que no es sino un ser colectivo. Las naciones quieren y obran como los individuos. La voluntad de
la mayoría se considera, en defecto de un acuerdo unanime, como la voluntad de la masa popular. El poder legislativo *quiere* y el ejecutivo *obra*.
La disposicion de esos dos poderes se deduce de la naturaleza de las
cosas.

Fodéré al hablar de la division de los poderes dice : « ¿ El poder judicial forma un poder distinto de los otros dos ? Cualquiera que sea nuestro
deseo de hacer al cuerpo judicial enteramente independiente del puro poder ejecutivo, no trepidamos en considerarlo como una subdivision de este.
El poder judicial es el poder público que hace triunfar el derecho de

LA ADMINISTRACION es pues el gobierno del pais menos la

cada cual, segun las reglas de la ley y que cumple el deber de proteccion que es una de las obligaciones del Estado.

» La *justicia* es la grande deuda del Estado. Si nos fuera permitido espresarnos así, considerariamos á los jueces como á los *pagadores* encargados por el que representa el poder público, de cancelar esa deuda s'gun lo que se debe á cada uno. Es necesario observar además que toda sentencia pronunciada no es la ejecucion de la ley, supuesto que hay necesidad de un nuevo empleo de lá fuerza pública para que se verifique esa ejecucion.

» La division de los poderes en *legislativo, ejecutivo y judicial* pertenece á Montesquieu. Pero la autoridad de ese gran nombre no puede prevalecer contra la naturaleza de las cosas. Es necesario no olvidarse de que el inmortal autor del *Espíritu de las Leyes* no brilla siempre por la exactitud. Así, segun él, el poder ejecutivo tiene por exclusiva mision la de arreglar las relaciones del Estado con los otros pueblos y en el interior, no hace sino juzgar. »

Pretendiendo Fodéré combatir la separacion del poder ejecutivo del judicial, no hace sino sostenerlo porque hay sin duda una grande diferencia entre aplicar las leyes de interes comun y prestar brazo fuerte para la ejecucion de las sentencias, y examinar las cuestiones suscitadas entre los particulares y resolver puntos de derecho aplicando las leyes del caso. Jamás el ejecutivo procede con las formas lentas y minuciosas que los funcionarios judiciales y la separacion del poder que estos ejercen de todo otro poder es una de las garantias de independencia, de libertad y de órden público.

La doctrina de Fodéré, de Vivien y otros impera en las monarquias, en las cuales el soberano cuenta entre sus atribuciones la de administrar la justicia por medio de funcionarios especiales.

Creyendo encontrar en Inglaterra el orígen de la separacion de los poderes legislativo, ejecutivo y judicial, se hizo derivar esa separacion de la Constitucion inglesa. Así, se consideró al Rey como al jefe del poder ejecutivo, al parlamento como la fuente del poder lejislativo y la justicia constituyendo un poder distinto é independiente de los otros dos. Esas mismas ideas se encuentran en las diversas constituciones, de la revolucion francesa y en las demas calcadas sobre el mismo modelo, como la española de 1812 y la de Noruega de Eidswol. La constitucion del parlamento ingles tiene mas bien por base la fusion de esos tres poderes supuesto que el parlamento se compone del rey y de las dos cámaras, que aquel y estos concurren á la lejislacion, que al parlamento van á parar los hilos de la administracion, que las cá-

confeccion de las leyes y la accion de la justicia entre los particulares (1). ·

La autoridad administrativa es la que, mediante la ejecucion de las leyes de interes general, atiende á la seguridad del Estado, á la conservacion del órden público y á la satisfaccion de las demas necesidales de la sociedad. El dominio del poder administrativo propiamente dicho se estiende á todas las leyes que no siendo la base del derecho público, constitucional, eclesiástico é internacional, no están tampoco comprendidas en el dominio del poder judicial (2).

El poder administrativo difiere de la autoridad lejislativa en que las prescripciones del legislador son generales y permanentes, mientras que las que emanan de la autoridad administrativa tienen, por lo comun, un carácter local y variable.

Difiere el poder administrativo del judicial en que aquel estatuye sobre cosas que interesan al comun y de un modo enérjico y pronto, mientras este mediante fórmulas y solemnidades de ante mano detalladas, examina un derecho disputado por particulares y pronuncia su juicio.

Los tres poderes tienen de comun el que sus actos tienen el sello de la autoridad pública é imponen obedecimiento.

maras del parlamento funcionan continuamente como oficinas administrativas superiores, y que la cámara alta es la Corte Suprema de Justicia del reino. (*Demoulin.*)

El sistema de dividir el poder público en *poder electoral* y *poder municipal*, además de los tres indicados, ha caido hace tiempo en desuso. El derecho político del Perú, reconoció el poder electoral consagrando en su primera constitucion (1823) un capitulo determinándole sus atribuciones y facultades; nótase sin embargo, que no se le consideró como uno de los tres poderes en que *quedaban divididas las principales funciones del poder nacional.*

(1) Fodéré.

(2) Estas palabras del mismo Fodéré parecen sancionar la independencia del poder judicia.

LEYES ADMINISTRATIVAS. — CIENCIA ADMINISTRATIVA. — No deben confundirse las leyes administrativas, ni la ciencia administrativa con el derecho administrativo. Se entiende por leyes *administrativas* las que arreglan algunos puntos de accion ó de organizacion administrativa, como las leyes sobre patentes, organizacion departamental etc. Esas leyes no son sino elementos del derecho administrativo.

LA CIENCIA ADMINISTRATIVA es la del mecanismo de los servicios públicos, de la gerarquía, organizacion interior y principios relativos á esa organizacion. Es, en una palabra, la posesion de la parte puramente técnica del poder administrativo.

EL DERECHO ADMINISTRATIVO es la ciencia de la accion y de la competencia del poder central y de los administradores locales en sus relaciones con los derechos é intereses de los administrados y con el interés general del Estado. El estudio del derecho administrativo comprende pues : 1.º el estudio de las leyes administrativas : 2.º el de las autoridades administrativas. El dominio del derecho administrativo se estiende tambien á todas las leyes sociales con excepcion de aquellas que sirven de fundamento á la organizacion constitucional ó que son de la esfera judicial.

¿La legislacion administrativa es susceptible de codificacion? Muchas tentativas se han hecho sin resultados satisfactorios. La solucion de la cuestion nos parece resultar del significado que se dé á la palabra codificacion. Si se entiende por ella la obra de sustituir á una inmensidad de leyes ó de costumbres establecidas sucesivamente y que se destruyen ó se respetan unas á otras, un sistema de disposiciones legislativas en actual vigor, reducidas al menor número posible, sometidas á una redaccion uniforme y metodicamente distribuidas en pocos volúmenes, la codificacion del derecho administrativo es imposible, porque la naturaleza de la legislacion administrativa es variable como los acontecimientos que la producen, y está sujeta á la influen-

cia de los cambios políticos y de los progresos de la civilizacion. Se puede, sin duda, reunir y clasificar las leyes exis
tentes en el momento de hacer el trabajo, pero al dia siguiente
sobrevendrian cambios necesarios y la obra será siempre
incompleta.

Si, por el contrario, la codificacion tiene por objeto la
reunion de los principios que rigen una materia, principios
generales y soberanos universalmente admitidos, como la
moralidad que es una, y elocuentes como la verdad, el derecho administrativo puede codificarse. El respeto á la libertad individual, la proteccion á los desgraciados, el desarrollo necesario de la instruccion pública, la apertura de cómo-
das vias de comunicacion serian los principales artículos
que domináran en los códigos de los pueblos civilizados.
Pero no deberia olvidarse consignar en ese código los sacri-
ficios que todo ciudadano debe hacer por la cosa pública,
de una parte de sus derechos y de sus deseos (1).

FUENTES DEL DERECHO ADMINISTRATIVO. — Las fuentes del
derecho administrativo son : 1.° las leyes : 2.° los decretos
del gobierno, las ordenanzas y reglamentos de administracion.
Es necesario notar que las circulares y las instrucciones ministeriales no son obligatorias para los particulares aunque
lo sean para las administraciones públicas; que no se reputan como decretos valederos los que emanan de autoridades
ilegítimas ó que usurpan ajenas atribuciones y que los decretos y reglamentos del ejecutivo no deben contrariar ni
oponerse á las resoluciones del cuerpo legislativo.

El jurisconsulto que quiera abrasar el conjunto de la legislacion administrativa, debe añadir al conocimiento de
las leyes puramente administrativas, el del derecho civil y
privado en la parte que tiene relacion con aquellas, así
como las leyes criminales que tienen la misma relacion. En

(1) Fodéré.

casi todos los códigos civiles y criminales hay disposiciones que se refieren á otras administrativas : tales son las que establecen la tutela del gobierno sobre ciertos establecimientos; las que prescriben el respecto á las autoridades y señalan penas para la insubordinacion ó el desacato, y las que, en ciertos casos determinan las funciones de los ajentes de la administracion en los juicios criminales (1).

DIVISION DE LA ADMINISTRACION. — En ciertas legislacionesadministrativas se consideran tres hechos como el fundamento de la administracion; *obrar, consultar* y *deliberar*. De ellos se deduce la division en administracion *activa, consultiva y contenciosa.*

En el Imperio francés todos los órganos generales de la administracion tienen un Consejo con el cual deben proceder de acuerdo, ó cuando menos oyendo su dictámen. Asi el emperador tiene el Consejo de Estado : los Prefectos el Consejo general; los Subprefectos el Consejo comunales y el consejo municipal. El Consejo de Estado tiene una seccion llamada *de lo contencioso* y ejerce cierta jurisdiccion judicial en diversos casos, como las cuestiones promovidas entre el banco nacional y los miembros de su consejo general, sus ajentes ó empleados etc. Juzga como juez de apelaciones de las decisiones de los consejos de prefectura, de las decisiones de los ministros etc. : y como tribunal supremo, en los casos de violacion de ley, exceso de poder ó incompetencia y conflicto de jurisdiccion entre dos autoridades administrativas.

La organizacion administrativa del Perú no reconoce actualmente la existencia de consejos consultivos. Existia antes el Consejo de Estado que contaba entre sus principales atribuciones la de vigilar porque el ejecutivo no cometiese infracciones de Constitucion, la de autorizarlo en ciertas

(1) De Gerando.

circunstancias para ejercer facultades no concedidas en ella y la de prestarle su dictámen en ciertos asuntòs complicados. Nadie podrá negar que cualquiera que sea la clase de gobierno aceptado por una nacion, la existencia de un Consejo compuesto de hombres de ciencia y probidad, es un poderoso auxiliar de la administracion y una garantía de acierto en los asuntos difíciles.

En vez de un cuerpo consultivo, entra en el sistema de administracion peruana, un cuerpo fiscalizador que, con el nombre de Comision Legislativa, desempeña, en receso de las cámaras legislativas, algunas de sus atribuciones y, la mision de dirijir representaciones al ejecutivo para que enmiende las infracciones de la Constitucion ó de las leyes, que hubiese cometido (1).

Como ciertas medidas administrativas, por su carácter importante y por su trascendencia, deben ser hijas de la madurez y de la discusion, existe, en vez del Consejo de Estado, un Consejo de Ministros de cuyas funciones nos ocuparemos oportunamente.

En los paises que no siguen el régimen administrativo frances no tiene lugar la division de la administracion en las tres clases indicadas, ella es puramente activa.

La Constitucion da al jefe del Estado la facultad de dar reglamentos y de expedir los decretos necesarios para la ejecucion de las leyes. Los ministros resuelven algunos asuntos y dirijen circulares á los agentes de los departamentos con el objeto de que esa ejecucion tenga efecto. La utilidad pública está determinada por el conjunto de la legislacion; pero su círculo elástico se dilata ó estrecha segun las exigencias del interes general.

Bajo este punto de vista se manifiesta la administracion propiamente dicha. Su mision es tan estensa como variadas las necesidades generales de la sociedad á que debe atender. Para apreciar esas necesidades y para satisfacerlas recurre

(1) Tit. XIII, Const. de 1860.

la administracion á la ciencia y á la economía política. Toma tambien en consideracion los tiempos, lugares y circunstancias que pueden modificar la intensidad de las exigencia y la oportunidad de su satisfaccion. La accion del poder administrativo debe ser, pues, libre y estensa, porque si la conciencia pública manifestada por las costumbres y por la legislacion forma la base de los principios generales, las innumerables eventualidades que pueden presentarse en la aplicacion de esos principios deben encontrar, en el poder encargado de realizarlos, una completa independencia de accion. Es necesario dejar solo al derecho civil esas reglas absolutas que justifican muchas veces el aforismo de *summum jus, summa injuria*. La autoridad administrativa tiene que combinar con el interes público, que debe siempre prevalecer, tantos otros intereses, que nadie puede quejarse de la independencia de una administracion imparcial y honrada; pero es necesario que la administracion reuna estas dos calidades (1).

AUTORIDAD DE COSA JUZGADA. Como las disposiciones puramente administrativas son variables por su naturaleza y están sujetas á la influencia de los acontecimientos y de la política, no tienen el sello de estabilidad y permanencia que los fallos judiciales. Los derechos que una sentencia ejecutoriada ha concedido, no pueden ser desconocidos en ningun tiempo desde que no es licito abrir juicios legalmente fenecidos, siguiendo la máxima *non bis in idem*. Sin embargo, es necesario tener presente que los principios del derecho administrativo, como todos los principios verdaderos se fundan, ademas de la utilidad pública, en la razon, en la justicia y en la equidad. Siempre que exista una ley directa y positiva, la administracion debe aplicarla con una rigurosa imparcialidad.

DIVISION DE LA ADMINISTRACION ACTIVA. La administra-

(1 Fodéré.

·cion activa se divide en general y local; los agentes de la
administracion activa son :

GOBIERNO.

Administracion general... { Jefe ó Presidente de la República.
Ministros.
Comision permanente.

Administracion local...... {
DEPARTAMENTOS.
Prefectos.
PROVINCIAS.
Sub-Prefectos.
DISTRITOS.
Gobernadores.

En las capitales de departamento y de provincia y en las ciudades que
no lo sean, hay municipalidades; y en las cabezas de distrito, agencias
municipales.

LOS ORGANOS DE LA ADMINISTRACION son generales ó especiales. Los generales son el Presidente de la República, los
ministros, la comision permanente, los prefectos, subprefectos, gobernadores, tenientes gobernadores y las municipalidades : órganos especiales son los diferentes cuerpos
ó comisiones encargados de ciertos ramos. Las corporaciones especiales son mas bien auxiliares que órganos de
administracion.

CAPITULO II

Presidente de la República. — Sus atribuciones. — Derecho de gracia. — División de los actos del gobierno — Reglamentos de administracion pública. — Forma de los reglamentos administrativos. — Decretos. — Recursos contra los actos del gobierno.

PRESIDENTE DE LA REPUBLICA. — SUS ATRIBUCIONES. — El Presidente, responsable ante la República, organiza las fuerzas de mar y tierra para la conservacion del órden interior y de la seguridad exterior del Estado; convoca al cuerpo lejislativo en los periodos constitucionales, y extraordinariamente en los casos de necesidad; abre y cierra las sesiones del Congreso : toma parte en la formacion de las leyes, iniciándolas ú observándolas y las hace promulgar y cumplir; ordena la recaudacion é inversion de las rentas públicas; requiere á los tribunales y juzgados para la pronta administracion de justicia y hace que se cumplan las sentencias; dirige las negociaciones diplomáticas celebrando tratados que deben obtener la aprobacion del Congreso; recibe á los ministros extrangeros y admite á los empleados consulares; nombra y remueve á los ministros de Estado y los agentes diplomáticos; ejerce el patronato eclesiástico; celebra concordatos arreglándose á las instrucciones del Congreso; concede ó niega el pase á los decretos conciliares, bulas y rescriptos pontificios, y provee los empleos vacantes en la República, cuyo nombramiento le corresponde segun la Constitucion (1).

DERECHO DE GRACIA. En los Estados monárquicos y en algunos republicanos, se concede al jefe de la nacion el *derecho de gracia* ó de conmutar las peras impuestas por el poder judicial, por otras menos fuertes. Esa concesion ha sido el objeto de numerosos y sérios ataques. Pará ciertos espíritus tímidos, ese derecho está fuera del poder del Ejecutivo y es de todo punto irracional. Está fuera del alcance del ejecutivo, porque tiende á suspender el imperio de las leyes; es irracional, porque tiende á despojar á las penas de la certeza que es el elemento esencial de su eficacia. Si la pena es necesaria no debe perdonarse; si no es necesaria no debe pronunciarse (2). Por otra parte, conceder al jefe del Estado el derecho de gracia es violar el principio de la separacion de los poderes y sostituir el capricho administrativo á la con ,ienzuda apreciacion de los jueces. Que se invista, si se quiere, á ciertos magistrados del derecho de revisar las sentencias y de abreviar lá duracion de las penas, si se temen condenaciones muy rígidas, en razon á la posicion favorable de ciertos acusados ó si se pretende alentar el arrepentimiento de los condenados; pero es preciso guardarse mucho de distraer al jefe del gobierno de la administracion exclusiva de los asuntos del Estado.

La justificacion de la atribucion del derecho de gracia al jefe del Estado se encuentra en el interes que tiene la sociedad de seguir al culpable mas allá de su condenacion. El juez ligado por las definiciones de una ley inflexible no

(1) Artículo 94. const. de 1860.
(2) Bentham.

aprecia los hechos sino en sus relaciones con las calificaciones asignadas como base de la reparticion de las penas, y pronuncia su sentencia sin haber podido, en muchas ocasiones, medir el castigo al tamaño de la perversidad del culpable. Pero la sociedad en cuya defensa se impone la pena es siempre dueño de su aplicacion; tiene el derecho de investigar en la intencion, el grado de criminalidad y de remediar la imperfeccion de las leyes penales. Ella sigue al condenado hasta el acto de su expiacion y pudiendo hacerle entreveer la esperanza, le abre el camino del arrepentimiento. Admitir ese derecho en favor de la sociedad, en cuyo interes existe la represion, es constituirla depositaria del poder público y por consiguiente debe reconocerse en el gobierno ya sea un ser colectivo ó un solo individuo. El derecho de conceder gracia y de conmutar las penas, debe ser pues un atributo legítimo y natural del soberano.

En el Perú se concedia al Presidente de la República la facultad de conmutar la pena de muerte (1) de un criminal previo informe del tribunal ó juez de la causa, siempre que concurrieran graves y poderosos motivos, no siendo en los casos exceptuados por la ley.

Abolida la pena capital para toda clase de delitos (2), el derecho de gracia era una atribucion inútil y fué, por lo mismo, eliminado del número de las facultades del Presidente; péro al haberse restablecido aquella penalidad, para el delito de homicidio (3), el no revivir esa saludable atribucion, se ha debido, sin duda, á la limitacion de los casos en que era aplicable esa tremenda penalidad.

Al lado del *derecho de gracia* se coloca el de *amnistia* é indulto que, en las monarquias, pertenece al soberano y en

(1) Arts. 83 cons. de 1826. 9, cons. de 1828. — 85 cons. de 1834. — 87, cons. de 1839.
(2) Cons. de 1856.
(3) Art. 16 cons. de 1860.

el Perú á los cuerpos lejistativos (1). Entre ambos derechos hay una notable diferencia. La gracia no remite sino el castigo, conserva el hecho criminal y la sentencia, y no tiene lugar sino despues de hecha la justicia. La amnistia por el contrario se retrae hácia lo pasado, destruye hasta la primera señal del delito, detiene el curso de la justicia cuando interviene antes del juicio, y borra á un mismo tiempo el hecho criminal y la sentencia condenatoria, cuando interviene despues.

Bajo la antigua monarquia francesa, la amnistia se llamaba *abolicion*. Las letras de abolicion se concedian, en su orígen para objetos políticos, con el propósito de calmar los ódios y reconciliar los partidos divididos á consecuencia de las emociones populares. Con el curso de los tiempos, perdieron su carácter de generalidad y se aplicaron individualmente á favor de algunos criminales. En vano se esforzó la magistratura por reformar ese abuso; el derecho de abolicion, estraviado de su objeto primitivo, degeneró en un refugio abierto á los criminales bastante felices para alcanzar los reales favores. En nuestros dias, la condicion legal de la amnistia es que sea general; no puede concederse sino por interes público, considerando los acontecimientos sin fijarse en los individuos. Medida, las mas veces, de alta política, la amnistia como la represion, debe colocarse en manos del poder legislativo en aquellos paises en que no existe un poder absoluto.

DIVISION DE LOS ACTOS DEL GOBIERNO. — Se puede dividir en dos clases los actos del poder administrativo : 1.º reglamentos de administracion pública : 2.º decretos. La ley estatuye en términos generales y no puede preveerlo y arreglarlo todo. Para que su ejecucion no sea ni variable ni arbitraria y que sean claros sus principios, es preciso que entre

(1) Art. 59 Cons. de 1860.

la ley que ordena y el agente que le presta su brazo, se interponga una autoridad que hable por ella; que decrete las medidas secundarias que ella no ha prescrito; que precise su voluntad cuando no la ha espresado claramente. Ese es el oficio de la administracion, que lo cumple espidiendo reglamentos de administracion pública y decretos.

ACTOS ORGÁNICOS O REGLAMENTARIOS. — Los actos de la administracion considerada como suplente del legislador, son orgánicos ó reglamentarios. Orgánicos son los que tienen por objeto la organizacion de algun ramo de administracion pública; los reglamentarios son los destinados á arreglar los detalles de la ejecucion. Hay otra especie de actos que no presentan de una manera precisa ninguno de esos dos caractéres, y que se califican tan solo por su objeto.

REGLAMENTOS DE ADMINISTRACION PUBLICA. — Se dá este nombre á los actos administrativos en que se manifiesta la autoridad del jefe del Estado, en virtud de una delegacion constitucional del cuerpo legislativo. Como la ley, tienen fuerza obligatoria y deben ser promulgados; pero difieren por su orígen, y si abrazan el porvenir y comprenden ciertas generalidades, no tienen el carácter de permanencia que las leyes.

Los reglamentos de administracion pública forman una especie de legislacion secundaria que estatuye sobre los detalles de ejecucion de una ley. ¿Cuáles son los límites del dominio de la ley y del reglamento? No existe sobre este punto ninguna regla general y precisa. En ciertas materias, la misma Constitucion se encarga de hacer esa limitacion, y segun las formas de gobierno, dá mas ó menos iniciativa al poder ejecutivo ó al legislativo. La Constitucion peruana, por ejemplo, no dá el derecho al Ejecutivo para crear contribuciones por medio de un reglamento administra-tivo

Pero si es difícil establecer una regla absoluta, hay ciertos rasgos generales que permiten limitar el carácter de la ley y el del reglamento.

Pertenecen á la ley todas las medidas permanentes y duraderas que interesan á la generalidad de los ciudadanos; al reglamento las disposiciones accidentales y pasajeras suceptibles de modificacion segun los lugares. Las cuestiones que exijen una decision inmediata y conocimientos técnicos son del dominio de los reglamentos; las que exigen el aparato de formas lentas y solemnes deben ser resueltas por el legislador.

Otra de las cuestiones suscitadas sobre esta materia es la de saber, si el poder reglamentario dá al jefe del gobierno el derecho de señalar una pena. La division de los poderes no permite aceptar la afirmativa; la autoridad administrativa es impotente para crear penas, y sus disposiciones no pueden ser sancionadas, sino en la penalidad establecida por la ley, á menos que el legislador no le conceda una autorizacion especial para ciertos casos.

FORMA DE LOS REGLAMENTOS ADMINISTRATIVOS. — Los reglamentos de administracion pública deben tender á limitar cada poder en su esfera legal. Así como las leyes no deben contener artículos puramente reglamentarios, así mismo los reglamentos no admiten disposiciones de pura ejecucion que deben dejarse á la apreciacion del poder administrativo.

Importa igualmente evitar la insercion en los reglamentos de las disposiciones constitucionales. Esa trascripcion las debilita disminuyendo su autoridad. Los ciudadanos que encuentran una disposicion en un simple decreto, no pueden saber si está revestida de la sancion legal. El mismo gobierno puede engañarse en decretos posteriores y modificarlos como puramente reglamentarios. Por otra parte, separando los artículos de una ley de los que le preceden ó le siguen, se puede alterar su sentido como sucede con la frase que se desprende de un episodio. Algunas veces tambien se cambia su texto al colocarlo en un nuevo cuadro, resultando alterada la ley en su letra y en su espíritu. El reglamento no debe apropiarse la obra del legislador. Esta es una regla generalmente seguida.

Si se considera la alta importancia de los reglamentos de administracion pública, se comprenderá fácilmente que el lejislador quiere que sean ilustrados por las luces de corporaciones ó personas á cuya práctica se una el conocimiento de las leyes.

Es tanto mas necesario exijir, para formularlos, un exámen atento y profundo, cuanto que en razon á su carácter semilejislativo, esos reglamentos, segun una jurisprudencia bien antigua, no pueden ser atacados directamente por la vía contenciosa (1).

Atendida la naturaleza delicada de los reglamentos, se exije en algunas legislaciones, como la francesa, que no puedan formularse sin prévia consulta del Consejo de Estado.

La segunda condicion de los reglamentos es su promulgacion; deben ser, asi como las leyes cuyo apéndice forman, puestos en conocimiento de todos los ciudadanos (2).

DECRETOS. — Se entiende por decretos las disposiciones administrativas que, no teniendo por objeto organizar ni complementar las leyes, tienden á dirijir el ejercicio de las facultades ordinarias del ejecutivo. El decreto se expide bien á consecuencia de la proposicion de un ministro, ó por órden del jefe del Estado sin esa prévia proposicion. Los decretos son firmados por el Presidente y autorizados por el ministro del correspondiente ramo.

El nombramiento de funcionarios públicos, las medidas exijidas para la conservacion del órden público, las convo-

(1) Vivien. — Études administratives.
(2) Vivien.

2

catorias del cuerpo lejislativo y algunas autorizaciones se, arreglan por medio de decretos.

Aunque el poder administrativo sea responsable de sus actos, muy especialmente en los pueblos republicanos, no pueden ser obedecidos los decretos que infrinjan abiertamente la Constitucion y las leyes del Estado. El poder judicial puede juzgar de la legalidad de esos decretos, y esa excepcion del principio general de la independencia de los poderes, se funda en la necesidad de que los ciudadanos tengan garantías positivas en tan importante materia.

El derecho administrativo peruano reconoce, bajo el nombre de *Comision permanente del Cuerpo. Lejislativo*, la existencia de un cuerpo encargado de vijilar que el ejecutivo cumpla con la Constitucion y las leyes, dirijiéndole dos representaciones sucesivas, para que enmiende cualquiera infraccion que hubiese cometido ó para que proceda contra las autoridades subalternas si ellas fuesen las infractoras. En el caso en que esas representaciones sean desatendidas, debe la Comision dar cuenta al Congreso haciendo la correspondiente acusacion contra el ministro ó ministros responsables.

RECURSOS CONTRA LOS ACTOS DEL EJECUTIVO. — Hay tres clases de recursos contra los actos del poder ejecutivo, en los casos en que estos dañen los intereses, derechos ó garantías del ciudadano : 1.º la via graciosa; 2.º la de reclamacion; 3.º la contenciosa.

Hay lugar al recurso gracioso, siempre que no haya lesion de derecho, sino un simple interés ofendido; pero si los derechos son violados, si no se han observado las necesarias fórmulas, se puede ocurrir á los otros dos medios.

Por la via graciosa se dirije el agraviado al mismo gobierno, para que reforme sus actos, mediante una simple peticion presentada al ministerio de donde emana la disposicion.

La reclamacion se ejerce bien ante el jefe del Estado, si

la infraccion constitucional se ha cometido por un funcionario subalterno, ó ante el Congreso si fuese cometida por
aquel.

La via contenciosa contra el ejecutivo tiene lugar en los
casos en que este despoje á cualquier ciudadano de sus
bienes y derechos ó no llene las condiciones de sus contratos; el juicio se entabla ante la Corte Suprema que lo sustancia y resuelve con las debidas solemnidades.

CAPITULO III

MINISTROS. — Los ministros son los agentes inmediatos y necesarios del jefe de la República. Auxiliares honrados y poderosos del pensamiento de este, forman un consejo responsable solidariamente de las disposiciones que tomen en comun y responden individualmente de todo lo que hagan en su ramo.

NOMBRAMIENTO DE LOS MINISTROS. — Los ministros son nombrados por el Presidente de la República á propuesta en nota oficial del Ministro presidente del Consejo. Si todo el ministerio es removido, el Presidente de la República nombra presidente del Consejo y ministro de uno de los ramos; este presidente propone entonces á sus colegas, y el jefe del Estado si acepta las propuestas, espide los nombramientos espresando el ramo que asigna á cada individuo. Las propuestas que presente el Presidente del Consejo para reemplazar á uno ó mas ministros, deben hacerse con acuerdo de sus colegas. El número de ministros es el de cinco : el de *Relaciones Exteriores;* el de *Gobierno* que entiende en los ramos del *Interior, Policia* y *Obras públicas;* el de *Hacienda* que conoce de este ramo y de el de *Comercio;* el de *Justicia* que entiende ademas en los ramos de *Instruccion pública, Beneficencia* y *Culto* y el de *Guerra* que entiende en lo concerniente á la *Marina militar* (1).

Las funciones de ministros son incompatibles con las de electores, diputados y senadores (2).

GERARQUIA DE LOS MINISTROS. — Despues del Jefe del Estado, ocupan los ministros el primer rango en el órden administrativo; de ellos dependen inmediatamente los jefes de los departamentos (3) y los de todas las oficinas de los ramos anexos al ministerio; asi es que reforman los actos de las autoridades inferiores. Todo ciudadano expuesto á sufrir de un ajente inferior un acto ofensivo ó lesivo, puede recurrir al ministro para solicitar la enmienda de ese acto; pero es necesario que ese ajente tenga una inmediata dependencia del ministro, es decir, que ocupe, en la escala administrativa, el segundo grado. Asi, puede ocurrirse al ministro para quejarse de un Prefecto, como á este para reclamar de los actos de un Subprefecto. En una palabra, debe seguirse el órden riguroso de gerarquía.

El ministro examina y decide de los actos de sus subordinados ó bien mediante la simple comparacion de esos actos con la ley, ú oyendo el informe del subordinado; no observa las fórmulas de un juicio sino procede sumaria y administrativamente.

(1) Ley de 2 de mayo de 1861.
(2) Constitucion de 1860.
(3) Estos jefes, llamados Prefectos, están bajo las órdenes del Ministro de Gobierno en todo lo que no sea relativo á la administracion de las rentas públicas.

FIRMA O AUTORIZACION. — Todos los actos administrativos del Jefe de la República deben ser autorizados por el Ministro del ramo correspondiente. La necesidad de esa autorizacion se funda en la responsabilidad que gravita sobre el ministro, y en la garantía que se debe á los ciudadanos de la apropiacion del acto á las necesidades públicas.

Todos los actos gubernativos deben ser considerados en sí mismos y en sus relaciones con la marcha general de los negocios, y es natural manifestar en ellos el concurso del pensamiento del que dirije el conjunto y del mas especial que dirige los detalles (1).

Basta la firma del Ministro para que sean cumplidos los oficios en que se ordene la ejecucion de las leyes, reglamentos y disposiciones vigentes, ó sobre asuntos del despacho, ó trascribiendo decretos ó resoluciones. Si la nota oficial es sobre algun asunto extraordinario, ó que, á juicio del Presidente de la República, merezca dársele mayor fuerza é importancia, el Ministro respectivo debe leerla al Presidente para que este la apruebe y rubrique. Las notas oficiales que los Ministros dirijan al ramo de Hacienda, para que ordene algun pago, seran firmadas por el Presidente de la República, cuando el gasto sea extraordinario (2).

Los decretos de mera sustanciacion, en los asuntos ordinarios, se firman por los oficiales mayores de los ministerios.

No hay obligacion de obedecer los mandatos ministeriales que carezcan de la firma del Ministro.

RESPONSABILIDAD DE LOS MINISTROS. — Por un principio general y absoluto del derecho peruano, todo el que ejerce funciones públicas es responsable de sus actos oficiales.

Los ministros son responsables solidariamente por las resoluciones dictadas en Consejo, si no salvasen su voto; ó

(1) Foderé.
(2, Ley de 2 de mayo de 1861.

individualmente por los actos peculiares á su departamento (1).

La cámara de diputados tiene la atribucion de acusar á los ministros, ante la del Senado, por las infracciones de la Constitucion, y por todo delito cometido en el ejercicio de sus funciones y que segun la ley merezca pena corporal aflictiva.

DIVISION DE ATRIBUCIONES. — La existencia del ministerio es indispensable. El poder regulador que gobierna y domina el conjunto social no puede aplicar, ni descender hasta los detalles de la práctica. El ministro es pues un funcionario público responsable, nombrado por el jefe del Estado que le dá su confianza para administrar un ramo cualquiera de los asuntos públicos, darle cuenta de los que exijen determinaciones especiales, recibir directamente sus órdenes y hacerlas ejecutar (2). Los asuntos públicos se reparten entre diferentes ministros, delegados inmediatos del Presidénte de la República, quienes desempeñan su servicio por medio de agentes subordinados entre sí, de quienes son jefes. Esa delegacion y esa gerarquía que hacen partir del ministro el movimiento administrativo, lo propagan hasta los puntos mas lejanos de la República y hacen tambien que remonten hácia la fuente de la accion gubernativa, las reclamaciones y los informes necesarios para atender á todas las necesidades locales.

ATRIBUCIONES GENERALES. — Todos los ministros tienen las atribuciones: 1.ª de resolver los asuntos relativos á sus ramos, previo acuerdo con el jefe del Estado, siempre que no se trate de la aplicacion de un mandato antes espedido ó de la puntual aplicacion de la ley: 2.ª de presentar á los cuerpos lejislativos, al tiempo de su instalacion, una memoria sobre el estado de los ramos de su despacho: 3.ª de pre-

(1) Art 104, Const. de 1860 y art. 45 y 46 de la ley de 2 de mayo de 1861.
(2) Merlin.

sentar al Congreso, en cualquier tiempo, los proyectos de
ley que juzguen convenientes, y de concurrir á las sesiones
de las cámaras y tomar parte en los debates, debiendo retirarse antes de las votaciones: 4.ª de impartir á los Prefectos
las órdenes é instrucciones necesarias para el cumplimiento
de las leyes y de las resoluciones supremas : 5.ª de pedirse
recíprocamente y á todas las oficinas del Estado, los datos,
documentos é informes que necesiten : 6.ª de espedir los
títulos ó despachos á los empleados en los diversos ramos de
su dependencia y 7.ª de librar las órdenes de pago sobre
partidas de gastos ordinarios considerados en los presupuestos legales.

ATRIBUCIONES ESPECIALES. — Los ramos de la administracion son tantos y tan variados como las necesidades sociales
á que es preciso atender. Esta causa hace precisa la separacion y distribucion de las atribuciones que la ley confiere
á cada ministro. Esa division corresponde á las tres grandes
exijencias sociales : *la vida material del pueblo ; la vida intelectual; la seguridad del Estado, de las personas y de sus bienes.*
Vida material : Gobierno interior del Estado, Trabajos públicos, Agricultura y Comercio. Vida intelectual; Instruccion
pública y cultos. — Seguridad del Estado, personas y bienes:
Relaciones exteriores, Guerra; en el Interior, Justicia,
Marina y Hacienda.

La distribucion y asignacion de ramos puede hacerse por
el Presidente de la República, segun las exijencias del servicio. Esa distribucion para ser buena no debe ser capri-
chosa; la ciencia aconseja que se proceda siguiendo la
clasificacion indicada en el anterior acápite.

La *ley de Ministros* de Noviembre de 1856 señalaba deta-
lladamente los ramos de administracion asignados á cada
uno de los cinco Ministerios existentes. No se encuentra esa
designacion en las leyes de 2 de Mayo de 1861 y su reforma-
dora de 31 de Enero de 1861; pero no habiéndose introducido novedad alguna en la distribucion de ramos, y siendo,

por otra parte, la establecida la mas conforme á la ciencia, subsite en esta forma :

El Ministro de Relaciones Exteriores conoce de los tratados internacionales, Concordatos, Decretos conciliares, Bulas y Breves apostólicos, Direccion de las relaciones diplomáticas, Nombramiento y remocion de agentes diplomáticos, y consulares, Correspondencia con los Gobiernos Extranjeros y sus agentes públicos, Instrucciones á los agentes displomáticos y consulares de la República en otros Estados, Admision de los agentes diplomáticos y consulares extranjeros, Proteccion de los nacionales en el extranjero, Legalizacion de documentos para el exterior y comprobacion de los otorgados en el extranjero.

El Ministro de Gobierno conoce de lo relativo á Orden público, Garantías individuales, Imprenta, Elecciones, Juntas departamentales, Municipalidades, Conservacion y Reparacion de las localidades del Congreso, Policía, Gendarmería, Demarcacion territorial, Estadística general, Cartas geográficas y topográficas, Administracion de postas y correos, Alojamiento, Bagajes, Cargas y servicios públicos, Suministros de víveres y forrajes, Teatros y lugares de recreo público, Administracion de Loreto.

El Ministro del Culto conoce de lo relativo á Patronato nacional, Pase de Decretos Conciliares, Bulas, Breves y Rescriptos Pontificios, Presentacion de Beneficios eclesiásticos, Jurisdiccion y Disciplina eclesiástica, Conventos y cosas religiosas.

El Ministro de Obras Públicas conoce de lo relativo á Caminos, Puentes, Canales, Obras sobre los rios, Irrigacion, Desagües, Derechos sobre vías de comunicacion, Edificios públicos, Ingenieros civiles, Proteccion de la agricultura, de la industria y minería.

El Ministro de Justicia conoce de lo relativo á Administracion de justicia, Codificacion, Magistratura y Ministerio fiscal, Penitenciarias, Presidios y Cárceles, Administracion de presos y cumplimiento de condenas.

El Ministro de Instruccion conoce de lo relativo á Direccion de estudios, Inspeccion de los establecimientos de instruccion, Cumplimiento de sus reglamentos, Administracion de sus rentas, Monumentos históricos y artísticos, Bibliotecas, Museos y Conservatorios de artes, Propiedad literaria.

El Ministro de Beneficencia conoce de lo relativo á Hospitales, Casas de refugio y maternidad, Montes de piedad, de socorros públicos, y cajas de ahorros, Médicos titulares, y fomento de la Facultad de Medicina, y de los establecimientos de medicina, y obstetricia, Establecimientos de Farmacia, Medidas sanitarias, Conservacion y propagacion del fluido vacuno, Baños termales.

El Ministro de Guerra conoce de lo relativo á Guardia Nacional, Ejército y Armada, Moralidad y Disciplina de la fuerza pública, Conservacion y Reparacion de los establecimientos militares, incluyendo los de educacion profesional para el ejército y marina. Vicariato general, Cuerpo de sanidad, Ingenieros militares, Hacienda militar y sus comisarías, Arsenales y Astilleros, Presas.

El Ministro de Hacienda conoce de lo relativo á Recaudacion é Inversion de las rentas públicas, ordinarias y extraordinarias, Casas de Moneda y todas las oficinas y establecimientos de Hacienda, Administracion de los bienes del Estado, Cumplimiento de las sentencias en el ramo de Hacienda, arreglo y pago de la Deuda pública.

El Ministro de Comercio conoce de lo relativo á instruccion para los tratados de comercio, y en todo lo concerniente á su cumplimiento, Tribunales y Juzgados de comercio, Inspeccion de las bolsas, mercados, muelles, diques y demas obras que no sean de fortificacion en los puertos. Observancia de los reglamentos, tarifas y aranceles comerciales, fomento y mejora del cabotaje, Regularidad de pesas y medidas.

CONSEJO DE MINISTROS. — Con el objeto de dar unidad á la marcha de los negocios públicos, y consultar el mejor acierto en la administracion, se ha creado un Consejo compuesto de todos los ministros de Estado, bastando tres para que puedan celebrarse acuerdos. El Consejo tiene por presidente al ministro que haya obtenido ese nombramiento del jefe del Estado. El Presidente de la República puede asistir á todos los acuerdos del Consejo y reunirlo extraordinariamente cuando lo tenga á bien, presidiéndolo en estos casos.

El Presidente de la República puede consultar al Consejo de Ministros los asuntos que, á su juicio, lo merezcan. La opinion del Consejo, en tales casos, es solamente ilustrativa, y el Presidente de la República ó el Ministro del ramo á que pertenezca el asunto consultado, son libres para resolverlo bajo su propia responsabilidad.

El Presidente de la República debe oir el voto deliberativo del Consejo de Ministros : cuando pida autorizacion para declarar la patria en peligro, suspender algunas garantías individuales, salir del territorio de la República, durante el periodo de su mando, ó mandar personalmente la fuerza armada : para decretar bloqueos ó abrir alguna campaña despues de autorizado para ella. Oirá el voto consultivo cuando crea conveniente hacer observaciones á alguna ley; cuando pida facultad para levantar un empréstito; para nombrar Ministros Plenipotenciarios, Enviados Extraordinarios ó Ministros Residentes; para proponer Vocales y Fiscales de la Corte suprema, nombrar General en Jefe del ejército, Almirante de escuadra, Prefectos, Director General de Hacienda, del Crédito Público, Presidente del Tribunal Mayor de Cuentas y presentar Arzobispos y Obispos.

Siendo acertada la opinion del Presidente, é infundada

la del Ministro, el Consejo debe resolver que se lleve á efecto aquella; y en tal caso, el Presidente nombrará el Ministro que deba autorizar lo resuelto por el Consejo. (1). En los casos en que el Presidente de la República debe oir el voto deliberativo del Consejo de Ministros, si se presenta alguna oposicion de gravedad ó trascendencia entre las opiniones de aquel y las del Consejo, hará este su dimision, no pudiendo quedar en el gabinete ninguno de los Ministros si ha sido unánime el juicio del Consejo (.).

Por la Constitucion de 1856 (3) estaba el Consejo llamado á encargarse del mando de la República en los casos de impedimento ó falta del Presidente : hoy carece de esa facultad, pues la presidencia, en los indicados casos, debe recaer en el primer Vice-Presidente, y por defecto de este en el segundo (4).

(1) Ley de 31 de Enero de 1863.
(2) Art. 25, ley de 2 de Mayo de 1861, y artículo 6 de la de 31 de Enero de 1863.
(3) Art. 86.
(4) Art. 9 cons. de 1860.

CAPITULO IV

FUNCIONARIOS POLITICOS. — Hemos dicho ya que la accion administrativa se ejerce por empleados subalternos que, sometidos á cierta gerarquía, se ocupan del servicio público en las diversas divisiones del territorio del Estado.

Como tambien lo hemos indicado, esos funcionarios son los Prefectos cuya jurisdiccion se estiende á todo un departamento; Sub-Prefectos, subordinados á los Prefectos, y jefes de las provincias; Gobernadores jefes de los distritos en que se dividen las provincias : tenientes gobernadores en los pueblos de mas de trescientos habitantes.

ATRIBUCIONES GENERALES. — Los funcionarios políticos tienen ciertas atribuciones que son comunes, y otras especiales á su rango y categoría.

Las atribuciones generales son :

Vigilar el exacto cumplimiento de la Constitucion, de las leyes y resoluciones del Congreso: de los decretos y órdenes del Ejecutivo, y cuidar de que los funcionarios de sus dependencias, cumplan exactamente sus deberes. Hacer cumplir las sentencias y providencias de los tribunales y juzgados. Ordenar que se persiga y aprehenda á los malhechores ó bandidos, disponiendo de la fuerza armada que se halle en su territorio, y si estuviesen en lugares transitables, darán al público los avisos respectivos para que se evite el peligro. Dar órdenes convenientes para que sean aprehendidos, dentro de su territorio, los delincuentes refugiados en él, que dependan de otra autoridad, á cuya disposicion deberán ponerlos, previo el requerimiento respectivo. Cuidar particularmente de que en las poblaciones no existan vagos ó mal entretenidos, debiendo considerarse como tales : 1.° los que no tengan oficio, ocupacion ó modo de vivir honesto y conocido: 2.° los que tengan hábito de frecuentar las casas de juego, ó de entregarse á la embriaguez: 3.° los hijos de familia, que hallándose á espensas de sus padres, ó subsistiendo de los bienes que hubiesen heredado, vivan en ociosidad y abandono, fuera de su casa ó la de sus curadores : 4.° los que no tengan domicilio conocido : 5.° los que no teniendo impedimento físico ó moral para tener ocupacion, se dediquen á pedir limosna: 6.° los menestrales y artesanos que dejen de trabajar por desidia ó por vicio : 7.° los demandadores que, sin la licencia correspondiente, anduvieren pidiendo limosna. Hacer observar el reglamento de Policía de salubridad pública. Dirigir, con el informe respectivo, á la autoridad superior de quien dependan, los expedientes que se eleven por su conducto, conforme á las leyes. Observar las órdenes superiores que se les comunique, bajo su responsabilidad, en los casos siguientes : 1.° cuando la órden superior sea opuesta á la Constitucion y á las leyes : 2.° cuando no haya sido comunicada con las formalidades

que la ley requiere : 3.° Cuando sea obtenida con engaño, ó
redunde evidentemente en perjuicio de tercero: 4.° cuando
de su ejecucion, se teman ó resulten males de gravedad que
no se hayan podido preveer. Si á pesar de las observaciones,
insistiese el superior en la ejecucion de la órden que ha
dado mérito á ellas, el inferior la cumplirá inmediatamente, ó dejará el puesto al llamado por la ley, salvo el derecho de elevar su queja á quien corresponda. Los funcionarios políticos responden de su conducta administrativa
ante los tribunales y juzgados en la forma que señalan la
Constitucion y las leyes. Todos los funcionarios políticos
cumplirán igualmente los deberes de cualquier otro género
que las leyes les impongan. Los funcionarios políticos elevarán precisamente al superior las reclamaciones que hagan los
ciudadanos de su comprehension, cuando no estén facultados para resolverlas. Los funcionarios políticos cesan de
hecho por la terminacion de su periodo, y se hará efectiva
la residencia, sin cuyo requisito no podrán continuar en
el ejercicio del mismo cargo ni de otro alguno.

RESTRICCIONES DE LOS FUNCIONARIOS POLITICOS. — Ningun
funcionario político puede ejercer otras atribuciones que
las designadas por las leyes. Siempre que en los negocios de
policía urbana ó rural se susciten cuestiones de interés
privado, de particular á particular, en que pueda recaer
una resolucion que confiera derechos á una de las partes y
obligaciones á la otra, deberán remitirlas al juez competente. Les está prohibido enviar comisionados á costa de los
pueblos, ó de individuos particulares, aun en asuntos del
servicio; debiendo para ello entenderse con las autoridades
legalmente constituidas. La autoridad de los funcionarios
políticos no recaerá, en caso de impedimento, sino en las
personas llamadas por la ley. No pueden cobrar derechos
por las actuaciones ó providencias que expidan en cumplimiento de sus deberes, y tampoco permitirán á los subalternos este abuso. Igualmente les es prohibido, celebrar

transacciones sobre bienes fiscales ú otros públicos, que estén bajo su administracion é inspeccion.

ATRIBUCIONES ESPECIALES DE LOS PREFECTOS. — El Prefecto ocupa el primer lugar de la administracion local y puede con razon llamarse el ajente primario del gobierno. *

Los Prefectos tienen por atribuciones especiales: expedir, en el tiempo que corresponde, las órdenes para que se verifiquen las elecciones de Presidente de la República, de Representantes, de funcionarios municipales y de cualesquiera otros cargos que la ley declare de eleccion popular. Como jefes superiores del Departamento, tienen bajo su autoridad á todos los funcionarios de cualquier clase ó condicion que sean, en lo respectivo á la seguridad y órden público. Los Prefectos deben dar cuenta al Gobierno de los nombramientos que hagan los Prelados y Cabildos eclesiásticos, para Provisores y Vicarios Capitulares, informando sobre las cualidades de los propuestos, sin perjuicio de que los Reverendos Obispos avisen tambien al Gobierno para su aprobacion, como está mandado por leyes vijentes; cuidar de que los Prelados y Cabildos eclesiásticos no introduzcan novedades en la disciplina exterior de la Iglesia, ni usurpen el patronato, ni las regalías nacionales, exhortándolos á que desistan, llegado el caso; si no desistieren, darán de ello cuenta al Gobierno con el expediente que acredite el hecho; impedir que se haga uso alguno de Bulas, Breves ó Rescriptos pontificios sin que hayan obtenido antes el Pase del Gobierno, conforme á la Constitucion; dirijir al Gobierno con su informe, las nóminas que les pase el Diocesano para la provision de curatos; procederán del mismo modo con los expedientes que se organicen para la division de parroquias, exceptuándose de esta disposicion la Capital de la República; escitar el celo del Diocesano para correjir los desórdenes que se noten en las casas de los regulares, y para que no se ocupen en asuntos ajenos de su ministerio, to-

mando igual medida en cuanto al clero secular; exijir que
los curas, cuando sean promovidos á otra parroquia,
dejen un inventario de los bienes de la Iglesia; cuidar de
que en las universidades, se observen sus estatutos, de que
sea efectiva la enseñanza, y de que las rentas se administren con exactitud y pureza; escitar á los Tribunales y Juzgados de sus Departamentos para la pronta administracion
de justicia, cuidando de que concurran á su despacho diario, á las horas designadas por sus reglamentos especiales;
dar las providencias correspondientes para la custodia y
manutencion de los individuos detenidos ó presos en las
casas de seguridad pública, haciendo que se observen las
disposiciones y reglamentos que rijen en el particular; inspeccionar támbien el ramo de correos y celar el mejor servicio de las postas, y que las correspondencias jiren con
seguridad y rapidez; nombrar provisionalmente los empleados subalternos, cuya dotacion no exceda de cuatro-
cientos pesos, dando cuenta al Gobierno para su aprobacion;
nombrar igualmente los gobernadores de distrito con
arreglo á la Constitucion; informar al Gobierno, anualmente
de los individuos que, por sus talentos y servicios, merezcan que se les tenga presente para la provision de los
empleos civiles ó eclesiásticos; protejer la libertad de imprenta, y para reprimir sus abusos, requerir al Fiscal ó
Agente Fiscal del Departamento para que denuncie los escritos que atacaren la moral y el órden público; cuidar de
la conservacion de los monumentos públicos y de las antì-
güedades del pais, haciendo responsables á los que los dete-
rioren ó destruyan; conceder licencia á los empleados
cíviles para que puedan ausentarse de sus oficinas por el
término de un mes, cuando para ello presentaren causales
justas y fundadas, cuidando de que no se retarde por esto
el despacho; en la concesion de estas licencias, y en las
demas que se diere á los empleados civiles, y en el goce
de sueldo y requisitos para su concesion, se observarán las

leyes y demas resoluciones vijentes; poner el cúmplase á los títulos ó despachos de los empleados que deben ser pagados por la tesorería departamental. Pueden suspender, modificar ó revocar segun las leyes, los actos de los funcionarios políticos que estén bajo su dependencia; correjir verbalmente las faltas leves del servicio en que incurrieren los funcionarios de su dependencia, dando parte de las graves á los jueces, poniendo á su disposicion á los culpables y dando cuenta al Gobierno; hacer dar á los Representantes el leguaje y mesada adelantada de que se encarga la ley, comunicando al Poder Ejecutivo las causas quo hubieren retardado su marcha; dar las órdenes correspondientes á los administradores de las tesorerías, para que, en clase de Comisarios, pasen las revistas mensuales; oir al Fiscal ó Agente Fiscal en los casos árduos, siempre que se les dispute ó niegue su autoridad para el conocimiento de algun negocio; pedir directamente de las oficinas generales establecidas en la Capital de la República, los datos que crean absolutamente necesarios para el servicio; contratar, de acuerdo con los administradores de las tesorerías, el arrendamiento de un local aparente para su despacho, cuando no lo haya de propiedad nacional; perseguir los fraudes que se cometan en la recaudacion de las rentas nacionales, librando las órdenes conducentes á este objeto, y sometiendo á los culpables á disposicion de los jueces respectivos; inspeccionar las labores de las oficinas de hacienda á fin de que el servicio se haga con exactitud, y se evite el retardo en el despacho de los negocios sometidos á su conocimiento; presidir las juntas de almonedas de bienes fiscales de su Departamento, dando cuenta al Gobierno de los remates que se hiciesen en aquellas, con los expedientes de la materia, para su aprobacion. Practicar mensualmente el corte de cuentas en los libros de las oficinas departamentales, y el tantéo de las arcas; cuyas operaciones se harán en su presencia y con la mayor exactitud y escrupulosidad, poniendo V.° B.° en el libro manual, y en los estados; mandar imprimir y circular en sus departamentos, el manifiesto mensual de los ingresos y egresos de las tesorerías; cuidar de que los Subprefectos y demás funcionarios de responsabilidad, otorguen las fianzas respectivas, antes de posesionarse de sus destinos; celar que las tesorerías formen en sus libros, los cargos correspondientes á los Subprefectos por las contribuciones y demas ramos de que son responsables, en las fechas y plazos designados por la ley; celar tambien, que la presentacion de las cuentas de estos, y la cancelacion de dichos cargos,' se verifiquen en el'término que está fijado, auxiliando á los administradores para que tengan efecto las resoluciones que libren; disponer que los Subprefectos, al dejar sus destinos, entreguen por inventario, á sus sucesores, el archivo de su secretaria, el cuadro de contribuyentes y demas documentos oficiales de su cargo, formando cuatro ejemplares del inventario que se distribuirán entre la Prefectura, la tesorería y los Subprefectos entrante y saliente; rubricar al fin de Diciembre, los folios de los libros manuales que deben servir en las oficinas de hacienda para el año entrante, cuidando de que esten numerados, y sentada en la primera foja, la diligencia prevenida en el reglamento del ramo; cuidar de que los jefes de las oficinas de hacienda remitan anualmente y en los plazos señalados por la ley, las cuentas de su cargo al Tribunal Mayor para su juzgamiento.

NOMBRAMIENTO Y CALIDADES. — Los Prefectos son nombrados por el Presidente de la República quien puede removerlos con arreglo á la ley.

Para ser Prefecto se requiere ser ciudadano en ejercicio y hallarse domiciliado en la República lo menos por cinco años (1).

_____

(1) Art. 35, ley de 5 de Enero de 1857.

RESIDENCIA — VISITA TERRITORIAL. — Los Prefectos deben residir ordinariamente en la capital del Departamento, y deberán visitarlo una vez en todo el periodo de su mando, para conocer sus necesidades, examinar si las leyes se observan puntualmente, oir las quejas que se les dirijan contra todos los funcionarios públicos, y promover cuanto pueda contribuir al progreso de las provincias del Departamento, y al de sus intereses materiales, dando cuenta al Gobierno del resultado de la visita.

REEMPLAZO. — En el caso de ausencia, enfermedad ó muerte, sucede á los Prefectos, en el mando, el Subprefecto del Cercado, debiendo, en el último caso, dar cuenta inmediata al Gobierno.

ATRIBUCIONES ESPECIALES DE LOS SUBPREFECTOS. — Las atribuciones especiales de estos funcionarios son : comunicar á los Gobernadores de los distritos las leyes y decretos que se expidiesen, exijiendo recibo para cubrir su responsabilidad; impedir en sus provincias los gastos excesivos en las funciones de cofradías, y el que se instituyan otras á mas de las establecidas, sin el permiso correspondiente; conceder licencias para pedir limosnas, bien en beneficio de particulares ó de alguna iglesia, establecimiento de misericordia, y de cualquier objeto piadoso; certificar las revistas de comisario de los cuerpos ó destacamentos que se hallaren en la capital de su provincia, siempre que no hubiese comisario especial que lo verifique; cuando transite tropa armada ú oficiales en comision de servicio, examinarán los pasaportes que lleven, y les suministrarán los auxilios que se indicasen en ellos por sus justos precios, ó los que se hubiesen dispuesto en las órdenes que los Prefectos les comunicasen; proponer al Gobierno por conducto de los Prefectos, los reglamentos de policía de seguridad pública que consideren adaptables á sus provincias, atendiendo á sus necesidades, costumbres y localidad; consultar á los Prefectos las dudas que tengan con relacion al servicio, para que las absuelvan, si pueden verificarlo conforme á sus atribuciones, ó las eleven al Gobierno para la resolucion conveniente. Los Subprefectos deben hacer cobrar las contribuciones fiscales de su provincia, en el término y modo que designa la ley, y empozarán en tesorería el íntegro valor de aquellas, de su cuenta, riesgo y costo, segun las disposiciones legales : nombrar bajo su responsabilidad, y con el premio de la ley, á los recaudadores, siendo voluntario el cargo ; y efectuar la recaudacion sin acudir á medidas que la hagan odiosa, pudiendo solo librar apremios coactivos contra los deudores morosos, cuando se haya cumplido el término con arreglo á la ley.

NOMBRAMIENTO Y CALIDADES. — Los Subprefectos son nombrados por el jefe del poder ejecutivo, y para ejercer el cargo se requiere ser ciudadano en ejercicio y hallarse domiciliado en la República cinco años por lo menos.

RESIDENCIA — VISITA TERRITORIAL. — Los Subprefectos residirán en la capital de provincia, debiendo visitar los distritos en el primer año de su periodo constitucional, con el objeto de imponerse de sus necesidades, de las mejoras que sean susceptibles, y de cuanto contribuya al desarrollo de la riqueza y adelantamiento de todos los ramos de la administracion pública; examinando al mismo tiempo, si las leyes, decretos y disposiciones superiores, han tenido exacto cumplimiento : cuidarán de hacer estas visitas, con preferencia á cualquiera otra época, en aquella en que se formen las matrículas y se hagan las revistas para impedir los abusos que pudieran cometerse, y remediar los males que observasen ó se les hiciere presente.

REEMPLAZO. — Por ausencia, enfermedad, suspension ó muerte, sucede al Subprefecto, en el mando político, el Gobernador de la capital de provincia; y si hubiere varios distritos, rejirá el órden de antigüedad, dándose inmediatamente cuenta al Prefecto.

ATRIBUCIONES ESPECIALES DE LOS GOBERNADORES. — Los

gobernadores deben : recaudar en los términos que designa
la ley, las contribuciones fiscales en el territorio de su
distrito, siempre que el Subprefecto de la provincia les
hiciera tal encargo; dar cuenta al Subprefecto de la provincia de los vagos que haya en su distrito, para que dicte las
órdenes que estén en sus atribuciones; certificar las revistas
de comisario de los cuerpos ó destacamentos que se hallaren
en su distrito; cuidar de que no se tome parte alguna de
los caminos públicos para el uso privado, señalando con
postes ó pilastras, sus diferentes direcciones para inteligencia de los transeuntes; los gobernadores son los recaudadores natos de las contribuciones de su distrito, con el
premio de la ley, á no ser que el Subprefecto tenga por
conveniente nombrar otros recaudadores.

NOMBRAMIENTO — CALIDADES — REEMPLAZO Y RESIDENCIA.
— Los gobernadores son nombrados por los Prefectos á
propuesta en terna de los Subprefectos; el cargo de gobernador es obligatorio, y ningun ciudadano puede escusarse
de desempeñarlo sino en los casos siguientes : 1.º cuando
sean nombrados inmediatamente despues de haber servido
el cargo por un periodo constitucional : 2.º cuando hayan
cumplido cincuenta años de edad, ó padezcan alguna enfermedad crónica que los inhabilite para el servicio: 3.º cuando
se hallen encargados de algun establecimiento de utilidad
pública; el cargo de gobernador es irrenunciable, salvo el
caso de imposibilidad física que sobrevenga despues de
aceptado de antemano, y por motivos graves, á juicio de la
autoridad que lo ha nombrado; los gobernadores no pueden
ser alistados en la guardia nacional, durante el periodo de
su mando.

Para ser gobernador se requiere : ser ciudadano en
ejercicio y estar domiciliado en la República tres años por
lo menos.

Por ausencia, enfermedad ó muerte del gobernador, le
sucederá en el mando el teniente gobernador mas inme-

diato á la capital del distrito, y en su defecto el próximo cesante, dando inmediatamente cuenta en este caso al Subprefecto de la provincia.

Los gobernadores residen ordinariamente en la capital de su distrito respectivo.

ATRIBUCIONES ESPECIALES DE LOS TENIENTES GOBERNADORES. — Las atribuciones de los tenientes gobernadores son las designadas como generales á todos los funcionarios políticos y las que especialmente corresponden á los gobernadores, dentro de los límites de su territorio.

NOMBRAMIENTO — CALIDADES Y REEMPLAZO. — Los tenientes gobernadores son nombrados por los Subprefectos á propuesta en terna de los gobernadores.

Para ser teniente gobernador, se requiere las mismas calidades que para gobernador.

El cargo de teniente gobernador es obligatorio, y ningun ciudadano puede escusarse de ejercerlo, sino en los mismos casos que los gobernadores.

Los tenientes gobernadores no podrán ser alistados en la guardia nacional, durante el periodo de su mando.

Por falta ó incapacidad física del teniente gobernador, servirá el cargo interinamente el siguiente de los propuestos en la terna : si no quedare ninguno de ella, el próximo cesante : y á falta de este, el teniente gobernador mas inmediato.

CAPITULO V

INSTITUCION MUNICIPAL. — Con los nombres de *municipalidad, cabildo, consejo, cuerpo municipal ó ayuntamiento* se designa la corporacion ó junta que en cada pueblo cuida de la administracion económica de sus intereses. El ayuntamiento es, por lo mismo, una de las corporaciones de mas alta importancia en el órden social. Viene á ser como la sociedad tutelar de los pueblos, encargada de su aseo, ornato, salubridad y comodidad.

En la organizacion política francesa, los consejos municipales ejercen atribuciones mas elevadas y ámplias que en la nuestra. Colocados al lado de la administracion activa, como los consejos generales y los de distrito, prestan su opinion y voto á las autoridades políticas territoriales, y son llamados á deliberar en ciertas materias que deben someterse á su decision. En una palabra, como *gerentes* de los intereses comunes, arreglan, en virtud de su propia autoridad, ciertos objetos de interés públicos.

En el Perú es prohibida á las municipalidades toda injerencia en el gobierno local, que esclusivamente corresponde á los funcionarios políticos, como se ha visto al tratar de las atribuciones de estos.

NUMERO Y CALIDADES DE LOS MIEMBROS MUNICIPALES. — En casi todos los paises en que existen Municipalidades se fija el número de los miembros que deben componerlas, tomando en cuenta el total de pobladores y señalando un regidor por cada tantos mil habitantes. Asi tambien lo dispusieron las leyes orgánicas anteriores á la que hoy rije que determina ese número tomando por base la division territorial política. Asi, en cada departamento hay una municipalidad, compuesta de doce miembros, que es la de la provincia á que corresponda la capital; en las capitales de provincia, hay una municipalidad compuesta de seis miembros, que lo es de toda la provincia; en las ciudades que no sean capitales de provincia, hay igualmente una municipalidad, compuesta tambien de seis miembros; en toda provincia litoral, la municipalidad consta de ocho miembros; en las cabezas de distrito, hay *una agencia municipal*, formada de tres miembros, de cuyo seno se elige el síndico del distrito, que tambien es presidente de dicha agencia.

Las municipalidades y las agencias deben tener tantos miembros suplentes, cuantos sean los propietarios.

CARGOS MUNICIPALES. — Los cargos municipales son gratuitos, obligatorios y forzosos, y no pueden renunciarse sino en los casos de reeleccion.

Para ser miembro de una municipalidad ó agencia municipal se requiere : ser ciudadano en ejercicio, vecino de la provincia, y de conducta irreprensible; se requiere, ademas, tener una renta anual de quinientos pesos, si la municipalidad es de capital de departamento, y de trescientos pesos, si la municipalidad corresponde á capital que solo lo sea de provincia; en uno y otro caso, la enunciada renta debe provenir de bienes raices, ó del ejercicio de cualquiera industria; en defecto de esta calidad, el elegido deberá ser abogado, médico, cirujano ó profesor de cualquier ramo de instruccion, ó de cualquiera arte liberal ó mecánica.

No pueden ser miembros municipales ni agentes municipales : los que están privados de la ciudadanía; los quebrados fraudulentamente; los que sean ciudadanos de otro Estado; los que acepten de un gobierno extrangero, cualquier título, empleo ó condecoracion sin permiso del Congreso; los empleados políticos, judiciales y de hacienda; los empleados en las municipalidades ó agencias municipales; los menores de veinte y cinco años; los militares que estén sirviendo en el ejército, en la marina ó en la policía; los arrendatarios de propios; los subhastadores ó contratistas de ramos municipales; los que hubiesen sido sentenciados por abusos cometidos en el ejercicio de sus funciones públicas; los que hubiesen sido expelidos legalmente de las municipalidades ó agencias; los deudores al Fisco, al municipio, ó á la Beneficencia.

Todas las municipalidades tienen un *alcalde* que las preside, y dos *síndicos* elegidos de su seno á pluralidad absoluta. Los demás miembros se denominan *rejidores*.

En todos los pueblos hay un síndico que es el ajente municipal, subordinado á la agencia de la capital del distrito.

ATRIBUCIONES MUNICIPALES. — Las atribuciones municipales relativas á la *higiene* y *salubridad pública* son : acordar y dictar, en todo tiempo, y muy especialmente, en casos de epidemia, las medidas de higiene pública que sean convenientes, y las reglas de policía que deben observarse en los mataderos, mercados y cualesquiera otros establecimientos que puedan ser perjudiciales á la salud del vecindario, ó á la propiedad de los particulares, de corporaciones, del comun ó del Estado; impedir que se vendan comestibles y bebidas de mala calidad, destruyéndolas ó inutilizándolas donde quiera que se encuentren; velar porque se conserven en buen estado los manantiales, fuentes y depósitos de agua que sirvan para el consumo público; cuidar de la construccion, dimensiones y conservacion de las acequias, y determinar la direccion de las cañerías y las reglas que deben observarse en este particular, especialmente para evitar los aniegos; cuidar de que los cementerios se conserven en buen estado, y de que, donde no los haya, se construyan en parajes convenientes; cuidar, así mismo, de la conservacion y propagacion del fluido vacuno, ocurriendo á la Prefectura para que remedie las faltas que en este particular se noten.

Las relativas al *aseo*, *ornato* y *comodidad* son : resolver en todo lo concerniente á la creacion, conservacion y mejora de la baja policía de las poblaciones; prohibir que se arrojen y depositen materias inmundas en sitios públicos, y que se embaraze el tránsito de las calles y plazas; prescribir reglas para mantener el correspondiente aseo dentro y fuera de las casas y establecimiento particulares; establecer y cuidar de que esté bien y puntualmente servido el alumbrado público que se costée de los fondos municipales, y correjir las faltas que se cometan en este ramo; determinar la direccion de las calles nuevas y sus dimensiones, lo mismo que las de las plazas públicas, dar nombre á unas y otras, y disponer la numeracion de las puertas que haya en ellas; fijar reglas para la nivelacion de todas, en cuanto sea posible, y para la comodidad del tránsito, cuidando al efecto de que estén empedradas y tengan veredas de conveniente estension y en buen estado; fijar, igualmente, reglas para la construccion de la parte exterior de los edificios, consultando la simetría y el buen aspecto; señalar plazos para que los dueños de solares los cerquen hasta una altura determinada; disponer que se construyan pasaos públicos, que se conserven los existentes, y que se planten y conserven arboledas donde convenga; disponer que se emprendan las obras públicas de necesidad, comodidad, ornato y recreo, que deban costearse de los fondos municipales, justificando antes su necesidad ó utilidad, é indemnizando, cuando llegue el caso, y prévio los requisitos legales, el valor de los terrenos de propiedad ajena que fuese preciso ocupar, pero sin proceder nunca á la indicada indemnizacion, sin acuerdo de la respectiva Prefectura; disponer igualmente la oportuna reparacion de dichas obras, y la conservacion y cuidado de las que hubiesen sido costeadas del erario nacional.

Las relativas á la *instruction pública* son : acordar la creacion de escuelas, donde convenga, cuidanao de que se les proporcione la localidad y todos los elementos que necesiten, fomentar las de particulares en cuanto sea posible; inspeccionar la instruccion primaria, cuidar de la observancia del plan general de estudios en esta parte del ramo, y exijir de las respectivas tesorerías el pago puntual de las cantidades designadas en el presupuesto para las escuelas gratuitas; obligar á los padres de familia y á los guardadores á que envien á las escuelas de primeras letras á sus hijos ó pupilos.

Las relativas al *adelanto* y *fomento de la industria* son : promover la formacion de suciedades ó empresas que favorezcan y hagan progresar la agricultura, la minería y el comercio de la provincia, y solicitar de las autoridades superiores cuantas providencias puedan contribuir á la prosperidad de dichos ramos; establecer y protejer las ferias y los mercados públicos.

Las relativas á *estadística* son : llevar con exactitud y el mejor órden posible, por medio de los rejidores mas competentes, los apuntes históricos de la provincia, que se remitirán el 1.º de Enero de cada año, al Archivo nacional, por conducto de la Prefectura ; cooperar á la reunion y organizacion de los datos estadísticos de la provincia ; formar el registro cívico conforme á la ley.

RENTAS MUNICIPALES — SU ADMINISTRACION. — La Municipalidad dispone, conforme á su ley orgánica, de los fondos propios de los pueblos sin que, por ningun motivo y bajo de estrecha responsabilidad; le sea lícito decretar distinta inversion. El presupuesto de ingresos y egresos debe formarse anualmente por el tesorero del ramo y principia á rejir desde que alcanza la aprobacion del cuerpo y la del Prefecto del departamento. Los tesoreros municipales que son, en las capitales de departamento, los administradores de las tesorerías principales, y en las demás ciudades, los nombrados por las corporaciones mismas, no pueden hacer pago alguno sin libramientos de los alcaldes, ni sobre partidas no presupuestadas.

Los ingresos y gastos municipales están clasificados por la ley en ordinarios y extraordinarios.

Son *ingresos ordinarios :* los productos de propios, los de arbitrios y los derechos municipales legalmente establecidos; el cánon de los censos y los intereses de capitales pertenecientes al municipio; los intereses de las inscripciones ó vales de la deuda del Estado que pertenezcan al comun; las multas impuestas por infraccion de los reglamentos municipales ó de policía; los derechos de peage y pontazgo, los de licencia para espectáculos, diversiones y rifas, la contribucion de carruajes, la del alumbrado, cuando este ramo corre á cargo de la municipalidad, y en general, todo impuesto que las leyes autorizen con un objeto local ó municipal.

Son *ingresos extraordinarios :* el producto de los empréstitos, para cuya negociacion se halle autorizada la municipalidad; el precio de los fundos rústicos ó urbanos, ó de otras propiedades municipales que legalmente se enagenen; los capitales de los censos pertenecientes al municipio que se rediman con arreglo á las leyes; el precio de los vales del Estado, que correspondan al municipio, y que se vendan con autorizacion competente; las donaciones, mandas ó legados que se hagan en favor del comun; cualquier otro ingreso accidental no puntualizado.

Los gastos municipales son necesarios ó voluntarios. Son *gastos necesarios :* los de conservacion de la casa consistorial, y de todas las fincas municipales; los de oficina y escritorio, y los de sueldos de los empleados; los de impresion de documentos que deban publicarse; los de instruccion primaria, que legalmente deban hacerse de los fondos municipales, los de formacion del censo y del registro cívico; los que motivan las elecciones; los pagos de deudas, réditos y censos; los del hospital que deba sostenerse con las rentas municipales; los que ocasione la defensa en los juicios de los derechos y de las acciones del comun; los de cárceles, dotacion de sus alcaides, seguridad y manutencion de los presos y traslacion de estos, á no ser que tales gastos se costeen del erario nacional; los de conservacion y propagacion del fluido vacuno, si no se verifican de cuenta del Estado; los que demande el alumbrado público, siempre que corra por cuenta de la municipalidad; los de mejora y conservacion de caminos, puentes, calzadas, alamedas y otros objetos de comodidad, salubridad ú ornato; los que deban hacerse conforme á otras leyes.

Son gastos *voluntarios :* los motivados por atenciones nuevas ó extraordinarias, y solo podrán verificarse con acuerdo de la corporacion y aprobacion del prefecto, ó del Gobierno en caso de entidad; los gastos voluntarios se comprenden en el presupuesto, en todo ó en parte, segun haya ó no fondos disponibles para verificarlos de una vez; no pueden las municipalidades aumentar ó variar los gastos ordinarios puntualizados en el presupuesto, ni darles distinta aplicacion que la señalada en él : si antes de la mitad del año, entase alguna necesidad urgente é imprevista, se formará para satisfacerla, un presupuesto adicional, que será aprobado y cumplido con las mismas formalidades que el principal.

AGENCIAS MUNICIPALES. — Las agencias municipales de distrito ejercen las funciones municipales con sujecion al reglamento que les dá la respectiva municipalidad de provincia; corresponde á las agencias, manifestar á la municipalidad las necesidades del distrito; proponerle las medidas que convengan á su bienestar y adelanto, y participarles cuantas novedades ocurran, igualmente que el estado de las obras y asuntos que se hallen á su cargo; las municipalidades tienen cuidado de no trasmitir á las agencias, sino las atribuciones que estas puedan ejercer en los distritos, sin peligro de que se haga odiosa la institucion, por exigencias opuestas á las costumbres de los vecinos de las poblaciones pequeñas ó del campo, á menos que sea indispensable verificarlo en obsequio de la moral ó del bien comun; no pueden las agencias exigir multa á persona alguna : solo se impondrá y hará efectiva esta pena, á mérito de faltas señaladas que se hayan puesto en su conocimiento y que hayan sido cometidas por personas que puedan verificar el pago : nunca podrán las agencias resolver que se haga gasto alguno.

CAPITULO VI

Poder judicial, Jurisdiccion, Competencia. — Diversidad de Juzgados y Tribunales. — Organizacion judicial, Juzgados y Tribunales ordinarios. — Jueces de Paz. — Jueces de Iª Instancia. — Córtes superiores. — Córte Suprema. — Fiscales, Ajentes fiscales. — Abogados, defensa libre. — Procuradores. — Escribanos. — Conjueces, Adjuntos. — Defensores de pobres. — Juzgados privativos, Organizacion. — Asesores. — Responsabilidad judicial. Arbitrajes, Arbitros.

PODER JUDICIAL, JURISDICCION, COMPETENCIA. — Hemos dicho ya (1) que entre los poderes ejecutivo y judicial habia de comun el que sus actos tienen el sello de la autoridad y deben ser obedecidos. La facultad de ejercer esos actos ó mejor dicho el círculo de accion á que deben estar limitados por la ley, es lo que se llama *jurisdiccion*, pues esta no es otra cosa que la potestad de conocer y decidir determinados asuntos.

Es un principio, en el órden de las jurisdicciones, que nadie puede prorrogar la jurisdiccion convirtiéndola de admi-

(1) Pág. 4.

nistrativa en judicial ó al contrario. Siempre que un agente administrativo invade el terreno judicial, ó siempre que un juez ó tribunal se entromete en los actos del ejecutivo, cometen una usurpacion de jurisdicciones. La disputa entablada entre el agente que invade y el que reclama de la invasion se llama *competencia*.

La *competencia*. puede existir no solo entre funcionarios de diversa clase, sino entre los de diversa categoría en una misma clase; si un Subprefecto, por ejemplo, ejerce actos que pertenecen esclusivamente al Prefecto ó al Gobernador, ha usurpado una jurisdiccion que le era incompetente. Lo mismo sucede con los funcionarios del poder judicial.

Las leyes no solo marcan los límites de la jurisdiccion contenciosa y administrativa, sino que determinan las autoridades ó cuerpos que deben resolver las competencias, y señalan penas á los que extralimitándose de sus legales atribuciones, dañan un derecho general ó particular.

Aunque la independencia de los poderes públicos reconozca por base esencial su recíproco respeto; aunque los actos administrativos sean de necesaria obediencia; hay diposiciones del poder administrativo que dan lugar á que el judicial se oponga á su aplicacion y cumplimiento. Tal sería la contenida en un reglamento ó decreto que menoscabara las garantías ó derechos concedidos por las leyes.

El principio general en cuanto á las jurisdicciones es : que todas las cuestiones de interés público ó que deben resolverse por reglas generales de interés comun, ya entre en ellos la sociedad formando un todo capaz de derechos y de obligaciones, ya con relacion á la generalidad de los ciudadanos, deben ser decididas por la autoridad administrativa; y que siempre que se trate de cuestiones entre particulares ó entre la sociedad y un particular, pero que hayan de resolverse por los principios de derecho civil, corresponde su conocimiento á los tribunales.

DIVERSIDAD DE LOS JUZGADOS Y TRIBUNALES. — No todos los

asuntos que pueden ofrecerse á la decision judicial son de igual naturaleza, importancia y complicacion. Exijen algunos los conocimientos especiales que resultan de una larga observacion ó del ejercicio de una profesion, mientras que otros pueden cómodamente resolverse por los principios del derecho llamado comun; nace de esta circunstancia la necesidad de los juzgados especiales ó privativos formados de hombres entendidos en ciertos ramos. Esos juzgados se diferencian de los *ordinarios ó comunes* no solo por las condiciones especiales de los jueces, sino por la limitacion y carácter de los asuntos.

La importancia de los pleitos y su mayor ó menor complicacion, exigen tambien el concurso de mayor ó menor número de inteligencias para fallarlos; asi es que mientras algunos terminan en los juzgados de Paz, otros pueden nacer en estos y fenecer en el primer tribunal de la República; esta necesidad ha creado la de establecer tribunales de varias gerarquías.

No todos los actos judiciales recaen sobre controversias civiles; es decir que no solo se trata en los juicios de ventilar una accion ó de declarar un derecho; los actos punibles, que dañan á un ciudadano ó á la sociedad están sujetos á procedimientos especiales, asi como su esclarecimiento encomendado por las leyes á determinados jueces; de aqui nace la division de juzgados de lo *civil* y juzgados de lo *criminal.*

ORGANIZACION JUDICIAL — JUZGADOS Y TRIBUNALES ORDINARIoS. — Los jueces y tribunales en el fuero comun, son los jueces de Paz; los de 1ª. Instancia; las Córtes Superiores y la Córte Suprema. Los primeros ejercen jurisdiccion en los distritos y pueblos; los segundos en las provincias; las Córtes Superiores en los departamentos en que están establecidas y en las mas próximas que carecen de ellas. La Córte suprema en toda la República. La gerarquía rigurosa en que están colocados los juzgados, hace á los superiores, jueces de la conducta de los inferiores.

JUECES DE PAZ. — Los jueces de paz antiguamente nombrados por eleccion popular, mas tarde por las municipalidades de entre los individuos de su seno, lo son hoy por los Prefectos á propuesta en terna de los jueces de 1ª. Instancia.

Ante los jueces de Paz se hacen las conciliaciones en los juicios en que las leyes disponen este trámite, antes de entrar en la contienda escrita ante el juez de 1ª. Instancia. En la conciliacion, la mision del juez de Paz se reduce á hacer entrar á las partes en avenimientos amistosos para evitar los gastos y molestias de un litigio. No ejercen pues en esos casos, actos de verdadera jurisdiccion.

La jurisdiccion de los jueces de Paz se estiende en asuntos civiles hasta aquellos cuya importancia no exceda de la suma de doscientos pesos, y á presidir la formacion de los consejos de familia; y en materia criminal á aquellas faltas ó delitos, cuyo interés no pase de cincuenta pesos, á no ser que se hubiesen cometido con ciertas circuntancias agravantes que las eleven á la categoría de crímenes.

La ley especial á que están sujetos los jueces de Paz en el ejercicio de su cargo, determina algunos casos en que estos funcionarios conocen á prevencion con los jueces de 1ª. Instancia.

Los jueces de Paz proceden sin fórmulas solemnes, y sus decisiones, asi como la exposicion de la demanda, excepciones y pruebas, constan de las actas que se extienden en sus respectivos libros.

Las sentencias de los jueces de Paz son apelables, exceptuándose las que se pronuncien en las causas sobre faltas leves de policía que merezcan la pena correccional de multa hasta veinte pesos, ó de arresto hasta por veinticuatro horas, y en las causas civiles cuyo valor no pase de veinte pesos

JUECES DE 1ª. INSTANCIA. — Los jueces de 1ª. Instancia son nombrados por el ejecutivo á propuesta en terna doble de las Cortes Superiores.

Los jueces de 1ª. Instancia conocen en las causas del fuero comun de su distrito judicial, de las capellanías laicales y sucesion á mayorazgos; de las de sucesion á capellanías eclesiásticas, patronatos, legados y en general de la sucesion á cualesquiera derechos perpétuos ó temporales que resulten de las fundaciones existentes, siempre que sea preciso decidir acerca de la preferencia entre dos ó mas que pretendan adquirir esos derechos.

Conocen tambien como jueces de apelacion en las causas de menor cuantía resueltas por los jueces de Paz.

En la Capital de la República hay tres jueces de 1ª. Instancia encargados especial y únicamente de las causas criminales sobre robo, hurto y homicidio que tienen una sustanciacion mas pronta y sumaria que las que se fijan para otra clase de delitos. Estos jueces, y en las demas provincias los de 1a. Instancia que conocen indistintamente en toda clase de causas, están obligados á visitar semanalmente las cárceles y á cuidar de su aseo, limpieza y seguridad.

CORTES SUPERIORES. — Los miembros de las Cortes Superiores, son nombrados por el ejecutivo á propuesta, en terna doblé, de la Corte Suprema.

Las Cortes Superiores conocen en 1ª. instancia de los juicios de residencia de los Prefectos; en 2ª. instancia, de todas las causas civiles y criminales sustanciadas y falladas por los jueces de 1ª. Instancia; de las causas de pesquiza que contra estos se promuevan; de las causas de fuero especial asociándose á los funcionarios que despues indicarémos; de los recursos de fuerza. Tienen ademas, la atribucion de requerir á los jueces inferiores para el pronto despacho de las causas que ante ellos penden, y la de proponer á los empleados subalternos del tribunal.

Para la pronta espedicion y cómodo repartimiento de los

asuntos se dividen las Cortes Superiores en salas; cada sala tiene su presidente, ademas del presidente de todo el tribunal que se nombra anualmente por eleccion de los mismos vocales. Las salas son asistidas por relatores que dan cuenta de los procesos, verbalmente ó por escrito, segun la naturaleza de los juicios, y de secretarios de cámara que autorizan y ponen en conocimiento de las partes, las providencias y resoluciones de la sala.

El órden del despacho, y las atribuciones del presidente y empleados del Tribunal, se detallan en reglamentos especiales.

En cada Corte hay un vocal semanero que, entre otras atribuciones peculiares, tiene la de presidir la visita semanal de la cárcel del lugar de su residencia.

CORTE SUPREMA. — Los vocales de la Corte Suprema son nombrados por el Congreso á propuesta, en terna doble, del poder ejecutivo.

La Corte Suprema conoce de las causas criminales que se forman al Presidente de la República, á los miembros de las Cámaras y á los ministros de Estado; de la residencia del Presidente de la República y demás que ejerzan el supremo poder ejecutivo y de la de sus ministros; de los asuntos contenciosos de los individuos del cuerpo diplomático y cónsules residentes en la República, y de las infracciones del Derecho internacional; de los pleitos que se susciten sobre contratas celebradas por el Supremo Gobierno ó por sus agentes; de los despojos hechos por el supremo poder ejecutivo, para solo el efecto de la restitucion; de los derechos contenciosos entre departamentos, ó provincias y pueblos de distintos departamentos; de los recursos de nulidad ó de los que establezca la ley contra las sentencias dadas en última instancia por las Cortes Superiores y demas tribunales; en segunda instancia, conoce de la residencia de los Prefectos y demas empleados públicos sujetos á ella por la ley.

La Corte Suprema dirime las competencias entre las Cortes Superiores y las de estas con los demas tribunàles ó juzgados, y las que se suscitan entre jueces que dependan de diversas Cortes; hace efectiva la responsabilidad de las Cortes superiores y conoce de las causas de pesquiza y demas que se intenten contra ellas ó sus miembros, en razon de su oficio; presenta al Congreso informes para la administracion de justicia; oye las dudas de los demas tribunales y juzgados sobre la inteligencia de alguna ley, para consultarlas al Congreso; requiere á las Cortes Superiores, en su respectivo caso, para el pronto despacho de las causas pendientes ante ellas; propone al gobierno las personas que pueden desempeñar los empleos subalternos del Tribunal.

La Corte Suprema tiene un presidente; y se divide en dos salas; no hay en ella sino un secretario de cámara y un relator.

FISCALES — AGENTES FISCALES. — Ni el gobierno ni el Estado pueden comparecer por sí en los juicios en que tengan un interés civil, ni en aquellos en que comprometida la vindicta pública sea preciso pedir el castigo de un delincuente. Necesario es pues que existan funcionarios públicos á quienes la ley encargue de tan delicado ministerio. Esos funcionarios son los fiscales y agentes fiscales, quienes, aunque en mas ó menos estensa jurisdiccion, desempeñan las mismas funciones.

En la Corte Suprema hay un fiscal, dos en la superior de Lima, y uno en las de los otros departamentos, y agentes fiscales en ciertas provincias designadas por la ley; en donde estos faltan, se nombran fiscales accidentales titulados promotores fiscales.

Las atribuciones principales de los fiscales son: defender la jurisdiccion ordinaria, el patronato nacional, los legados y obras pías, y sostener en juicio los intereses fiscales y de beneficencia; acusar los delitos públicos cuyo juzgamiento debe hacerse por las Cortes de que son miembros; hacer presente á los tribunales á que pertenecen, la demora que noten en las causas de Hacienda y en las criminales, para que expidan las providencias convenientes: pedir á sus respectivas Cortes, que requieran á los tribunales ó á los jueces de 1ª. Instancia, para la pronta administración de justicia; solicitar la retencion de las bulas y decretos pontificios atentatorios á los derechos de la Nacion, ó contrarios á las leyes; manifestar precisamente, al terminar sus dictámenes, las infracciones de ley que hayan notado en el expediente; representar en las visitas de cárcel y fuera de ellas, los abusos de los funcionarios y dependientes encargados de la custodia de los detenidos ó reos, é indicar las mejoras que deban hacerse en las cárceles y casas de correccion ó castigo.

Las atribuciones de los agentes fiscales son : defender en 1ª. instancia la jurisdiccion ordinaria, la hacienda pública, los bienes de beneficencia, acusar á los infractores de las leyes, pidiendo la aplicacion de las penas que ellas designan, y ejercer en 1ª. instancia las demas funciones que corresponden en 2ª. á los fiscales.

ABOGADOS — PROCURADORES — ESCRIBANOS. — Es sabido que ademas de los litigantes y del juez que son las personas sin las cuales no puede haber litigio, intervienen en el juicio otras personas, no principales, pero cuyo ministerio es dar acertada direccion á la causa, representar á los litigantes, auxiliar al juez en su despacho y dar mayor solemnidad al mandato judicial; tales son los abogados, los procuradores y los escribanos.

La ley ha sancionado la libertad de la defensa, es decir, ha declarado el derecho que tienen todos para defenderse ó para encomendar la defensa de sus pleitos á la persona de su confianza aun cuando no tenga título de letrado.

Las intenciones que pudieran abrigar los legisladores al espedir esa ley, pudieron ser muy liberales y muy santas, pero la práctica ha venido á demostrar, con su irresistible elocuencia, que la defensa libre, sin ser provechosa para los litigantes ignorantes del derecho y enemigos del *monopolio* de los abogados, ha servido solo para hacer mas dilatados los juicios y mas dispendiosos los procesos.

Es un hecho que el ciudadano, que entregado al estudio de una ciencia, hace consistir en su cultivo su reputacion y su fortuna, y que ademas asume una responsabilidad directa, saliendo al frente con su firma en todos los escritos que una causa exije, no puede correr tras el lucro puramente material. Su crédito y su nombre comprometidos, lo obligan á no manifestar ignorancia ni impericia y á no incurrir, en e os descuidos que, en ocasiones, dañan la suerte de un proceso. Esas garantías desaparecen desde que personas irresponsables ante la ley, que no les señala la penalidad aplicable al abogado en ciertos casos, se lanzan á un terreno en el cual creen que la chicana es el mas seguro medio de alcanzar el triunfo, aunque no sea sino agotando la paciencia del adversario.

Es por otra parte, un contrasentido que siendo libre la defensa escrita y la primera direccion del pleito, de la cual depende, en mas de una ocasion, su resultado, no se conceda en los tribunales la voz sino á los letrados; que destruidas las prerogativas de que disfrutaban estos antes, subsistan las pensiones y cargas á que estaban sujetos pr stando ahora como antes sus servicios como adjuntos, defensores de pobres, etc., etc., y contribuyendo al Estado con el pago de patentes.

Los requisitos necesarios para alcanzar el título de abogado, las preeminencias que se les conceden y las obligaciones á que están sujetos, se detallan en los Códigos y en los reglamentos universitarios (1).

(1) No podian ocultarse, por mucho tiempo, á la Representacion Nacional, los muchos y graves inconvenientes de la *defensa libre*, ni los perjuicios que los litigantes esperimentaban sosteniendo litigios mas largos y dispendiosos de lo que deberian ser, sostenida la cuestion por dos le-

PROCURADORES. — En los tribunales de 1ª. Instancia no se exije la representacion delegada por el litigante, pero en las Cortes Superiores y en la Suprema se necesita que un procurador, formalmente autorizado, suscriba los escritos que convengan á la defensa del litigante á quien representa.

ESCRIBANOS. — La ley reconoce tres clases de escribanos: los públicos ó de instrumentos; los de Estado ó de actuacion y los de diligencias. Los Códigos señalan las atribuciones y deberes de estos funcionarios, pudiendo considerarse como principales las siguientes:

Los escribanos públicos á cuyo cargo corren los registros de escrituras públicas, por ser los únicos ante quienes pueden estenderse, están obligados á examinar la idoneidad l.gal de los contratantes, á cerciorarse de la identidad de sus personas, á examinar los títulos y documentos que se les presenten como base de los contratos en que hayan de intervenir, asi como el estado mental de los testadores. Deben archivar las minutas de las escrituras, y formar protocolos de estas últimas que deben custodiar con la mayor vigilancia.

Los escribanos de Estado son los únicos que actuan en los juzgados de 1ª. Instancia del fuero comun ó privativos del distrito judicial para que son nombrados; deben recibir los escritos de las partes; dar cuenta de ellos á los jueces y hacer saber á los interesados las providencias, firmadas por el juez y autorizadas por ellos.

Los escribanos de diligencias no tienen mas atribuciones que las de hacer saber á las partes las providencias que les encomienden los de actuacion.

_____

*rados responsables. La defensa libre está ya abolida por ley del Congreso; la firma del abogado se exige en todos los recursos judiciales, dejando solo de ser obligatoria en las causas de comercio y mineria cuyas ordenanzas especiales no la exigen.

Los secretarios de las Cortes desempeñan en ellas el cargo de escribanos de actuacion.

Las procuraciones y escribanías son oficios vendibles : el gobierno nombra á los procuradores y escribanos á propuesta de las Córtes, exijiéndose ciertas condiciones de capacidad, honradez é idoneidad para la opcion de esos cargos.

JUZGADOS PRIVATIVOS. — SU ORGANIZACION. — Los juzgados privativos reconocidos por la ley son : de presas, de hacienda y comisos, de aguas, de comercio, de minería, del fuero eclesiástico, del fuero militar.

Los juzgados de presas conocen en los asuntos que su mismo nombre indica, y se despachan en 1ª. Instancia por el comandante general de Marina y el auditor del ramo; en 2ª. Instancia, por las Cortes Superiores; en los casos de nulidad, por la Corte Suprema.

Los juzgados de hacienda conocen en todo asunto en que tenga interés el fisco como demandante ó demandado. Son jueces de ese ramo en 1ª. Instancia, los administradores de las tesorerías de los departamentos, en su defecto, los administradores de correos, y á falta de estos, los jefes de las demas oficinas de hacienda residentes en el lugar. En 2ª. Instancia, conocen las juntas superiores de Hacienda compuestas de vocales de las Cortes Superiores y de conjueces tomados de entre los jefes de las oficinas de Hacienda. La Corte suprema conoce de los recursos de nulidad en estas causas.

Los juzgados de comisos conocen en todos los juicios de contrabando y se despachan en 1ª. Instancia, por los administradores principales de las aduanas quienes resuelven definitivamente y sin apelacion en los casos en que la cuantía de los juicios no exceda de doscientos pesos. En 2ª. Instancia, conocen, en Lima, Callao y Ancachs, los tribunales de alzadas, compuestos del juez de alzadas del tribunal del Consulado, del contador de la primera seccion de la Direccion general de Hacienda, y del 2.° Cónsul de dicho tribunal, el vocal menos antiguo de la Corte Superior, el administrador de correos y el diputado de comercio de segunda nominacion.

La Corte Suprema conoce en los recursos de nulidad que se interpongan en esos juicios.

Los juzgados de aguas se despachan en 1ª. Instancia por los jueces de 1ª. Instancia del fuero comun, alternándose por años en los lugares en que haya varios jueces. Las Cortes Superiores y la Suprema conocen en los casos de apelacion y nulidad.

Los juzgados de comercio conocen en todo lo relativo á las transacciones mercantiles. En la capital de la República, el Tribunal del Consulado conoce en 1ª. Instancia de todos los juicios de comercio; en las provincias, las diputaciones territoriales de comercio. El Tribunal del Consulado se compone de un Prior y dos Cónsules nombrados por eleccion por los comerciantes matriculados; las diputaciones territóriales se componen de tres miembros elegidos del mismo modo. Conocen en 2ª. Instancia, los tribunales de Alzadas compuestos de un juez de alzadas y de dos conjueces nombrados por este de entre los mas acreditados comerciantes del lugar. Los recursos de nulidad se resuelven por la Corte Suprema.

Los asuntos relativos á amparos y peticiones de minas, asi como los litigios entre mineros ó entre estos ó sus habilitadores etc., se resuelven por los *juzgados de mineria*.

En la capital de la República, el juzgado de 1ª. Instancia es el tribunal de minería compuesto de un director y diputados y consultores nombrados por eleccion por los mineros; en las provincias lo son las diputaciones establecidas en los asientos minerales.

Los vocales de las Cortes Superiores con conjueces llamados de entre los mineros matriculados, conocen en 2ª.

Instancia de los asuntos de minas, y la Córte Suprema de los recursos de nulidad.

Abolido el fuero personal los *juzgados eclesiásticos* no conocen, como antes, en las controversias civiles que se suscitaran contra ó entre los sacerdotes; su jurisdiccion ha quedado limitada á asuntos puramente eclesiásticos como juicios de divorcio, de nulidad de matrimonios, etc.

Conocen como jueces de 1ª. Instancia en estos juicios, los Provisores por encargo de sus respectivos obispos, y en 2ª. Instancia el obispo de la diócesis mas inmediata á aquella en que se ha seguido y resuelto el juicio.

Asi mismo han desaparecido los *juzgados militares* que conocian antes en todo juicio contra los individuos del ejército, quedando solo los fiscales y los consejos de guerra para juzgar en los casos de faltas puramente militares.

Las resoluciones del consejo de guerra no pueden ser ejecutadas sin prévia aprobacion del jefe del poder ejecutivo.

ASESORES. — Todos los jueces privativos y los de paz, cuando desempeñan las funciones de los de 1ª. instancia, tienen necesidad de asesorarse. A falta de asesor permanente, el juez nombra un asesor accidental para la causa; en todo caso, los asesores son responsables por la nulidad ó injusticia de las resoluciones expedidas con su dictámen. El juez debe nombrar de asesor á un letrado de su distrito que no tenga impedimento legítimo, y en caso de no haberlo, debe remitir los autos, con noticia de partes, al juez letrado de la provincia mas inmediata. El juez letrado asesora al juez privativo, y se avoca la causa, si procede de juez de paz, continuando en el conocimiento de ella, hasta que haya juez letrado en el distrito de donde se le remitieron los autos. No pueden ser nombrados asesores, los que no tienen las calidades que se necesitan para ser juez de primera instancia.

Los tribunales del Consulado y de Minería, existentes en la capital de la República, tienen asesores titulares nombrados por el gobierno de entre los individuos propuestos por los mismos tribunales.

Los administradores de las aduanas que funcionen como jueces de primera instancia en las causas de comisos, pueden sentenciar con asesoría del juez de su provincia ó de cualquier otro letrado, y tambien sin ella.

RESPONSABILIDAD JUDICIAL. — Los empleados del órden judicial son, como todos los que ejercen funciones públicas, responsables de sus actos, segun una disposicion constitucional (1).

La gerarquia en que están colocados los juzgados y tribunales, indica cuales son los que deban conocer en los casos de acusacion contra los inferiores.

La ley declara responsables á los jueces que, por error, descuido ó ignorancia fallen contra ley expresa y terminante; á los que prevariquen juzgando á sabiendas contra derecho, por afecto ó desafecto á alguno de los litigantes, ó por soborno, promesa, dádiva ó esperanza de mejor fortuna; y generalmente son responsables por todo abuso en el desempeño de su cargo. Si la responsabilidad es por alguna de las causas expresadas, será materia de un juicio criminal, en el cual se procederá conforme á las leyes penales.

En los casos de responsabilidad puramente civil, el juicio debe seguirse con todas las formas prescritas para los juicios comunes.

Los jueces de paz deben ser juzgados por los de primera instancia; estos por las Cortes Superiores y los vocales de estos, por la Corte Suprema.

El Código Civil, sancionado antes de la promulgacion de la carta política de 1856, sometia á los vocales de la

(1) Art. 11, Const. de 1860.

Suprema á la jurisdiccion de un tribunal, llamado de los SIETE JUECES, abolido por esa Constituciòn. La actual nada dice acerca del tribunal que debe juzgar á esos vocales.

Con respecto á la responsabilidad, se ha suscitado la importante cuestion, de sí debiendo terminar las causas, y siendo en último caso irresponsables los funcionarios que juzgasen á los Ministros de Justicia de la mas elevada categoría, no valdria mas hacer cesar toda responsabilidad contra estos. En nuestro concepto, la cuestion no reconoce un fundamento aceptable. El juicio de responsabilidad contra los jueces de la Suprema no paraliza la terminacion de la causa en que pueda exigirse, desde que la sentencia, arreglada ó no á las leyes, tiene que producir sus efectos. Si la justificacion y luces del mas elevado tribunal del Estado pueden ser garantías de acierto y de buen proceder, no por eso puede asegurarse que no se ofrezcan casos en que la responsabilidad sea legal, y preciso hacerla efectiva para reprimir abusos y para dar á la sociedad las garantías que le son necesarias. Si la responsabilidad debe tener un término, natural es que sea fuera de los tribunales que administran justicia, y que se declare por personas no vinculadas por el espíritu de cuerpo. Por otra parte, extinguir esos juicios y los tribunales ó cuerpos que deben conocer en ellos, es dejar á un litigante, que de buena fé se cree dañado, sin la esperanza y sin la conformidad necesarias para acatar y respetar el fallo que le perjudica, y privar á los vocales mismos del medio de alcanzar la mas espléndida vindicacion.

Como las pasiones humanas buscan siempre modos de abrirse paso; como una derrota en el terreno judicial excita con frecuencia esas pasiones, la falta de un tribunal de responsabilidad hace dirigir las quejas del litigante perdido á otro terreno. La prensa es entónces el órgano del desahogo; la amargura y la injuria sirven de corteoj á

la queja justa ó temeraria, y de ello resultan dos males
trascendentales y graves, el escándalo y el desprestigio de
los tribunales. La opinion pública fluctúa, se inclina muchas veces del lado del que se queja, y la creencia universal
de que todo poder toca en el despotismo, cuando no encuentra en su marcha un correctivo eficaz, tiende á privar
á los tribunales del respeto público, sin el cual no pueden
llenar su elevadísima mision.

ARBITRAGE. — Si la sociedad debe á sus miembros garantías de sus personas é intereses; si para hacer ciertas
esas garantías establece funcionarios encargados de aplicar
la ley, y pone la fuerza pública á disposicion de estos para
que hágan ejecutar sus resoluciones; no por ello puede
privar á los ciudadanos del derecho de arreglar sus asuntos
por medios extrajudiciales, sea entendiéndose directamente
entre sí, ó valiéndose de personas autorizadas para decidir
las gestiones de un modo amistoso, ó siguiendo ciertas formas.

Los arreglos celebrados entre los interesados mismos,
se llaman *transacciones;* los celebrados por medio de representantes pueden ser *simples transacciones ó arbitrage.* El
arbitrage es *amigable ó de derecho;* el primero se desempeña
por las personas á quienes se encomienda, tomando por
base la verdad y la buena fé, sin solemnidades jurídicas;
los jueces en este caso, se llaman *árbitros arbitradores ó
amigables componedores;* el segundo se ejecuta por individuos que deben sustanciar y decidir las causas que se les
encarguen, con sujecion á las leyes de procedimientos judiciales; y son llamados *árbitros juris.* En negocio propio,
solo pueden nombrar jueces árbitros los que tienen legítima personería para comparecer en juicio por sí mismos,
como actores ó como reos. No pueden someterse á juicio
de árbitros : 1.º Los pleitos de menores, de las personas
sujetas á interdiccion y de las incapaces, sino con autorizacion judicial expedida con conocimiento de causa y con

audiencia del consejo de familia : 2.º Las causas pertenecientes á la hacienda nacional : 3.º Las de beneficencia y
establecimientos públicos : 4.º Las de matrimonio : 5.º Las
causas sobre capellanías eclesiásticas : 6.º Aquellas en que
se trate del estado de las personas : 7.º Aquellas en que el
ministerio público interviene como parte principal.

Los juicios criminales, sobre materia grave, no pueden
ser sometidos á la decision arbitral; porque si el ciudadano
puede renunciar á sus derechos, no puede renunciar los
que toda la sociedad tiene de exigir que los delincuentes no
queden sin castigo, y que no se ofenda impunemente á la
moral ni al órden público.

CAPITULO VII

POBER LEJISLATIVO, CAMARAS, SENADORES Y DIPUTADOS. — El poder lejislativo se ejerce por el Congreso en la forma determinada por la Constitucion del Estado. El Congreso se compone de dos Cámaras, una de Diputados y otra de Senadores. El Congreso ordinario se reune, cada dos años, el 28 de Julio, con decreto de convocatoría ó sin él; y el extraordinario, cuando sea convocado por el Poder Ejecutivo. La duracion del Congreso ordinario es de cien dias útiles; el extraordinario termina, llenado el objeto de la convocatoria; sin que, en ningun caso, pueda funcionar mas de cien dias útiles. Para que pueda instalarse el Congreso, es preciso que se reunan los dos tercios de cada una de las Cámaras.

INMUNIDAD DE LOS LEJISLADORES. — Los Senadores y Diputados son inviolables en el ejercicio de sus funciones.

5

Los Senadores y los Diputados no pueden ser acusados ni presos, sin prévia autorizacion del Congreso, y en su receso, de la Comision permanente, desde un mes antes de abrirse las sesiones hasta un mes despues de cerradas, excepto *infraganti* delito, en cuyo caso deben ser puestos inmediatamente á disposicion de su respectiva Cámara, ó de la Comision permanente, en receso del Congreso.

ATRIBUCIONES DEL CONGRESO. — Corresponde al cuerpo lejislativo : 1.ª dar leyes, interpretar, modificar y derogar las existentes : 2.ª abrir y cerrar sus sesiones en el tiempo designado por la ley y prorogar las ordinarias hasta cincuenta dias : 3.ª designar el lugar de sus sesiones, y determinar si ha de haber ó no fuerza armada, en qué número, y á qué distancia : 4ª examinar, de preferencia, las infracciones de la Constitucion, y disponer lo conveniente para hacer efectiva la responsabilidad de los infractores : 5ª imponer contribuciones, suprimir las establecidas : sancionar el Presupuesto; y aprobar ó desaprobar la cuenta de gastos que presente el Poder Ejecutivo : 6.ª autorizar al Poder Ejecutivo para que negocie empréstitos, empeñando la hacienda nacional y designando fondos para la amortizacion : 7.ª reconocer la deuda nacional, y señalar los medios para consolidarla y amortizarla : 8.ª crear ó suprimir empleos públicos, y asignarles la correspondiente dotacion : 9.ª determinar la ley, el peso, el tipo y la denominacion de la moneda; igualmente que los pesos y medidas : 10.ª proclamar la eleccion del Presidente y de los Vice-Presidentes de la República; y hacerla, cuando no resulten elejidos segun la ley : 11.ª admitir ó no la renuncia de su cargo al Jefe del Poder Ejecutivo : 12.ª resolver las dudas que ocurran sobre la incapacidad del Presidente : 13.ª aprobar ó desaprobar las propuestas, que, con sujecion á la ley, hiciere el Poder Ejecutivo, para generales del ejército y de la marina, y para coroneles y capitanes de navío efectivos : 14.ª prestar ó negar su consentimiento para el ingreso de tropas extranjeras en el territorio de la República : 15.ª resolver la declaracion de guerra, á pedimento ó prévio informe el Poder Ejecutivo, y requerirle oportunamente para que negocie la paz : 16.ª aprobar ó desaprobar los tratados y demas convenciones celebradas con los gobiernos extranjeros : 17.ª dictar las disposiciones necesarias para el ejercicio del derecho de patronato : 18.ª rehabilitar á los que hayan perdido la ciudadanía : 19.ª conceder amnistías é indultos : 20.ª declarar cuando la patria esté en peligro, y suspender, por tiempo limitado, algunas garantías individuales : 21.ª determinar en cada legislatura ordinaria, y en las extraordinarias, cuando convenga, las fuerzas de mar y tierra que ha de mantener el Estado : 22.ª hacer la division y demarcacion del territorio nacional : 23.ª conceder premios á los pueblos, corporaciones ó personas, por servicios eminentes que hayan prestado á la nacion : 24.ª examinar, al fin de cada período constitucional, los actos administrativos del Jefe del Poder Ejecutvio, y aprobarlos, si fuesen conformes á la Constitucion y á las leyes : debiendo en caso contrario, entablar la Cámara de Diputados ante el Senado, la correspondiente acusacion.

ATRIBUCIONES DE LAS CÁMARAS. — En cada Cámara se inician, discuten y votan los proyectos de ley, conforme al reglamento interior. Cada Cámara tiene el derecho de organizar su Secretaría, nombrar sus empleados, formar su presupuesto y arreglar su economía y policía interior. Las Cámaras se reunen para ejercer las atribuciones 2.ª, 3.ª, 10.ª, 11.ª, 12.ª, 14.ª, 15.ª, 16.ª, 20.ª, y 24.ª señaladas al Congreso : para discutir y votar los asuntos en que hubiesen disentido, cuando lo exija cualquiera de las Cámaras; necesitándose, en este caso, dos tercios de votos para la sancion de la ley. La presidencia del Congreso se alterna entre los Presidentes de las Cámaras, conforme al reglamento interior. Corresponde á la Cámara de Diputados, acusar ante el Senado, al Presidente de la República, á los

miembros de ambas Cámaras, á los Ministros de Estado á
los miembros de la Comision Permanente del Cuerpo Lejislativo, y á los vocales de la Corte Suprema, por infracciones de la Constitucion, y por todo delito cometido en el
ejercicio de sus funciones, al que, segun las leyes, deba
imponerse pena corporal aflictiva. Corresponde á la Cámara
de Senadores : declarar si ha ó no lugar á formacion de
causa, á consecuencia de las acusaciones hechas por la
Cámara de Diputados; quedando el acusado, en el primer
caso, suspenso del ejercicio de su empleo, y sujeto á juicio
segun ley : resolver las competencias que se susciten entre
las Cortes Superiores y la Suprema, y entre esta y el Poder
Ejecutivo.

FORMACION Y PROMULGACION DE LAS LEYES. — Tienen derecho de iniciativa en la formacion de las leyes : los Senadores y Diputados, el Poder Ejecutivo, y la Corte Suprema,
en asuntos judiciales. Aprobado un proyecto de ley en
cualquiera de las Cámaras, pasa á la otra para su oportuna
discusion y votacion. Si la Cámara revisora hace adiciones,
se sujetan estas á los mismos trámites que el proyecto.
Aprobada una ley por el Congreso, se pasa al Ejecutivo
para que la promulgue y haga cumplir.

OBSERVACIONES A LAS LEYES. — El Ejecutivo tiene la
facultad de hacer observaciones á las leyes que le sean pa-
sadas por el Congreso, siempre que no las crea provechosas
al pais. Cuando quiera ó deba ejercer esa facultad, debe
presentar las observaciones al Congreso en el término de
diez dias perentorios. Reconsiderada la ley en ambas Cámaras con las observaciones del Ejecutivo, si, no obstante
ellas, fuese aprobada nuevamente, queda sancionada y se
manda promulgar y cumplir. Si no fuese aprobada, no
podrá volver á tomarse en consideracion hasta la siguiente
legislatura. Si el Ejecutivo no manda promulgar y cumplir
la ley, ó no hace observaciones, dentro del término fijado,
se tiene por sancionada, y se promulga y manda cumplir

por el Ejecutivo. En caso contrario, hace la promulgacion el Presidente del Congreso, y la manda insertar, para su cumplimiento, en cualquier periódico. El Ejecutivo no puede hacer observaciones á las resoluciones ó leyes que dicte el Congreso, en el ejercicio de sus atribuciones.

CAPITULO VIII

Cuerpos electorales. — Cargos que se obtienen por eleccion popular. — Ciudadanía. — Derecho de sufragio. — Modo de elejir. — Electores. — Colegios parroquiales y provinciales. — Actos prohibidos en las elecciones.

CUERPOS ELECTORALES. — ¿Puede considerarse el cuerpo electoral como formando un poder aparte de los tres que generalmente se admiten como ejerciendo la soberanía en nombre de la Nacion? Algunos escritores han dicho que así debería ser, desde que ese cuerpo procede de la ley, tiene una accion propia é inaependiente, y es formado de todos y de cada uno de los ciudadanos que ejercen por sí mismos el acto mas solemne de soberanía. Otros juzgan que no teniendo esos cuerpos mas mision que la de elejir á los delegados del pueblo y no ejerciendo jurisdiccion de ninguna especie, no pueden considerarse como un poder absoluto é independiente. Nosotros que limitamos nuestro trabajo á presentar la doctrina establecida por nuestras leyes, nos abstenemos de emitir opinion alguna sobre esa cuestion de principios, y habiendo ya indicado (1) lo que el derecho peruano ha admitido antes con respecto al *poder electoral* nos limitaremos á señalar las vigentes prescripciones de la ley. (2)

CARGOS QUE SE OBTIENEN POR ELECCION POPULAR. — Deben su nombramiento á la eleccion popular, 1.º los electores : 2.º los miembros de las municipalidades : 3,º los jurados que conocen en los juicios seguidos contra los que abusan de la libertad de imprenta : 4.º los diputados y senadores : 5.º los Vice-Presidentes y el Presidente de la República.

CIUDADANIA. — Son ciudadanos en ejercicio, del Perú : los peruanos mayores de 21 años, y los casados, aunque no hayan llegado á dicha edad. Ejercen el derecho de sufragio todos los ciudadanos que saben leer y escribir, ó son jefes de taller, ó tienen alguna propiedad raiz, ó pagan al tesoro público alguna contribucion. El ejercicio de la ciudadanía se suspende : 1.º por incapacidad, conforme á la ley : 2.º por hallarse sometido á juicio de quiebra : 3.º por hallarse procesado criminalmente, y con mandamiento de prision : 4.º por ser notoriamente vago, jugador, ébrio, ó estar divorciado por culpa suya. El derecho de ciudadanía se pierde : 1.º por sentencia judicial que así lo disponga : 2.º por quiebra fráudulenta, judicialmente declarada : 3.º por obtener ó ejercer la ciudadania en otro Estado : 4.º por aceptar de un gobierno extranjero cualquier empleo, título ó condecoracion, sin permiso del Congreso : 5.º por la profesion monástica; pudiendo volver á adquirirse mediante la exclaustracion : 6.º por el tráfico de esclavos, cualquiera que sea el lugar donde se haga

DERECHO DE SUFRAGIO. — Ejercen el derecho de sufragio los ciudadanos casados, ó mayores de veintiun años, que

(1) Pág. 4.
(2) Ley de 4 de Abril de 1861.

sepan leer y escribir, ó sean jefes de talleres, ó tengan alguna propiedad raiz, ó paguen al tesoro público alguna contribucion, cuyos nombres se hallen inscritos en el Registro cívico. No pueden sufragar, los que hayan perdido el derecho de ciudadanía ó tengan suspenso su ejercicio, los Ministros de Estado, los Prefectos, Subprefectos, Gobernadores y agentes de policía : los jefes y oficiales del ejército ó armada nacional, y los de gendarmería : los individuos de tropa pertenecientes á la gendarmería ó al ejército, y los que forman la tripulacion de los buques de la armada nacional : los méndigos y los sirvientes domésticos. Los jefes y oficiales del ejército, ó de la armada, que no ejerzan ninguna clase de mando, pueden sufragar en las parroquias donde se hallen residiendo,

MODO DE ELEJIR. — La eleccion de Presidente y Vice-Presidentes de la República, Representantes de la Nacion, y funcionarios municipales, no se hace directamente por el pueblo, sino por medio de electores reunidos en colegio. Por cada quinientos habitantes y por cada fraccion que pase de doscientos cincuenta, se nombra un elector propietario; y por cada tres electores propietarios, un suplente. Todo pueblo, aunque tenga menos de doscientos cincuenta habitantes, nombra un elector propietario y un suplente. Las haciendas, parcialidades y pagos deben reunirse al pueblo de que dependan.

ELECTORES. — Para poder obtener el cargo de elector se requiere : 1.º ser ciudadano en ejercicio : 2.º saber leer y escribir : 3.º ser natural ó vecino de la parroquia. No pueden ser electores los que no pueden ejercer el derecho de sufragio.

COLEGIOS PARROQUIALES Y PROVINCIALES. — (1) Los indi-

---

(1) Pareciéndonos ageno de esta obra dar idea del mecanismo y formas de las elecciones, indicaremos únicamente quienes componen los colegios electorales y los funcionarios que nombran.

víduos que han obtenido boletos de ciudadanía, se reunen cada bienio, el dia señalado por la ley, y despues de elejir una mesa permanente, sufragan durante ocho dias á lo mas, por medio de cédulas escritas, por el número de electores correspondientes al censo parroquial. Esos electores forman los *Colegios de parroquia.*

Los electores de las diversas parroquias de una provincia, reunidos en la capital de ella, el 15 de Noviembre de cada bienio, forman el *colegio provincial,* cuyas funciones prévias se encaminan á elejir tambien una mesa calificadora. Esta mesa, como lo indica su nombre, califica los actos de los colegios de las parroquias, principiando por la de la capital y continuando por las mas cercanas.

Hecha la calificacion, se procede á organizar la mesa permanente.

El colegio de provincia deber elejir, al dia siguiente de organizado, á los diputados propietarios, y terminada esta eleccion á los suplentes.

Con las mismas formalidades que á los diputados, debe elejirse á los senadores, pero la votacion para propietarios y suplentes se verifica en una sola cédula.

Como la ley reglamentaria de elecciones, que hoy rije, fué anterior á la que restituyó el jurado para los delitos de imprenta, no se indica en aquella, la época ni el modo de elejir á los individuos que deben componerlo; procediéndose con arreglo á la práctica antigua, los jurados son elejidos en la forma y períodos que los miembros municipales.

Los mismos colegios de provincia deben ser convocados en cada cuadrienio, ocho meses antes de la terminacion del período presidencial, para elejir, el primer Domingo de Mayo, al Presidente y Vice-Presidentes de la República.

Despues de practicadas las elecciones anteriores, el colegio provincial procede á elejir á los miembros municipales, de la provincia. En la eleccion de municipales, se observa el mismo órden y las mismas formalidades que determina la ley para la de diputados. Los municipales de las ciudades que no sean capitales de provincia, se eligen por los colegios electorales de todo el distrito á que la ciudad pertenezca, y ante la mesa permanente de la capital de dicho distrito. Los síndicos procuradores y demas agentes municipales de los demas distritos, son elegidos por los respectivos colegios parroquiales, los cuales se reunen, con tal objeto, el segundo domingo de Diciembre de cada año. Los síndicos de las ciudades y capitales de provincia son nombrados por la municipalidad respectiva, observándose, en cuanto á su número y requisitos, la ley de municipalidades.

ACTOS PROHIBIDOS EN LAS ELECCIONES. — Las elecciones de provincia no pueden practicarse sino en las respectivas capitales, ni en otro lugar que no sea el de costumbre, ó el designado por la Subprefectura. No es lícito entrar en el lugar donde se estén practicando las elecciones, con ninguna especie de armas ni aun con baston. Los infractores deben ser inmediatamente arrestados por veinte y cuatro horas por órden de la mesa. Es prohibida la entrada en el referido lugar de elecciones á los Prefectos, Subprefectos, Gobernadores, Tenientes Gobernadores y agentes de policía. Cualquiera de estos funcionaros, y en general, cualquiera que teniendo mando político ó militar, intervenga de algun modo en las elecciones, debe ser destituido de su empleo, cargo ó comision. Es atentado contra la libertad de sufragio, el apresamiento ó detencion de algun elector ó ciudadano activo, durante el tiempo en que se practiquen las elecciones, salvo el caso de *infraganti delito.* A los culpables de tal atentado, se les debe juzgar como á reos del delito de fuerza.

PARTE SEGUNDA

MATERIA ADMINISTRATIVA

CAPITULO PRIMERO

Division de la materia administrativa. — Orden público. — Rebelion — Sedicion. — Motines y asonadas. — Cárceles y presidios.

Habiendo dado una idea de la organizacion de los po-deres y cuerpos que intervienen en la administracion del Estado, pasemos ahora á examinar las leyes y principios que esos cuerpos deben observar en el ejercicio de sus fun-ciones.

El conjunto de esos principios y los diversos objetos sobre que debe recaer la accion administrativa, para el bienestar y progreso de la sociedad, constituyen lo que se llama materia administrativa.

La materia administrativa comprende, 1.º Los deberes de la administracion respecto al órden público: 2.º Los deberes de la administracion respecto á la salud pública : 3.° Los deberes de la administracion respecto á los intereses materiales colectivos : 4.° Los deberes de la administracion respecto á los intereses morales : 5.° Los derechos de la administracion con respecto á las personas : 6.° Los derechos de la administracion en lo relativo á las cosas.

ORDEN PUBLICO. — El órden público es la primera condicion y la circunstancia mas indispensable para la existencia de toda sociedad. En un pueblo en que no se respetan las leyes y en que el órden público se perturba con frecuencia, es imposible que prosperen los intereses materiales, ni los morales de los asociados. El órden público se roza con la seguridad de las personas, con la tranquilidad de los pueblos y con la seguridad interior del Estado. Para conservarlo hay magistrados á quienes está encomendado por la ley; hay disposiciones legales que se dirigen á este objeto, hay establecimientos, hay ademas instituciones en la sociedad, que sirven de apoyo á las leyes y á las autoridades.

Los agentes encargados inmediatamente de la conservacion del órden público son los funcionarios políticos de cuyas atribuciones nos hemos ocupado ya. (1)

Para que esos funcionarios puedan cumplir con conservar el órden, que es uno de sus importantes deberes, necesario es que puedan disponer de la fuerza pública.

Las medidas que marcan las leyes para conservar el órden, son de dos clases : unas preventivas y otras represivas. Son medidas preventivas respecto de las personas, todas las que imponen á los ciudadanos una porcion de trabas en el uso de su libertad. Los pasaportes que en algunas partes se exigen para trasladarse de un punto á otro, y las licencias para el uso de armas, se hallan en este caso.

(1) Pág. 29.

El domicilio de todo peruano es un asilo inviolable por la ley, pero algunas veces el ciudadano tiene que sufrir el allanamiento de ese santuario, en obsequio al órden público.

El ejercicio de ciertas industrias tiene asi mismo sus limitaciones. El comercio las tiene tambien. Por esto hay ciertos géneros prohibidos, y se marcan los pesos y medidas. Impone la ley restricciones á las diversiones públicas, que, aunque no son mas que un elemento de placer para los ciudadanos, la administracion aspira á convertirlas en un elemento de moralidad.

Las medidas represivas se refieren ya á las personas, ya á las cosas; unas se dirigen contra los ladrones y malhechores, los vagos y desertores, y otras contra las asonadas y los motines. Las leyes encomiendan á las justicias de los pueblos bajo su mas estrecha responsabilidad, la persecucion de los ladrones y malhechores.

Los vagos que son los hombres que viven ociosos ó que andan mal entretenidos en juegos y tabernas, sin conocérseles ocupacion alguna, imponen á la administracion inmensos deberes, si bien muy dificiles de cumplir, pues se trata de personas á quienes no se puede imputar ningun delito, pero que están en la carrera de ellos y al borde de un abismo. La administracion tiene pues el deber de atender á estos desgraciados, y segun su clase, recogerlos, educarlos y darles trabajo para que de hombres perdidos se conviertan en ciudadanos útiles.

Vengamos al punto mas importante, que es el relativo á rebeliones, motines y asonadas. Respecto de las reuniones de gente que no toman un carácter de agresion, pero que al mismo tiempo se hacen sospechosas á las autoridades, no hay disposicion alguna en nuestras leyes, pero sí respecto de las rebeliones, motines y asonadas y de las personas que levantan una bandera cualquiera contra el régimen político establecido.

Las leyes califican y penan estos delitos del modo siguiente;

REBELION. — Cometen delito de rebelion, los funcionarios ó particulares que se alzan públicamente para cualquiera de los objetos siguientes : 1.º Variar la forma de Gobierno; 2.º Deponer al Gobierno constituido; 3.º Impedir la reunion del Congreso ó disolverlo; 4.º Reformar las instituciones vigentes por medios violentos ó ilegales; 5.º Impedir que las Cámaras funcionen libremente, ó que se practique la eleccion de electores, la de Senadores y Diputados, Presidente y Vice-Presidentes de la República, en un tercio ó mas de las provincias; 6.º Sustraer á la obediencia del Gobierno algun departamento ó provincia, ó parte de la fuerza armada terrestre ó naval; 7.º Investirse de autoridad ó facultades que no se hubiesen obtenido legalmente. En los delitos de rebelion son reos de primera clase : los que la proyectan ó promueven : los que la organizan; y los que la dirigen despues de haber estallado. Son reos de segunda clase; los que acaudillan la defeccion de tropas ó buques de guerra, ó la sublevacion de alguno ó algunos departamentos ó provincias : los generales y los jefes ó empleados políticos superiores que sirvan á la rebelion. Son reos de tercera clase : 1.º Los que fomentan la rebelion, suministrando armas, caudales, municiones ó cualquiera otro elemento bélico : 2.º Los que coadyuven, imponiendo contribuciones, haciendo reclutamientos, organizando la guardia nacional, ó promoviendo el levantamiento de algun pueblo ó distrito; 3.º Los jefes, oficiales y empleados inferiores que sirvan á la rebelion : 4.º Los empleados políticos, civiles ó eclesiásticos que en bando, proclama, edicto, pastoral ó sermon inciten al pueblo á unirse á los rebeldes. En los casos 1.º, 2.º, 3.º, y 4.º, los reos de primera clase deben sufrir expatriacion en tercer grado : los de segunda, expatriacion en segundo grado; y los de tercera, confinamiento en cuarto grado. En los demas casos enumerados, los reos de primera clase sufrirán expatriacion en primer grado : los de segunda, confinamiento en tercer grado; y los de tercera, confinamiento en segundo grado.

SEDICION. — Cometen delito de sedicion los que, sin desconocer al Gobierno constituido, se alzan públicamente para alguno de los objetos siguientes : 1.º Deponer alguno ó ,algunos de los empleados públicos del departamento, provincia ó distrito, ó impedir que tomen posesion del destino los legítimamente nombrados ú elegidos; 2 º Impedir la promulgacion ó ejecucion de las leyes ó la celebracion de las elecciones en alguna provincia ó distrito; 3.º Impedir que las autoridades ejerzan libremente sus funciones, ó hagan cumplir sus providencias administrativas ó judiciales; Ejercer actos de ódio ó de venganza contra la persona ó bienes de cualquiera funcionario público, ó contra alguna clase determinada de ciudadanos; 5.º Allanar los lugares de prision, ó atacar á los que conducen á los reos de un lugar á otro, sea para salvar á estos ó para maltratarlos. En los delitos de sedicion son reos de primera clase : los que la proyectan y promueven : los que la hacen estallar; y los que la dirigen despues de haber estallado. Son reos de segunda clase : los empleados subalternos de los sediciosos : los que cooperan á la sedicion ó la fomentan con dinero, armas ó municiones; y los que convocan á la multitud para que estalle y progrése. En los dos primeros casos de sedicion, los reos de primera clase deben sufrir confinamiento en segundo grado; y los de segunda, reclusion en primer grado. En los demas casos designados, los reos de primera clase deben sufrir confinamiento en primer grado; y los de segunda, arresto mayor en quinto grado.

MOTINES Y ASONADAS. — Son reos de motin, los que, sin rebelarse contra el Gobierno, ni desconocer las autoridades locales, se reunen tumultuariamente para exijir de estas, con violencias, gritos, insultos ó amenazas, la deposicion de algun funcionario subalterno, la soltura de un preso, el castigo de un delincuente ú otra cosa semejante. Cometen asonada, los que se reunen en número que no baje de cuatro personas para causar alboroto en el pueblo, con algun fin ilícito que no esté comprendido en los delitos precedentes; ó para perturbar con gritos, injurias ó amenazas una reunion pública, ó la celebracion de alguna fiesta religiosa ó cívica; ó para exigir de los particulares alguna cosa justa ó injusta. Los cabecillas ó promotores de motin ó asonada, son castigados con reclusion en primer grado; y los demas reos con arresto mayor en tercer grado. La justicia de la peticion con que se cause el motin ó la asonada, no exime de responsabilidad, pero se considera como circunstancia atenuante.

CARCELES Y PRESIDIOS. — Indirectamente enlazada con la cuestion de órden público está la materia de cárceles. Las casas de correccion, presidios y todos los establecimientos penales, de cualquier especie que sean, tienen íntima relacion con la seguridad y defensa de las personas y del gobierno establecido. Esta materia puede considerarse bajo dos puntos de vista, uno que se refiere al poder ejecutivo ó al administrativo, y otro al judicial. Todo lo que se refiere al seguimiento de la causa que ha producido la prision, cae bajo la jurisdiccion del poder judicial y nada tiene que ver en ello la administracion, asi como le pertenece exclusivamente todo lo que toca á la distribucion de los establecimientos de reclusion, al modo de procurar el sustento de las personas encerradas en ellos, á los medios mas adecuados para proporcionarles trabajo, y finalmente al modo de proveer á la correccion de sus costumbres y mejora de su moralidad.

En los establecimientos puramente penales, la administracion ejerce sus funciones sin roce alguno con el poder judicial. Dictada sentencia en una causa criminal, ha concluido el oficio del juez y entra el de la administracion que tiene el encargo de cumplir aquella. La primera observacion, por tanto, que se ocurre á todo el que se ocupa de esta materia es la de si las cárceles y presidios, tal como se hallan hoy dia, corresponden á las miras del legislador, contribuyen á mejorar las costumbres de los presos y hacen que estos miembros perjudiciales á la sociedad se conviertan en ciudadanos útiles. Por desgracia hasta ahora, lejos de ser las cárceles una escuela de moralidad y un elemento para la mejora de las costumbres públicas, no han sido mas que una escuela del crimen y un elemento para extender la corrupcion y los vicios que la sociedad desea alejar de sí. En hora buena que se mirasen con este abandono cuando se consideraba la cárcel como un medio puramente material, sin influencia moral de ningun género : pero en la actualidad en que no se reputan ya como el medio de atormentar á los presos, sino como el medio moral de corregirlos, separarlos de la carrera del crímen y traerlos á una vida mas morigerada y mas útil á la sociedad, no pueden los gobiernos mirar con indiferencia este ramo importante de la administracion pública. Veamos cuáles son los principios admitidos en esta materia, y cuáles los deberes que la administracion ha de cumplir respecto de las personas que tienen la desgracia de ser llevadas á la cárcel y de ser condenadas por una pena legal á permanecer en ella.

La administracion debe procurar respecto de las personas encarceladas : 1.º que sea respetada la inocencia y que no se la atormente mas de lo que el interés de la sociedad exije, y 2.º que aquellas personnas á quienes el crímen ha sumido en la cárcel, salgan de ella, cumplido que sea el término de su condena, mas morigeradas y corregidas de sus anteriores vicios. Para conocer perfectamente qué obligaciones tiene la sociedad respecto de esos desgraciados, es preciso seguir al criminal ó al inocente desde el momento en que la justicia pone en él su mano, hasta el dia en que libre por el cumplimiento de su con-

6

dena ó por la absolucion del juez, vuelve á entrar en el seno de la sociedad. No son necesarias muchas reflexiones para conocer la infeliz suerte que cabe á los que tienen la desgracia de ser llevados á una prision; fácil es comprender cuánto padecerá, sobre todo, el que es inocente, al entrar en las cárceles, al formar parte en ellas de aquella sociedad de hombres criminales que le llaman su amigo y compañero. Natural es que la persona á quien esto suceda se indigne contra la sociedad y contra la justicia y que la mire mas como el oprobio de la humanidad que como la defensora de las leyes. Pero supongamos que la persona llevada á la cárcel es criminal y sufre con descaro la humillacion con que la sociedad intenta castigarla. En este caso se encuentra en los oscuros calabozos que le dan por mansion con otros criminales, quizá mas perversos que él, y amaestrándose con ellos en la funesta escuela de la corrupcion y del crímen, combinan juntos el plan que han de poner en práctica mañana que salgan de la prison para atacar de nuevo á esa sociedad que los protege al mismo tiempo que los castiga.

Una vez en la cárcel el detenido ó penado, veamos qué debe hacer la administracion con este hombre, y cual es el sistema que debe adoptar para que la prision sea lo mas segura posible y sirva de elemento de moralidad y correccion. Desde luego es necesario hacer una separacion en las cárceles, separacion indicada por la misma naturaleza de las cosas. Las personas simplemente acusadas de un delito, no deben nunca estar confundidas con las que han sido condenadas por el tribunal á sufrir una pena. Sin embargo, á pesar de los progresos que ha hecho en este siglo el sistema penitenciario, todavía se encuentra un gran vacío en esta parte,

Además de esta separacion absolutamente necesaria, hay otra que no lo es menos en el sistema carcelario. En nuestra opinion no deben estar reunidos en un mismo local las mujeres, los niños y los hombres, ni aun habiendo la separacion conveniente.

Otra separacion muy indicada es la establecida en favor de los jóvenes. La cárcel destinada á los jóvenes debe tener bajo su aspecto penal una consideracion muy distinta de la que se consigna á los hombres. La de estos últimos tiene por objeto en primer lugar castigarlos, en segundo lugar corregirlos; la de los jóvenes tiene por objeto primordial el educarlos y corregirlos, al mismo tiempo que les impone el castigo á que se han hecho acreedores. No debe pues la cárcel destinada á los jóvenes, imprimir en ellos ese sello de ignominia, que es inevitable en las otras, sino que mas bien debe considerársela como casa de refugio, como escuela de instruccion para aquellos desgraciados á quienes la sociedad por descuido no se la dió.

Hechas estas divisiones, y refiriéndonos á las cárceles destinadas á los que han sido acusados de un delito, el objeto que la administracion debe proponerse es evitar que estas personas se escapen de la prision mientras dura la causa, y que se perviertan estando en contacto con otros criminales. A la seguridad contribuyen dos cosas, que son la construccion material del edificio y la disciplina interior. A la antigua preocupacion de que solo se podia guardar á los presos con grillos y candados, ha sustituido hoy la conviccion de que se pueden custodiar muchos presos en una cárcel, sin el uso de prisiones incómodas y muchas veces aun sin esos medios exteriores de candados y cerrojos. La disciplina interior de las cárceles es el elemento mas poderoso para la seguridad de los presos; por eso en Francia los presidiarios están en grandes patios que en vez de verjas de hierro las tienen de madera, porque allí la vigilancia y la fuerza de la administracion suplen los hierros y los cerrojos.

Tres medios puede adoptar la administracion respecto á las personas detenidas, para hacer menores los perjuicios

que pueden seguirse á la sociedad de mezclarlas con los
criminales. Una consiste en clasificar á los presos segun la
naturaleza de su delito; otro en separarlos completamente
á todas horas; y el otro, que es un término medio, en separarlos de noche y en la mayor parte del dia, pero reunir-
los por medio de ciertas clasificaciones en las horas que se
les permite bajar al partio de la cárcel. Todos estos sistemas encuentran dificultades en la teoría y en la práctica y
producen graves inconvenientes. Así no encontramos mas
que un medio que recomendamcs como el mas acertado y
el mas seguro, y es el de establecer celdas separadas para
cada uno de los detenidos, y si no puede conseguirse esto,
tenerlos reunidos bajo la regla del silencio absoluto.

No puede ser objeto de este tratado el exámen minucioso
de los sistemas carcelarios, y por lo tanto nos limitarémos
á decir que todos los que hasta el dia se han presentado se
encierran en cuatro principios generales. El primer sistema
tiene por objeto reformar las cárceles obligando á los
presos al trabajo y proporcionarles la conveniente instruccion moral y religiosa. El segundo consiste en sustituir á
las penas ordinarias de presidio, deportacion, etc., la prision en celdas separadas de noche y de dia, sin conceder á
los presos la facultad de ocuparse en el trabajo. El tercero
consiste en imponer por pena á los delincuentes la prision
de noche en celdas separadas y el trabajo commun de dia,
pero con silencio; finalmente, el cuarto en separar á los
presos de noche y de dia en sus celdas respectivas, pero
concediéndoles la facultad de trabajar y aun excitándoles á
ello con ciertos premios. En favor y en contra de cada uno
de estos sistemas se han levantado voces autorizadas y
elocuentes; pero indudablemente el que cuenta mas partidarios es el de reclusion de noche y dia, conocido con el
nombre sistema de Filadelfia.

La cuestion del trabajo en las prisiones es sumamente
importante. Segun el sistema establecido en la mayor parte

de los paises, acontece que las manufacturas de los presos
suelen venderse mas baratas que las demás, resultando de
aquí un perjuicio notable á los trabajadores libres y la
pérdida consiguiente á las industrias que debieran fomen-
tarse. En algunos paises las reclamaciones de la industria
han sido tan fuertes que se han dado leyes prohibiendo
elaborar en las cárceles las manufacturas que se despacha-
ban en el país. Para nosotros esta cuestion presenta una
solucion fácil. La sociedad debe permitir á los presos trabajar ó debe mantenerlos. A nuestro juicio es mas provechoso á la industria que los presos trabajen, que no el
imponerla un gravámen directo ó indirecto para contribuir
á su manutencion. La administracion, con la prudencia
que debe caracterizarla al tratar de establecer una industria en una cárcel, deberá procurar, que no perjudique á
las industrias que haya en el país, como las perjudicaria
vendiendo á menos precio. Si fuera posible, seria lo mas
conveniente que el Estado destinase estas manufacturas á
su consumo, ocupando á los penados en trabajos análogos
á sus necesidades, (1)

Presentemos ahora el carácter de nuestra legislacion sobre esta materia y las disposiciones legales que hay para
la traslacion de los reos de la cárcel al presidio, de las
reglas relativas al establecimiento y disciplina de las cárceles.

El nombramiento de alcaides de las cárceles corresponde
á las Córtes Superiores y en los lugares donde no existen
estas, á los jueces de 1ª. Instancia. El director de la penitenciaria establecida en la capital de la República, es nombrado por el ejecutivo.

- La autoridad política interviene en que las cárceles y
presidios se conserven en estado de aséo y de órden; pero
la dotacion de los alcaides, alimentacion de presos y tras-

(1) Madrazo.

lacion de estos de un lugar á otro ó al presidio, es de cuenta de las municipalidades cuando la escasés de sus fondos no hace recaer ese gasto sobre los del erario nacional.

Luego que la sentencia condenatoria, pronunciada contra un reo, queda ejecutoriada por la aprobacion ó confirmacion de los tribunales superiores, debe el juez mandar cópias de las ejecutorias á la autoridad política para que remita al condenado á su destino. La remision se hace de justicia en justicia escoltando al individuo hasta dejarlo en el presidio, á cuyo jefe se entrega tambien la cópia de la condena. Los reos están bajo la mediata dependencia del Juez de rematados que decreta su soltura cuando han vencido su tiempo.

CAPITULO II

NATURALEZA DE LAS MEDIDAS SANITARIAS. — El exámen de las reglas que debe tener presentes la administracion para emplear sus esfuerzos en favor de la humanidad y de los individuos que están expuestos á enfermedades de diversas especies, es un estudio importante y de grandes consecuencias, no solo porque nos asegura la salud y restituye la calma á los pueblos, desvaneciendo la zozobra, tan natural, cuando una peste se declara en sus inmediaciones, sino porque tambien muchas veces nos prescribe el sistema que debemos adoptar en nuestras relaciones con los paises extranjeros, y nos aconseja las precauciones que se deben tomar para evitar que la peste sea importada de una á otra nacion, y que los males que por circunstancias de localidad se han desarrollado en un país, lleven á otro su gérmen destructor.

La materia de sanidad pública, considerada bajo el punto

de vista administrativo, puede dividirse en cuatro secciones. La primera comprende todas las disposiciones que toma la autoridad para evitar el contagio ó propagacion de ciertas enfermedades que tienen esta cualidad terrible. En esta seccion están comprendidas todas las precauciones que toma el gobierno para cortar el contagio de la peste de un país extranjero, y el de las enfermedades de viruelas etc. En la segunda se compŕende todo lo relativo á higiene pública ó reglas de sanidad, y cuanto tiende á preservar á los pueblos y particulares de ciertas aguas perjudiciales, de alimentos que son dañosos á la salud ó de fábricas que puedan dañar el aire respirable. En esta seccion está comprendido todo lo que se llama policía sanitaria de aguas, alimentos, y lo relativo á fábricas insalubres. En la tercera seccion podemos comprender todas las precauciones que establece la sociedad para privar á los particulares del uso voluntario de ciertas cosas que pudieran dañar á su salud, ó de las asechanzas que con ellas se pudieran tramar contra su vida. Así en virtud de este principio se prohibe vender ciertas drogas que solo sirven para la medicina cuando son empleadas con el consejo del médico y con prudencia, pero que pueden dañar á la salud si se deja al particular de usar de ellas siempre que se quiera. Los baños minerales están comprendidos en esta seccion, y todos los reglamentos de cierto género de industria cuyo ejercicio puede perjudicar à los que se dediquen á ella, si no lo hacen con ciertas condiciones. Finalmente, podemos hacer una cuarta seccion con todas las disposiciones que se encuentran en los países civilizados para señalar á las personas que puedan ejercer el arte de curar, y para prohibirlo á otras, como son los curanderos charlatanes, que hacen profesion de engañar á los particulares sencillos, y aparentando una ciencia que no conocen, los arrastran muchas veces á la muerte. La parte que miran con mas interés los gobiernos, es la comprendida en la primera seccion, es decir, las dís-

posiciones que se toman para evitar los efectos del contagio
en aquellas enfermedades que tienen esta triste cualidad.
El espectáculo aterrador de la peste conmueve naturalmente á todos los habitantes de un país, y al oir hablar de sus
estragos, todos se alarman y piden precauciones para evitar
el contagio. Pero al mismo tiempo que las enfermedades
epidémicas difunden este terror, hay otras ocultas en el
seno de los pueblos que llevan la muerte á millares de
familias, y que los gobiernos, sin embargo, suelen mirar
con absoluta indiferencia (1).

JUNTAS DE SANIDAD. — Las juntas de sanidad son las encargadas en primer término de velar por la salud pública.

La conveniencia de los cordones sanitarios es objeto de
vivas controversias; sin embargo, la opinion general se
inclina á que en las enfermedades contagiosas el aisla-
miento es útil, siempre que se concilie la severa ejecucion
de las leyes sanitarias con los deberes de la humanidad. En
cuanto á las enfermedades que como el cólera se trasmiten
por la accion de un aire contaminado, los cordones son de
todo punto inútiles, como ineficaces para contener las
corrientes atmosféricas que sirven de vehículo á los gér-
menes de la enfermedad.

Intimamente enlazada con la sanidad está la higiene
pública. El cuidado de los alimentos de cualquiera clase
que sean, el procurar que el aire que se respire se conserve
lo mas puro posible, el evitar que los particulares puedan
ser engañados con exposicion de su vida ó de su salud, son
las obligaciones mas importantes que la administracion
general del país debe cumplir en punto á sanidad, despues
de evitar la propagacion de las enfermedades contagiosas.

Un decreto supremo de 1.º de Setiembre de 18.6 mandado cumplir, aunque con diversas y pequeñas modificaciones por otras disposiciones posteriores, creó y organizó

(1) Madrazo.

las juntas de sanidad encargadas del cuidado de la salud pública, y de adoptar las medidas higiénicas necesarias para su conservacion, especialmente en las épocas lamentables de epidemias.

Las juntas departamentales y municipales están sujetas á la junta suprema, residente en la capital, y las atribuciones de todas ellas están minuciosamente detalladas en el indicado decreto, que por su importancia insertamos integro á continuacion.

Art. 1. Se crea en la capital de la República una *Junta Suprema de Sanidad*. '

Art. 2. Habrá en cada capital de departamento una *Junta Superior de Sanidad.*

Art. 3. Se establecerá tambien una *Junta Municipal de Sanidad* en toda poblacion considerable, á juicio de la junta suprema.

Art. 4.º En los puertos de mar y poblaciones marítimas por donde puedan introducirse contagios exóticos, se crearán tambien juntas particulares, que se designarán con el título de *Juntas litorales*.

Art. 5. La Junta suprema de Sanidad se compondrá de seis individuos, á saber : del Prefecto del Departamento de Lima, Protomédicó general, (1) un médico de conocidos talentos y actividad, un químico, y dos vecinos propietarios y casados, que no sean comerciantes. El Protomédico presidirá cuanto no asista el Prefecto á la junta. El Oficial mayor de la Prefectura será Secretario de ella.

Art. 6. Para ser individuo de las juntas de sanidad se necesita esencialmente estar en el pleno ejercicio de los derechos políticos y civiles.

Art. 7. Las juntas superiores se compondrán igualmente de seis miembros, á saber : el Prefecto, el Protomé-

(1) Hoy, Décano de la Facultad de Medicina.

dico del Departamento (1), un químico, si lo hubiere, y dos
ó tres vecinos propietarios, casados, no comerciantes. El
Protomédico será el Vice-Presidente, y el Oficial mayor de
la Prefectura. Secretario.

Art. 8. Las municipales, las compondrán el intendente,
donde lo hubiere, el gobernador, un alcalde, un médico, y
uno ó dos vecinos que tengan las mismas calidades arriba
designadas. Serán presididas segun el órden con que se
nombran las personas en este artículo.

Art. 9. Las litorales, se compondrán del comandante de
marina donde lo haya, capitan de puerto, administrador de
aduana, un médico, y un vecino que reuna las mismas calidades ya enunciadas.

Art. 10. Son atribuciones de la Junta Suprema de Sanidad :

1.° Nombrar las personas que deban componer las juntas
superiores, y el médico de las litorales.

2.° Proponer al Gobierno, y comunicar con su aprobacion
á las superiores, todas las medidas extraordinarias que crea
oportunas para prevenir ó atajar el contagio.

3.° Vijilar inmediatamente sobre las juntas superiores y
litorales.

4.° Prescribir las reglas que dicten los conocimientos
médicos, á fin de mantener la higiene pública· y doméstica.

5.o Aprobar ó reprobar la introduccion, ó uso de medicamentos ó confecciones medicinales inventadas en la República, ó en paises extranjeros, sin cuya aprobacion no
podrán venderse ni usarse.

6.° Nombrar facultativos de farmacia para rejistrar las
facturas de medicinas venidas del extranjero.

7.° La policía interior de los hospitales de la capital

(1) Hoy, apoderados de la Facultad de Medicina.

de cualquiera clase que sean, como tambien la del cementerio general.

8.º Conservar del mejor modo, que prescriba el arte, el benéfico fluido de la vacuna.

9.º La superintendencia general de todos los ramos de salubridad pública.

Art. 11. Las funciones de las juntas superiores se reducirán á lo siguiente :

1.º Nombrar el médico y los vecinos que con el alcalde deben componer las juntas municipales.

2.º Velar que estas últimas llenen el objeto de su institucion, observen puntualmente las reglas generales que prescriba la junta suprema, y den cumplimiento á las órdenes que, en casos de infeccion, ó para prevenirla, crea oportuno comunicarles por su conducto.

3.º La inspeccion inmediata sobre la policía interior de los hospitales de la capital del departamento y de sus cementerios, ó lugares de inhumacion.

4.º Impedir en el departamento el uso y venta de medicinas y drogas que no hayan obtenido la aprobacion de la junta suprema.

5.º Formar la topografía médica del departamento, y comunicarla á la junta suprema, á fin de que, llegándose á conocer las enfermedades dominantes de cada pais, pueda prescribir aquella las reglas convenientes.

6.º Recibir y distribuir la vacuna á las juntas municipales.

Art. 12. Las juntas municipales cuidarán :

1.º Que se remuevan de la calles, plazas y demas lugares públicos todos los elementos de infeccion, limpiándose en épocas y horas oportunas las acequias, letrinas, muladares y demas depósitos de inmundicias.

2.º Que en los cafees, fondas, figones, y cocinerias no se usen vasijas de cobre sin estañar; y que en las de barro vidriadas no se guarden ácidos ni aceites que, corroyendo el barniz, producen un verdadero veneno.

3.º Que en las plazas de mercado no se vendan frutas no sazonadas, carnes comunes, ni pescados que no sean saludables, animales muertos, excepto los de caza, los cuales solo podrán venderse, despues de sacados los intestinos con su pluma ó pelo.

4.º Que en las municipalidades en que no residan la junta suprema y las superiores, se observen puntualmente las reglas prescriptas para la policía de hospitales y cementerios, y en particular que los enterramientos se hagan al amanecer ó á la caida de la tarde.

5.º Reclamarán de los ajentes de policía se maten los perros inficionados de sarna y atacados de rabia, que vagan por las calles, y que se disminuya el número de los que estén buenos.

6.º Harán que se recojan á los hospitales los que padezcan enfermedades contagiosas.

7.º Impedirán que se presenten á la espectacion pública, monstruos y escenas horribles que tanto perjuicio causan á las mujeres embarazadas.

8.º Reclamarán de la policía no se permitan en las fiestas cívicas y religiosas, ni en cualquiera otra reunion, personas á caballo, coches, calesas; las cuales suelen estropear á las personas de á pié.

9.º Denunciarán á las juntas superiores á los que vendan confecciones ó administren medicamentos, y drogas que no estén aprobadas; y entre tanto las embargarán por medio de la autoridad competente.

10.º Avisarán inmediatamente á la junta superior para que esta lo ponga en noticia de la suprema, desde luego que se descubran algunos indicios de peste, epidemia ó epizotia, para que aquella última expida las órdenes convenientes segun lo exija la gravedad del caso.

Art. 13. Los ajentes de policía, y todas las demas auto-

ridades locales impartirán todo su auxilio á los individuos
de la junta municipal, siempre que lo requieran, para el
ejercicio de sus funciones.

Art. 14. Las juntas litorales observarán las disposiciones
siguientes.

Art. 15. Todo buque procedente de los paises en que se
sepa se ha desarrollado la fiebre contagiosa llamada ama-
rilla, deberá ponerse en facha á dos tiros de cañon del
puerto para esperar la falúa de sanidad.

Art. 16. Esta se pondrá á barlovento, y á la voz recibirá,
bajo palabra de honor del capitan, las noticias del puerto
de donde viene, la tripulacion y número de pasajeros que
sacó y trae, y las enfermedades que han padecido durante
la navegacion.

Art. 17. Si en su contesto manifiesta estar sanos todos, y
sin contagio, subirán á bordo los individuos de la junta;
examinarán el rol, y la patente de sanidad; y estando todo
conforme, se le permitirá entrada al puerto.

Art. 18. Si de la contestacion aparece motivo para temer
contagio, no se le permitirá entrar al puerto, y se le mandará pasar al lazareto, que se establecerá en sus inmediaciones, segun el plan que dé la junta suprema para sufrir en
él la conveniente cuarentena.

Art. 19. Esta se prolongará ó abreviará á juicio del facultativo de la junta litoral.

Art. 20. Si cualquier habitante del Perú, visitase un
buque antes que la sanidad, será multado en la cantidad de
cien pesos, puesto en incomunicacion, á arbitrio de la
junta : la tripulacion entera de cualquier buque extranjero
que cometa esta infraccion sufrirá una incomunicacion con
tierra por espacio de treinta dias.

Art. 21. En los lazaretos que se establezcan, y particularmente en el de la isla de San Lorenzo habrá dos departamentos separados, uno para barracas desahogadas y
grandes, para habitacion de los pasajeros y tripulacion; y

el otro departamento para fumigar y ventilar los fardo .

Art. 22. La guardia de sanidad tendrá una habitacion cómoda y situada á barlovento del lazareto.

Art. 23. Todo barril de harina, de carnes, y todo comestible serán arrojados al agua, sin abrirlos; las cartas se picarán y fumigarán antes de pasarlas á la estafeta.

Art. 24 Habrá un bote destinado para recibir los víveres de tierra, atado á una distancia proporcionada para que lo puedan tirar luego que haya sido provisto.

Art. 25. Las fumigaciones de géneros, y demas especies de los barcos y todos los métodos de desinfeccion se practicarán con arreglo al plan que debe prescribir la junta suprema.

Art. 26. Durante el tiempo de la cuarentena se observará una perfecta incomunicacion entre los contagiados, y los curados y de mas empleados de sanidad.

Art. 27. El buque infestado deberá tambien ser sujeto á la fumigacion, estar incomunicado, y no poder entrar al puerto hasta concluida la cuarentena.

Art. 28. Esta debe ser rigurosísima sin la menor dispensa, porque cualquier descuido, por pequeño que sea, suele causar males de la mayor trascendencia.

Art. 29. Por punto general no se permitirá desembarcar en el puerto ningun cuadrúpedo sin sujetarlo antes á una cuarentena de observacion de ocho dias, á lo mas, y de dos á lo menos.

Art. 30. Los fondos de sanidad constarán :

1.º De los derechos de sanidad que deben pagar todos los buques precedentes del extranjero.

Estos derechos por reciprocidad serán iguales á los que ellos exijan por el mismo título.

2.º De las multas impuestas por contravenciones á la policía sanitaria.

3.º De las patentes para la venta de los medicamentos y

drogas nuevamente introducidas del extranjero, ó inventadas en la República.

4.º De los derechos que deben pagarse por el rejistro de las facturas de medicinas.

5.º De las cantidades complementarias que, en caso de contagio de una poblacion, deberá dar el gobierno.

Art. 31. Estos fondos estarán á disposicion de la junta suprema de sanidad, la cual deberá arreglar con aprobacion del Gobierno, las dietas eventuales y sueldos de los ajentes de la policía sanitaria.

Art. 32. De los mismos fondos deben costearse la construccion y conservacion de los lazaretos, sueldos de sus guardas, compra de la falúa, y botes de sanidad, y de lo demas necesario para el servicio de este ramo en los puertos.

Art. 33. Igualmente se costeará la publicacion de las cartillas sanitarias.

Art. 34. El presente reglamento solo es provisional hasta la publicacion del código de sanidad. — Dado en el palacio del Supremo Gobierno en Lima á 1º de Setiembre de 1826. — 7.º — Imprímase, publíquese y circúlese. —Santa-Cruz. — Por S. E. — José Maria de Pando

COMISIONES DE VACUNA. — Con el objeto de combatir la epidemia de viruelas que tantos estragos produce en las poblaciones y de propagar el precioso preservativo de la vacuna, se creó, por decreto de 14 de Febrero de 1860, una comision central de vacuna, cuyo objeto es centralizar todos los trabajos relativos á la conservacion y propagacion del fluido vacuno; sus funciones son : 1,ª Llevar la estadística de la vacuna de toda la República, á cuyo fin todas las comisiones departamentales le remitirán mensualmente los estados de las vacunaciones y revacunaciones praticadas en el mes, en cada uno de los departamentos de la República, y que en aquellas hayan recibido de los vacunadores : 2.ª Vigilar el cumplimiento de todos los decretos y

reglamentos relativos á la propagacion de la vacuna. 3.ª
Proponer y discutir todas las medidas mas eficaces que
tiendan á extender en la República la práctica de las revacunaciones : 4.ª Expedir un informe anual en que se consignen los resultados obtenidos cada año por la propagacion de la vacuna en la República : 5.ª Distribuir los
premios establecidos en el decreto de 14 de Setiembre
conforme á las prevenciones y condiciones impuestas en
él : 6.ª Seguir la marcha de todas las epidemias de viruela
que puedan estallar en la República, con el fin de dictar
todas las medidas que tiendan á combatirlas.

Para llenar todas estas funciones, la comision central se ha dividido en tres comisiones : 1.ª La comision de
estadística, compuesta de tres miembros y encargada de
hacer el escrutinio anual de todos los estados de vacuna,
remitidos de todos los puntos de la República, y de formar
un cuadro general de ellos : 2.ª La comision de informes,
destinada á redactar, con los datos ministrados por la comision de estadística : 3.ª La comision de viruela, llamada
á estudiar la marcha de las epidemias de viruela que es-
tallen en la República. El Presidente podrá ademas, nombrar comisiones transitorias que expidan informes sobre
las medidas que hayan de adoptarse, consultas etc.

El reglamento de policía de la Capital que, en esta parte,
contiene iguales disposiciones á los de las provincias, encierra las siguientes con respecto á la salubridad pública :
No se permitirá que despachen en las boticas sino personas
aprobadas por la profesion de farmacia, bajo la multa de
seis á veinte pesos, sin perjuicio de las penas á que se hagan acreedores los boticarios por los males que causaren
por descuido. Los vendedores de comestibles son responsables de la buena calidad de los artículos que vendan para
el abasto público. Los trigos y harinas que se calificaren de
mala calidad por dos peritos nombrados, uno por el interesado y otro por el intendente de policía, ó por mayoría

7

de votos, si fuere necesario nombrar un tercero en discordia, se destruirán á costa del poseedor, quien pagará una multa de veinte y cinco pesos, sino se le encontraren mas de diez fanegas de trigo, ó cuatro barriles ó sacos de harina; y 200 pesos si pasaren de este número. La carne de los toros muertos en la plaza del Acho, no se venderá fresca, sino seca y salada, so pena de caer en comiso á favor de los fondos de policía, y de 4 á 20 pesos de multa. Los que vendan frutas, carne, pescados ó cualesquiera otros mantenimientos dañados los perderán y serán condenados á enterrarlos fuera de la ciudad á su costa y á pagar de 2 á 10 pesos de multa. Los que mezclaren dolosamente ingredientes nocivos á la salud en las bebidas y licores, pagarán una multa de 2 á 10 pesos y serán puestos inmediatamente á disposicion del juez competente : si el daño ó la malicia fuere de gravedad conocida, se anunciarán al público por la prensa sus nombres, su delito, y la pena que se les hubiere impuesto segun las leyes. Los dueños de cafees, fondas, y todos los vendedores de líquidos y comestibles, cuidarán de tener estañadas por dentro las vasijas de cobre de que usaren, so pena de perderlas y pagar de 1 á 4 pesos de multa, á cuyo fin visitarán sus establecimientos una vez al mes los funcionarios de policía. Los aguadores tomarán precisamente agua para su venta de las fuentes y piletas destinadas para proveer al público, ó de los pozos de casas particulares que franquearen sus dueños, so pena de pagar de 1 á 4 pesos de multa ó sufrir cuatro dias de arresto. Se reputan públicas las piletas de los conventos y demas casas que gozan de agua, con el cargo de ponerlas expeditas para el uso comun, las cuales se mantendrán corrientes á costa de los dueños ó comunidades, haciéndose las refacciones necesarias por la policía en caso de ser aquellos neglíjentes, la que les cobrará ademas de los gastos causados, la multa de 25 pesos. Es prohibido lavar ropa ó cualquiera otra cosa en las fuentes pú-

blicas ó en los lugares que por falta de ellas señalare alguna
vez la policía para la provision del vecindario, bajo la
multa de un peso ó la pena de ser destinado el infractor á
servir por dos dias en un hospital ó cárcel; la misma pena
sufrirán los que llevaren á beber bestias en dichos lugares.
Las medicinas simples, compuestas, y demas drogas de
esta clase que se encontraren de mala calidad en las boticas, cajones de ribera y demas establecimientos en que se
expendan, serán destruidas, exijiéndose ademas á los vendedores de 4 á 50 pesos de multa. Las que se encuentren de
la misma clase en los almacenes se destruirán, y solo se
aplicará multa cuando se sepa que se han vendido ó tratado de vender. Los almacenes y los cajones de ribera se
visitarán anualmente, ó cuando fuere conveniente, á juicio
del intendente de policía, por un boticario y un médico, ó
por este y un almacenero intelijente para proceder á destruir los objetos que estén en mal estado.

CEMENTERIOS. — La situacion de los cementerios es tambien muy digna de los cuidados de la administracion. Los
cementerios se hallan hoy bajo la direccion de las juntas de
beneficencia. La concesion de la propiedad temporal ó perpetua de estos y la resolucion de los expedientes á que
puede dar lugar, es mas propia de la autoridad civil que de
la eclesiástica, á la que solo corresponde cumplir las ceremonias religiosas que la disciplina de la iglesia tiene establecidas. Los cementerios deben situarse en un lugar algo
separado de la poblacion, si puede ser, un poco alto para
que esté bien ventilado. El terreno debe ser por su naturaleza silicio ó calcáreo para que absorba los miasmas que los
cadáveres despiden, y en sitio por donde no pase agua á la
poblacion y la comunique los malos olores y las cualidades
insalubres.

BAÑOS. — Es tambien un punto muy importante en la
higiene pública el establecimiento de baños. Respecto de
ellos la administracion tiene dos obligaciones que cum-

plir : 1.ª procurar que se establezcan.; 2.ª hacer que haya
en ellos la conveniente separacion y policía para que no se
mezclen hombres y mujeres y no se vean escándalos que la
autoridad debe siempre evitar. Pero los baños que llaman
especialmente la atencion del gobierno son los minerales.
Estos pueden ser propiedad de la nacion, de una provincia,
de un pueblo ó de un particular : en cualquier caso el que
sea dueño de ellos tendrá su usufructo y podrá cederlo á
quien quiera; pero al mismo tiempo la administracion
tiene derecho de intervenir en el uso que haga de las aguas,
y evitar que algunas personas, por ignorancia, por poca
precaucion ó por otras circunstancias, traten de usarlos,
cuando no deban hacerlo y en lugar de encontrar allí la
salud y de ser aguas de vida, sean para ellas la causa de
enfermedades mas graves, que al fin les den la muerte.

Las juntas de sanidad deben cumplir con los principales
deberes de la administracion de este ramo. El gobierno
tiene la obligacion de noticiar á todos los individuos que
viven en la nacion, las aguas minerales que hay en ella,
hacerlas analizar, anunciar al público los resultados de
este análisis, y por último, decirles la época en que están
abiertos los baños desde el dia en que empiezan hasta el
que acaban. Con el objeto de ejercer la vijilancia que á la
administracion corresponde en estos establecimientos
públicos, el gobierno nombra directores de aquellos baños
que por su celebridad ó por las buenas cualidades físicas y
químicas de sus aguas merecen esta importante atencion.
El director del establecimiento es juez del uso que pueden
hacer las personas, de estas aguas; donde hay director
nadie puede beberlas ni usarlas sin su conocimiento y licencia : este tiene obligacion ademas de noticiar al gobierno
los resultados que produzcan, enviándole un estado del
número de enfermos que han usado las aguas en toda la
temporada y de los efectos que han causado en su salud.

CAPITULO III

AGRICULTURA. — Empeñarse en demostrar la importancia de la agricultura y la grande proteccion que los gobiernos deben á esa industria, colocada por toaos los socialistas en primera línea, sería una tarea de todo punto inútil. El trabajo agrícola orígen de las materias primeras, sin las cuales son imposibles las artes y el comercio, produce lo necesario para la subsistencia del hombre.

La agricultura no exije de los gobiernos sino la remocion de los obstáculos que pueden oponerse á su desarrollo; para ello deben adoptarse dos clases de medidas; las que aseguran al agricultor la libertad de consagrarse al cultivo que mas le convenga y las que faciliten el trasporte de sus frutos para hacer posible y cómodo el espendio.

Otro medio de alentar al agricultor es ofrecerle y darle

premios por los mejoramientos que introduzca en el cultivo
de sembrios provechosos y en la aclimatacion é introduccion de producciones exóticas que tengan aplicacion para la
alimentacion de los hombres y de los ganados, ó para los
productos industriales.

AGUAS. — Las aguas tienen cuatro grandes objetos que
llenar; sirven para aplacar la sed, para regar los terrenos,
para los baños y para el trasporte de personas y merca-
derias. Los dos primeros usos tienden á la conservacion de
la vida; el tercero sirve para la limpieza y para la conservacion de la salud, el cuarto para facilitar las relaciones
comerciales de los pueblos.

El celo de la administracion debe encaminarse en esos
cuatro sentidos.

Debe, pues, hacer analizar las aguas potables, y procurar
que en todos los pueblos haya fuentes públicas; hacer
velar las atargeas y depositos de aguas, así como los conductores de las aguas á las fuentes y pilas.

La presencia de las aguas aumenta el valor de los terrenos,
pues sin aquellas son estos estériles é improductivos : debe
la administracion dar agua á los terrenos en que sea posible
emprender trabajos hidráulicos; velar por el repartamiento
de las aguas, de manera que sin atacar los derechos privados de los propietarios de terrenos, pueda consultarse el
bien de todos ellos.

Como los baños prestan un poderoso auxilio higiénico y
son, en muchas ocasiones un medio de recuperar la salud,
debe la administracion hacer que se establezcan en todas
las poblaciones y sostener establecimientos de esa clase para
que los pobres puedan aprovechar de ellos gratuitamente
ó por un infimo precio; respecto á los baños termales ya
hemos insinuado al tratar de la higiene pública, cual debe
ser la accion administrativa.

Consideradas las aguas como caminos, la administracion
debe clasificarlas y declararlas tales, despues de estudiar

su profundidad y su curso, y de examinar las necesidades públicas.

Las aguas del mar pertenecen á todo el mundo, pero cada Estado por su propia seguridad y defensa estiende su poder á las fuentes, golfos y bahias que constituyen la configuracion geográfica de su territorio (1). A la administracion toca por lo mismo, reglamentar la policía de los puertos, establecer reglas para el fondeo de los buques, abrir ó cerrar sus costas para el comercio de cabotaje de los buques extranjeros; hacer custodiar las costas etc.

La legislacion sobre las aguas varia segun la naturaleza y objeto de ellas; la conservacion de las potables corre bajo la custodia de las municipalidades; las cuestiones sobre aguas de regadío se dirimen segun las prescripciones del derecho civil, reconociéndose generalmente el principio de que todas las aguas contenidas dentro de ciertos limites, susceptibles de ocupacion constante, las aguas vivas que nacen ó se descubren en un terreno poseido en propiedad, y las corrientes, sean de curso continuo ó intermitente, que atraviesen en ese terreno, son de dominio particular.

La demarcacion de los derechos concedidos á los extranjeros para la navegacion fluvial, y de los limites de los mares es objeto de convenios celebrados entre las naciones.

PESCA. — En los rios y mares se ejerce la industria de la pezca que la administracion debe reglamentar. Todos los hombres pueden pescar en alta mar, cualquiera que sea su nacionalidad, no asi en los rios ó costas del Perú, lugares en que el derecho de pescar es solo comun á los naturales del país.

Como la accion administrativa debe estar siempre donde quiera que se amenaze la salud pública, las leyes prohiben pescar con yerbas ó por otros medios que, alterando la carne de los pescados podrian hacerla nociva á las personas

(1) Fouéré.

que la común. No se permite pues la pesca sino con caña ó red.

INDUSTRIA. — La *accion de las fuerzas físicas y morales del hombre aplicadas á la produccion*, es lo que se llama industria. (1) Como esa accion puede recaer sobre variados objetos, la industria recibe diversas denominaciones. Así, el hombre que busca como sacar de las entrañas de la tierra los tesoros que ella encierra, ejerce la industria *minera*; el que beneficia los terrenos, guarda en ellos una semilla y la riega y cultiva, ejerce la industria *agricola*; el que se ocupa del cambio de los productos industriales ó de trasportarlos de un punto á otro ejerce la industria mercantil; en fin, hay industria fabril, manufacturera, artística etc. etc.

La industria ha tenido tal desarrollo en el siglo actual que sus productos tocan ya en lo maravilloso é increible; merced á ello no hay distancias en el globo que no puedan estrecharse, y los pueblos anudando cada dia mas y mas sus relaciones parece que se acercan á la realizacion de la grande utopia de formar una sola familia.

LIBERTAD DE LA INDUSTRIA. — ¿Cuál debe ser el papel del gobierno en este ramo de la actividad humana?

Esta cuestion ha sido debatida con ardor por eminentes economistas; para los unos la administracion debe intervenir en la reglamentacion de las industrias y de los industriales: el derecho al trabajo debe *ser concedido* por el soberano: para los otros, la industria requiere una ámplia libertad, y la mano administrativa no debe intervenir sino para proporcionarla.

La historia nos enseña que el sistema de reglamentacion, desacreditado completamente en el dia, no produjo sino el estancamiento de las artes y los monopolios y privilegios tan odiosos como onerosos para los consumidores; los gobiernos de los pueblos civilizados no intervienen en la

(1) P. Fodéré.

industria sino fomentando su libertad y asegurando al productor la propiedad de sus frutos. Conviene sin embargo, estimular y fomentar ciertas industrias segun los elementos y las necesidades de los pueblos; asi como proscribir algunas, y limitar otras.

Los principales medios de fomento son libertar ciertas industrias de las cargas que gravan sobre las demas, ó premiarlas.

Las esposiciones públicas de los productos industriales ejercen, en favor de las artes, el mas saludable y sólido influjo. El productor premiado, al mismo tiempo que logra reputacion y honor, atrae á sí mayor número de consumidores; el que aspira al premio se siente estimulado por nuevas fuerzas para ver cumplidos sus deseos.

Deben proscribirse las industrias que, aunque acreditan génio y talento, pueden ser ofensivas á la moral, ó á la religion ó á la salud pública; tal seria por ejemplo la del estatuario eximio que espusiese al público imágenes perfectas pero obcenas. Finalmente, se limitan ó mejor dicho se sujetan á ciertas trabas las industrias que, siendo provechosas, ofrecen riesgos de alterar la tranquilidad ó la salud pública; tales son las que se ejercen en los establecimientos llamados *incómodos*, *peligrosos* ó *insalubres*, que la administracion no debe consentir en el centro de las poblaciones.

Siguiendo estos principios, el derecho peruano declara que puede ejercerse libremente todo género de industria, oficio ó profesion que no se oponga á la moral, á la salud ni á la seguridad pública.

PROPIEDAD DE LOS PRODUCTOS INDUSTRIALES. — Si los productos industriales no fuesen de la propiedad del productor faltaría el primer y mas poderoso estímulo para el trabajo; la industria debe ser libre en su ejercicio, los frutos del trabajo deben ser propiedad del trabajador. La ley garantiza toda propiedad sea material, intelectual literaria ó artística y declara que nadie puede ser privado de ella sino por causa de utilidad pública, legalmente probada y previa indemnizacion.

La propiedad intelectual y literaria no está sujeta, sin embargo, á los principios legales que rijen á la material ó artística.

La única disposicion que con respecto á la primera registra nuestra legislacion, es la ley de 3 de Noviembre de 1849, que establece los principios siguientes : los autores de todo género de escritos, cartas geográficas y compositores de música, gozan por toda su vida, el privilegio exclusivo de vender y distribuir sus obras en todo el territorio de la República, y de ceder su derecho en todo ó en parte. Se exceptúan los libros y escritos que sean contrarios á la religion ó buenas costumbres y las pinturas ó grabados que ofendan la moral pública, todos los cuales serán perseguidos conforme á las leyes. Los herederos y cesionarios gozan del mismo derecho, hasta veinte años despues de la muerte del autor. Los propietarios legítimos de una obra póstuma gozan del privilegio por treinta años. Para comprobar en todo tiempo, la propiedad de un libro, grabado etc., basta depositar un ejemplar de la obra en la Biblioteca pública, donde la hubiere, y otro en el archivo de la Prefectura del Departamento en que se efectuare la edicion, sino hubiere oposicion ó contradiccion de otro individuo; en cuyo caso se estará al resultado del juicio. Si el autor no quisiese publicar su nombre, entregará en la Prefectura un pliego cerrado y sellado que lo contenga. Los que publicaren ó vendieren ediciones contrahechas en la República, incurren en una multa de doscientos á quinientos pesos á favor del propietario, á quien ademas serán entregados todos los ejemplares. Los que introdujeren ó vendieren ediciones hechas en el extranjero, de obras cuya propiedad pertenezca á algun individuo en la República, pierden todos los ejemplares que tuvieren, á beneficio del propietario. Las traducciones ó versiones gozan de los mis-

nos privilegios, con tal que el traductor cumpla con hacer el depósito. Despues de cumplidos los términos señalados en esa ley, toda obra pasa al dominio del público, y
cualquier ciudadano puede libremente imprimirla y ven-
derla.

PRIVILEGIOS. — La propiedad de los productos de la industria del hombre es el orígen de los privilegios, verdaderos
monopolios concedidos á los particulares en recompensa de
un descubrimiento importante y·útil.

Muy debatida ha sido la cuestion de si debe ó no concederse el privilegio, que en todo caso es un monopolio y
como tal opuesto á la competencia y por lo mismo á la
ventaja del consumidor. Si la cuestion se ventila en el terreno económico, no hay razon para que el inventor no sea
el único que disfrute de los resultados benéficos de su estudio, de su aplicacion y de sus gastos.

No existe el mismo principio, absolutamente hablando, con respecto á los perfeccionadores é importadores de
agenos inventos, que, aunque en realidad creen nuevos géneros de industria en un país, no tienen ni pueden tener un
privilegio sino temporal para esplotarla.

El derecho peruano asegura á los autores de descubrimientos útiles la propiedad esclusiva de ellos, á menos que
voluntariamente convengan en vender el secreto, ó que llegue el caso de expropiacion forzosa. Los que sean meramente introductores de semejante especie de descubrimientos, gozan de la misma ventaja que los autores, por el
tiempo limitado que se les conceda, *conforme á la ley*.

Nótase en nuestra legislacion un inmenso vacío en esta
materia harto importante y objeto de un código casi especial en la legislacion francesa.

No existe ni la ley que determine las formalidades con
que han de solicitarse los brevetes ó patentes de invencion,
ni las penas de los que usurpen los derechos del inventor,
ni el término porque deban concederse los privilegios segun

la importancia de las invenciones mejoradas ó introducidas.

No dice tampoco la Constitucion de la República qué autoridad ó poder debe declarar los privilejios y expedir las patentes, bien que en otras constituciones anteriores se haya concedido esa facultad ya por el ejecutivo ó ya por el Congreso.

Indicarémos lo que sobre esta materia tiene sancionado la ciencia administrativa.

INVENCION. — Se reconocen como invenciones ó descubrimientos: 1.° los nuevos productos industriales; 2.° los nuevos medios de produccion; 3.° la nueva aplicacion de medios ó de procedimientos conocidos para obtener un resultado ó un producto industrial.

Se entiende por *producto*, el objeto natural obtenido por el inventor tal como una tela, un instrumento etc.

En la generalidad de la palabra *producto*, comprende la ley los *resultados*. El resultado difiere del producto en que no ofrece un objeto material sino un efecto nuevo ó un uso mejor en el empleo de un medio conocido.

Los *medios*, en general, son todos los procedimientos con cuya ayuda se obtiene tal resultado ó tal producto. Tales son ó un procedimiento químico ó una combinacion mecánica.

La *nueva aplicacion* de medios ó procedimientos conocidos constituye casi siempre el fondo de las invenciones; lo cual se concibe cómodamente, desde que en un sentido absoluto, nada se crea, sino se modifican, se aplican ó se combinan de un modo nuevo, los ajentes conocidos ó muchos productos conocidos para obtener un producto nuevo.

Para que haya *invencion* es necesario que el descubrimiento que se supone nuevo, no haya recibido en el pais en que se dice hecho, ni en el extranjero, bastante *publicidad* para ser ejecutado.

No se entiende por *publicidad* que la invencion sea conocida del *publico* ó *publicada*; sino la *divulgacion* del invento hecho á una ó á muchas personas, por cualquier medio que baste para que pueda tener lugar la ejecucion. El simple anuncio de una invencion, sin la descripcion de sus medios, no constituye pues la divulgacion. En una palabra, para que exista un descubrimiento, en el sentido legal, es preciso que concurran las condiciones de *invencion, novedad é industria* (1).

PERFECCION. — El privilegio de perfeccion supone una mejora útil hecha en un producto ó medio industrial ó industria ya conocida; ese mejoramiento puede hacerse aun cuando el inventor esté en el goce de su privilegio. El que perfecciona no puede usar de la invencion principal sin concertarse con el inventor, asi como este no puede usar de las mejoras sin consentimiento de aquel.

INTRODUCCION O IMPORTACION. — La introduccion consiste en usar en un Estado, productos, máquinas ó procedimientos inventados en el extranjero. La concesion del privilegio no envuelve generalmente la esclusion de artículos extranjeros que se elaboran con esas máquinas ó por esos procedimientos.

Se comprende tambien que ese privilegio no puede concederse sino por poco tiempo y únicamente al primer introductor.

PATENTES O BREVETES. — Se cree generalmente que el brevete es un título de la calidad de inventor y que confiere derechos de tal; pero no es en realidad sino un documento que comprueba la fecha y la regularidad de la solicitud para obtenerlo. Su único objeto es probar, de una manera auténtica, que el demandante ha declarado, en cierto dia, que se suponia autor de un descubrimiento nuevo. No es, hablando con propiedad, sino un certificado de registro, una toma de razon que no prejuzga de ningun modo las cuestiones que pueden suscitarse acerca del pretendido des-

(1) E. Blanc.

cubrimiento. Así, la única cuestion que resuelve la espedicion de billete, es la de la regularidad de la demanda, es decir, el cumplimiento de las formalidades exigidas para obtener el brevete. (1)

LEGISLACION SOBRE LA EXPEDICION DE BREVETES. — Hemos dicho que nuestro derecho administrativo no encierra disposiciones algunas sobre este punto, y creemos por lo mismo útil señalar las que rigen en España y en Francia.

Para obtener en España cualquiera de los privilegios de que hemos tratado, deben los interesados acudir al gobernador de la provincia, acompañando á su solicitud otra para el gobierno en la que expresen los fundamentos de la concesion, é incluyendo un plano ó modelo cerrado y sellado con la descripcion del invento. El gobernador da á los interesados un oficio para el ministerio, que les sirve de credencial. En el conservatorio de artes se abre la caja, ó pliego, se examina si están completos los documentos y en su vista, el gobierno expide la competente cédula, prévio el pago de la cantidad señalada. Estos privilegios son comunicables por contrato y trasmisibles por última voluntad : pero caducan : 1.° concluido el tiempo de su concesion; 2.° si el interesado no se presenta á sacar la real cédula en el término de tres meses; 3.° cuando ha pasado un año sin haber puesto en práctica el objeto del privilegio; 4.° por el abandono de este, es decir, si se deja de usar por un año y un dia, y 5.° cuando se prueba que el objeto privilegiado está en práctica en cualquiera parte del reino.

La legislacion francesa es sobre esta materia mucho mas minuciosa y estensa, pues ella entraña y resuelve multitud de cuestiones naturalmente provenidas del inmenso vuelo que la industria ha desplegado en ese venturoso país : ha señalado autoridades y tribunales competentes para conocer en las causas sobre nulidad de los brevetes y determi-

(1) L'inventeur breveté.

nado la sustanciacion de esas causas. Siendo agena del espíritu de este tratado la esposicion de todas las leyes del caso, nos concretarémos á la que determina el modo y formalidades de obtener los brevetes.

El que desee alcanzar un brevete de invencion debe dirigir 1.º su solicitud por medio de la Prefectura y bajo de cubierta, al ministro de agricultura y comercio :

2.º Una descripcion del descubrimiento, invencion ó aplicacion, objeto del brevete solicitado :

3.º Los dibujos ó muestras que sean necesarias para la inteligencia de la descripcion.

La solicitud debe limitarse á un solo objeto principal con los detalles que lo constituyen y las aplicaciones que merezcan ser indicadas; mencionando la duracion que el solicitante pretenda conceder al brevete, dentro de los límites señalados en la ley, y no pudiendo imponerse *restricciones*, ni *condiciones* ni reservas.

El Prefecto debe hacer estender una acta, en un libro especial, que indique que se ha hecho el depósito, y puntualizando el dia y hora en que se han entregado los documentos que hemos indicado; esta acta debe ser firmada por el solicitante.

Con vista de esos documentos se expide el brevete por e ministerio.

CAPITULO IV

COMERCIO. — Por la palabra comercio se entiende, en general, el cambio de productos, y fácil es calcular que ese ramo de la industria humana satisface muy altos fines sociales, no solo en cuanto tiende á llenar las necesidades primeras de los pueblos, sino por sus influencias conciliadora y moralizadora.

Propiamente hablando el simple cambio entre productores, no debe llamarse comercio, sino el tráfico constante de las personas que median entre el productor y el consumidor. Estas personas son los verdaderos comerciantes.

Los principios generales que rijen en materia de comercio, son : que la administracion debe dispensarle todo el favor y proteccion posibles; separar todas las trabas que puedan oponerse á su mas amplio desarrollo; conceder.

todas las franquicias compatibles con el órden público y salud de los pueblos; estimular la produccion de los frutos indígenas para hacer innecesaria la importacion de los semejantes; proteger la importacion de los artículos extrangeros de mas demostrada utilidad.

Como el comercio es una profesion noble que reposa sobre la buena fe, las leyes exijen ciertas garantías por parte de las personas que se dedican á él, y para evitar los embarazos que producirian los desacuerdos entre comerciantes, tienen establecidos tribunales especiales que conozcan de las causas de comercio (1).

COMERCIANTES. — Todo individuo puede dedicarse al comercio, pero para que disfrute de las franquicias concedidas á los verdaderos comerciantes, ha dispuesto la ley que se reputen tales á los que ejercen el comercio, fundando en el tráfico mercantil su profesion habitual y ordinaria.

Los extranjeros gozan del beneficio de las leyes mercantiles, y están sujetos á sus restricciones, á la par con los peruanos. No se reputan comerciantes para el efecto de gozar de los beneficios y prerogativas que se conceden á estos, en razon de su profesion : 1.° Los que no solo hagan accidentalmente alguna operacion de comercio terrestre : 2.° Los que omitan inscribirse en la matrícula de los comerciantes.

Los comprendidos en uno ú otro de los casos anteriores, quedan sujetos, en cuanto á las controversias que ocurran sobre las obligaciones mercantiles que contraigan á las leyes y jurisdiccion del comercio.

Tienen capacidad para ejercer el comercio todos los que la tienen para contratar conforme á las leyes comunes; salvas las restricciones que se establecen en el Código de comercio.

Para que los menores de veintiun años puedan ejercer el

(1) Código de comercio. — Véase la pág. 52.

comercio, se requiere : 1.° Que hayan sido emancipados legalmente : 2.° Que tenga peculio propio.

La muger casada puede ejercer el comercio, con autorizacion del marido ó sin ella, estando separada legalmente de su cohabitacion.

Se prohibe el ejercicio de la profesion mercantil, por incompatibilidad de estado : 1.° A las corporaciones eclesiásticas : 2.° A los clérigos, aunque no tengan mas que la tonsura, miéntras visten el trage clerical. 3.° A los magistrados civiles y jueces en el territorio donde ejercen su autoridad ó jurisdiccion : 4.° A los empleados en la recaudacion y administracion de las rentas nacionales, en los pueblos á donde se extiende el ejercicio de sus funciones.

No pueden ejercer el comercio por tacha legal : 1.° Los que hayan sido condenados á pena aflictiva é infamante por sentencia ejecutoriada : 2.° Los quebrados que no hayan obtenido rehabilitacion : 3.° Los insolventes declarados conforme á las leyes.

El ejercicio habitual del comercio se supone para los efectos legales, cuando despues de haberse inscripto la persona en la matrícula de comerciantes, anuncia al público por circulares, ó por los periódicos, ó por carteles, ó por rótulos permanentes expuestos en lugar público, un establecimiento que tiene por objeto cualquiera dé las operaciones que se declaran como actos positivos de comercio, y á estos anuncios se sigue que la persona inscripta se ocupa realmente en actos de esta misma especie (1).

REGISTRO DE COMERCIANTES. — En cada capital de provincia debe haber un registro público y general de comercio que se divide en dos secciones. La 1.ª es la matrícula general de comerciantes, en que deben asentarse todas las inscripciones que se expidan á los que se dediquen al comercio, En la 2.ª se toma razon por órden de números y

(1) Código de comercio.

fechas : 1.° De las cartas dotales y capitulaciones matrimo-
niales que se otorguen por los comerciantes, ó tengan otor-
gadas al tiempo de dedicarse al comercio, así como de las
escrituras que se celebren en caso de restitucion de dote :
2.° De las escrituras en que se contrae sociedad mercantil,
cualquiera que sea su objeto y denominacion. 3.° De los
poderes que se otorguen por comerciantes á factores y dependientes suyos, para dirijir y administrar sus negocios
mercantiles.

Las escrituras dotales entre consortes que profesen el
comercio, de que no se haya tomado razon en el registro
general de la provincia, son ineficaces para obtener la pre-
lacion del crédito dotal, en concurrencia de otros acreedores de grado inferior.

COMPAÑIAS O SOCIEDADES MERCANTILES. — Los comerciantes pueden ejercer su industria aisladamente ó reuniéndose
entre varios para formar compañías. El derecho distingue
cuatro clases de compañías *colectivas, en comandita, anóni-
mas é incógnitas.*

Compañía colectiva es la que se forma con nombre colectivo, bajo de pactos comunes á todos los socios, los que
deben participar de los mismos derechos y obligaciones en
la proporcion establecida como base del contrato.

Compañía en comandita, es la contraida entre varios
socios, de los cuales unos manejan las cosas de la sociedad
y se obligan con todos sus bienes á las pérdidas, y otros
ponen cierto y determinado capital, sin responder por mas
cantidad que la que pusieron ó debieron poner.

Compañía anónima es la que se forma creando un fondo
por acciones determinadas, para girarlo sobre uno ó muchos objetos, que dan nombre á la empresa, y cuyo manejo
se encarga á mandatarios ó administradores amovibles á la
voluntad de los socios.

Compañía incógnita ó momentánea es aquella que celebran dos ó mas individuos, para que la cosa que uno com-

pra, se divida en lotes entre todos, ó para que cada uno lleve el suyo de su cuenta, ó para que se venda por quien lo recibe, y despues se dén cuentas y se partan las utilida - des ó pérdidas (1).

BANCOS. — Los *bancos* son establecimientos de crédito cuyo objeto principal es recibir depósitos de numerario ó de materias metálicas, descontar papeles de comercio y efectuar cobros y pagos por cuenta de los particulares.

De la naturaleza de estas diversas operaciones, resulta la distincion generalmente establecida entre *bancos de depósitos*, *bancos de descuento, y bancos de circulacion.* Esta distincion es mas teórica que práctica, porque casi todos los grandes establecimientos de este género reunen los tres carácte- res (2).

Los bancos se dividen en *nacionales y particulares.* Los primeros son establecidos por el gobierno, los otros por particulares, bien individualmente, ó bien por medio de compañías ó por acciones.

Es evidente que cuando existe un solo banco nacional las operaciones se realizan con mayor seguridad, porque puede disponer de mayores capitales y protejer empresas de mas importancia para el mismo gobierno.

En el Perú la creacion de bancos para las operaciones mercantiles, que hemos insinuado, es muy reciente y todos ellos son de particulares. El uno titulado de *La providencia* participa del triple carácter de *Banco, de Monte de piedad y de Caja de ahorros;* el otro es el banco llamado *Nacional* y el tercero una sucursal de un banco de *Lóndres;* todos ellos están sujetos á estatutos particulares.

Una de las operaciones de los bancos es la emision de *billetes ó letras* llamados *billetes de banco.* Si es admitida en el comercio y las leyes autorizan la expedicion de *vales y*

(1) Código de comercio.
(2) Chabanel.

letras de cambio, suscritos por particulares y que por lo regular son pagaderos á cierto término, debe serlo la de los billetes de banco que tienen la ventaja de ser reembolsables en el mismo instante de su presentacion.

Los billetes de bancos particulares no pueden tener un *curso forzoso* ni considerarse como *papel moneda*.

Dos cuestiones nacen de la emision de los billetes de banco : 1.ª qué garantía deben ofrecer al público para que sean admitidos en las transacciones, como moneda y 2.ª hasta qué cantidad pueden emitirse.

El principio fundamental, con respecto á la primera cuestion, es que el billete de banco sea cambiado por dinero inmediatamente que se presente, y que no se emitan sino en cambio de valores de una negociacion cierta y segura, á plazo fijo y próximo; que no se cuente para pagarlos con títulos dudosos como propiedades inmuebles, créditos hipotecarios, mercaderías ó simples documentos de particulares de dudosa solvabilidad, porque esos valores son de realizacion dificil, incierta y variable.

Deben, por lo mismo, los bancos poseer capitales que puedan en todo caso responder del pago de los billetes emitidos, porque la falta de inmediato pago de un billete les haría perder la confianza pública, elemento de su existencia y de su giro.

Para que los papeles emitidos por un banco se reputen como una moneda voluntariamente recibida y generalmente aceptada, todos los gobiernos han considerado como un derecho y como un deber intervenir en la constitucion de los bancos, arreglando las condiciones de su existencia, y la naturaleza de las operaciones establecidas por sus estatutos particulares.

Con respecto á la segunda cuestion, se ha fijado casi generalmente un valor triple ó cuádruplo de billetes emitidos en proporcion á los valores existentes en cajas; aun no se ha demostrado si esa proporcion es suficiente, ó si la relacion de los billetes presentados para el reembolso con la totalidad de los emitidos, debe establecerse sobre otras bases.

Lo que precede manifiesta la diferencia existente entre los bancos de depósito y los de circulacion. En los primeros, los certificados de depósito no pueden representar jamas valores mayores que los recibidos; en los segundos, al contrario, la suma de los billetes emitidos puede elevarse al triple ú cuádruplo de las sumas que realmente existen en arcas, siendo representado el exceso por papeles de comercio realizables en ciertas épocas.

Los bancos de circulacion prestan los mayores servicios al comercio y á la industria, aumentando el capital circulante y anticipándolo, por decirlo así, sobre el porvenir para satisfacer las necesidades del presente; pero esa facultad de hacer moneda de papel debe ejercerse con la mayor prudencia; para que ese papel no caiga en el descrédito, es necesario que su *contravalor* exista en especies ó en buenos documentos de comercio.

No hay en nuestro derecho escrito disposiciones especiales para los bancos, así es que sus operaciones están sujetas á la legislacion general de los contratos mercantiles (1).

Fácil es deducir cual sea la accion del gobierno en la organizacion y marcha de los bancos. Debe evitar fraudes; vijilar esos establecimientos, sin dirijirlos por sí; enterarse de sus estatutos; ver si se cumplen, y tomar todas las precauciones necesarias que el interes individual emplearia si tuviese medios y fuerzas para adoptarlas. La administracion debe excitar el interes individual á que obre, evitando que se abandone á excesos reprensibles; debe dejar que se mueva con entera libertad y absoluta independencia del gobierno, procurando al mismo tiempo que otro individuo que tiene iguales derechos y á quien la sociedad debe igual

(1) Libro segundo del Código de comercio.

proteccion, no sufra perjuicio por su excesiva buena fe ó
por no tener los medios necesarios de defensa. (1)

MONTES DE PIEDAD. — Los Montes de Piedad son establecimientos en donde las personas menesterosas depositan
sus prendas para conseguir cierta suma de dinero pagando
por ella un interes.

La institucion de esos establecimientos remonta al siglo
décimo quinto; el Monte de Piedad de Padua se organizó
en 1491, y el de la Peruza, autorizado por Leon X,
en 1551.

El Monte de Piedad no se ha considerado nunca como
una institucion comercial sino de Beneficencia; y su establecimiento que debe siempre ceder en provecho de los pobres, no se consiente en los paises europeos sin autorizacion del gobierno que la niega á las sociedades de especu-
ladores. La constitucion francesa de 1807 prohibia, como
prohiben hoy las leyes del Imperio, la creacion de Montes
de Piedad por via de acciones « porque eso importaria,
dice, llamar á extraños á participar de los beneficios y á
convertir en especulaciones privadas, establecimientos que
no deben proponerse mas fin que beneficiar al público. »

En el Perú no hay establecidos Montes de Piedad aunque
el banco « *La Providencia* » haya querido dar ese nombre á
uno de los departamentos en que ha dividido sus operaciones, no puede, por su organizacion y fines, considerarse
sino como una casa de préstamo á interes sobre especies de
valor.

Nada disponen tampoco nuestras leyes sobre los establecimientos de esa clase, y los efectos de los contratos que en
ellos se realizan, estan sujetos á las disposiciones ordinarias
sobre el contrato de prenda.

Inútil seria empeñarse en demostrar la utilidad de los
Montes de Piedad cuyo doble objeto es facilitar al pobre so-

(1) Madrazo.

corros á módico interes, libertándolo de las garras del codicioso usurero y aumentar las entradas de los establecimientos benéficos. Los gobiernos deben pues promover la creacion de esas casas que por otra parte no exijen grandes esfuerzos para su organizacion y fomento,

Entre las diversas lejislaciones referentes á este punto, la francesa nos parece la mas sencilla, y la mas completa ; daremos una idea aunque en globo de ella.

ORGANIZACION. — Los Montes de Piedad están colocados bajo la vijilancia de la autoridad local y del Prefecto, y son regidos por direcciones gratuitas compuestas de cinco á siete miembros cuyo presidente nato es el Alcalde. (gobernador entre nosotros)

Los administradores son nombrados por los Prefectos ó por el Ministro de gobierno, segun la importancia del establecimiento, de una triple lista de candidatos presentados por la direccion. Los administradores ejercen su cargo entre los mismos límites y segun las mismas reglas que siguen la administracion de los hospicios y las oficinas de beneficencia.

La gestion inmediata del establecimiento está confiada á un director que tiene bajo sus órdenes á los empleados y dependientes.

Los principales empleados de la administracion son : un cajero encargado de cobros y pagos; un guarda almacen que cuida los depósitos y vela por la conservacion de los efectos guardados en ellos; y dos ó mas tazadores que avalúan las especies bajo de responsabilidad en los casos de asignarles valores superiores de los que tengan en realidad.

Los empleados superiores de que acabamos de hablar son nombrados por el mismo funcionario que nombra á los directores; los demas son nombrados por estos.

CONTABILIDAD. — Los presupuestos y cuentas de los Montes de Piedad, se arreglan como los de los hospicios.

No deben considerarse como rentas de' esos establecimientos los fondos cuyo movimiento sirve para alimentar los préstamos; él producto de los intereses pagados por las personas que han recibido suplementos y otros recursos que poseen los Montes, constituyen la renta que deben tener de base para someter sus presupuestos á la aprobacion de los Prefeétos ó del Ministro. La renta debe calcularse por los productos del año anterior.

Los intereses de los fondos depositados como fianzas de los empleados en el establecimiento, no puede exceder de un tres por ciento.

Los Montes de Piedad, están, por lo general exceptuados de pagar derechos de timbre (papel sellado) en todo lo concerniente á sus gestiones y documentos, así como del pago de toda clase de contribuciones inclusa la de predios urbanos.

OPERACIONES. — Las operaciones de los Montes de Piedad consisten : 1.° en el depósito de bienes muebles dados en prenda. Los préstamos no deben hacerse sino á personas conocidas y domiciliadas ó que presenten á otra responsable; es prohibido ademas prestar á los menores sin el consentimiento de sus padres ó guardadores. El depositante ó su fiador deben firmar el documento de depósito; se exceptuan los casos en que la especie depositada valga menos de seis pesos: 2.° En la *apreciacion* de las especies, para fijar la cantidad que puede prestarse : 3.° En el préstamo : 4.° En la *renovacion* del contrato al vencimento del plazo estipulado, que regularmente es de un año. El dueño de la especie puede por este medio impedir su venta. La fijacion de los intereses por el dinero prestado incumbe al Ministro : 5.° En el *desempeño* de la especie, que se permite aun despues de vencido el año, si la especie no ha sido vendida.

El Monte de Piedad de Paris ha establecido, hace algunos años, bajos el título de *Caja de buenas cuentas,* una que recibe las cantidades parciales que los dueños de las especies quieran dar para evitar la venta : 6.° En la *venta* de las especies cuando ha fenecido el término sin que se haya renovado el contrato. La venta se ordena por el Presidente del tribunal de primera instancia en vista de un sumario que le presenta el director del establecimiento. Se realiza siempre en remate público anunciado diez dias antes. El producto entra en las cajas de la administracion : 7.° En el *empleo* del sobrante ó en los *recursos* para los casos de *déficit*. El pago del sobrante de la venta se hace cuando el interesado entrega el billete de empeño. Cuando en lugar de sobrante hay *déficit* en el producto de la venta, responden los rematadores ó los tazadores (1). »

CAJAS DE AHORROS. — Las cajas de ahorros, como los Montes de Piedad, son establecimientos de beneficencia que tienen por objeto recibir cantidades de dinero que quieran depositarse en ellas, pagando un rédito que se acumula al capital para formar lo que se llama un interes compuesto. Tan grande poder han alcanzado en los primeros pueblos de Europa los establecimientos de esta clase, que se les considera con razon, como una de las mas importantes y útiles instituciones.

No hay en el Perú cajas de ahorros establecidas por el gobierno, ni por las sociedades de Beneficencia y nuestra lejislacion nada dice tampoco sobre ellas.

Sus provechosos y moralizadores resultados deben llamar sériamente la atencion de los gobiernos. El obrero, que merced á escasísimas economias logra reunir en algunos años un capital, que aunque pequeño lo ponga al abrigo de las eventualidades de la existencia, ó asegure el pan para los años de impotencia, ó le ofrezca la dulce perspectiva de dejar algo á sus familias, es por el hecho mismo uno de los sostenedores del órden público. La estadística francesa

(1) Dic. gen. d'administration.

ofrece sobre este punto un hecho que merece hacer fijar la consideracion de los lejisladores,.

» Desde que las cajas de ahorros, dice Vidal, han tomado tan grande y tan portentoso desarrollo, es raro ver que los artesanos y obreros que tienen en ellas un pequeño cápital, se entreguen á los excesos y á los crímenes que cometen los que no se hallan en tal caso. La fortuna estrecha los lazos del hombre con la patria, y el que á fuer de constancia y de trabajo ha podido ponerse, en tiempo, en guardia contra la miseria, es el mejor padre de familia y el mejor ciudadano. »

La lejislacion francesa es muy estensa sobre la institucion y operaciones de las cajas de ahorros, y al celo de las autoridades departamentales se debe el que se hallen establecidas en casi todos los pueblos del Imperio.

BOLSAS DE COMERCIO. — Se entiende por Bolsas las reuniones que bajo la autoridad del Gobierno, tienen los comerciantes, capitanes de buques mercantes, ajentes de cambio, corredores, capitalistas y demás individuos que se ocupan de operaciones de comercio, de banco ó de transacciones sobre papeles del crédito público, etc.

El lugar donde esas personas se reunen toma tambien el nombre de Bolsa.

Las operaciones que se realizan en la Bolsa, son : venta y compra de mercaderías por mayor, fletamentos de buques, seguros marítimos, negociaciones sobre documentos mercantiles ó del crédito público y sobre letras de cambio.

La mayor parte de esas operaciones se verifican por medio de agentes llamados *corredores de lonja* ó de *comercio,* que están sujetos á un reglamento dado por el gobierno y cuyo nombramiemto se hace por éste á propuesta de los tribunales de comercio.

Muy poco se encuentra en nuestra lejislacion, referente á las bolsas mercantiles, institucion muy importante en los pueblos en que las transacciones son de alguna importancia, y la Bolsa establecida en Lima no llena los objetos de las instituciones de su clase, lo cual daria lugar á pensar que las actuales necesidades del comercio, se satisfacen sin necesidad de ellas.

El deber de la administracion pública es provocar y sostener, en donde sea necesario, bolsas mercantiles proporcionando locales adecuados, estableciendo en ellos la precisa policía, reglamentándolas, y reglamentando tambien, de acuerdo con los tribunales del ramo, el sistema y el mecanismo de las operaciones, para que las personas que en ellas intervengan reunan las condiciones de capacidad actividad y honradez y para evitar los efectos del fraude.

Encuéntrase en el catálogo de nuestras leyes un decreto (1) que se refiere á una disposicion lejistativa, que no ha sido publicada, y que disponia que se estableciera una agencia de venta en subasta pública de efectos averiados, establecimiento gravado con un derecho que sirviera para la creacion y fomento de una bolsa; este derecho debia sustituir al impuesto, con el nombre de *derechos de averías*, por la real cédula de ereccion del Tribunal del Consulado, á las mercaderías estranjeras.

En 6 de Junio de 1857, se ordenó que ese impuesto se hiciera efectivo y que se llevara á cabo la creacion de la *Bolsa*, que en realidad se organizó el 31 de Diciembre de 1860.

El reglamento de la Bolsa, contiene las siguientes disposiciones:

ARTICULO 1. — La Bolsa Comercial tiene por objeto facilitar las transacciones mercantiles, reuniendo en su local á todos los miembros del Comercio, durante las horas en que se tratan los negocios, servir de gabinete de lectura y de archivo de datos comerciales de interés público.

(1) De 30 de Octubre de 1840.

Art. 2. — Tienen entrada en la Bolsa:

1.° Los suscritores:

2.° Los dependientes de los suscritores despues de haber sido inscriptos por sus patrones en el libro de registro de dependientes:

3.° Los Corredores segun los artículos 10, 11 y 12.

4.° Los miembros honorarios segun el artículo 13.

5.° Los que sean presentados segun el artículo 9.

Art. 3°. — Son horas hábiles para asistir á la Bolsa desde las nueve de la mañana hasta las cinco de la tarde en todas las estaciones y en todos los dias del año excepto los festivos.

De los suscriptores.

Art. 4. — Todo comerciante por mayor, nacional ó extrangero, es llamado y tiene derecho á suscribirse á la Bolsa.

Se admitirá tambien á cualquiera individuo que no sea comerciante, pero en este caso queda á voluntad de los directores.

Art. 5. — El número de los suscriptores es ilimitado.

Art. 6. — Los suscriptores se reunirán en Junta General el dia que señalen los directores en la segunda quincena de Diciembre de cada año; y á falta de la convocatoria tendrá efecto dicha reunion el dia 24 del citado mes. Se reunirán además extraordinariamente por indicacion de los Directores; es decir, cuando lo crean conveniente ó cuando por su conducto lo exijan diez suscriptores á la vez.

Art. 7. — Tienen voto en las juntas todos los suscriptores.

Art. 8. — Los suscriptores abonarán una cuota mensual de cuatro pesos, si representan por alguna sociedad, ó de dos pesos si el suscriptor es una sola persona.

Art. 9. — Los suscriptores pueden presentar en la Bolsa

á las personas transeuntes que tengan á bien, las cuales tendrán desde entónces entrada franca hasta por treinta dias : para seguir haciendo uso de este derecho, por tiempo mas largo, es indispensable suscribirse.

Se anotará en un libro el nombre de los presentados y se les otorgará un boleto para que puedan entrar.

De los corredores.

Art. 10. — Solo se reconocen por Corredores legales aquellos que sean nombrados conforme á lo dispuesto en el Código de Comercio; y se sujetarán á las reglas determinadas en el *Reglamento de Corredores*, aprobado por el Supremo Gobierno.

Art. 11. — De dicho Reglamento se fijará una cópia certificada por el Tribunal del Consulado en uno de los puntos mas visibles del Salon principal de la Bolsa.

Art. 12. — Los Corredores tendrán entrada franca en la Bolsa; y les es obligatorio concurrir á ella diariamente de las tres á las cuatro de la tarde, salvo los dias festivos.

De los miembros honorarios.

Art. 13. — Son miembros honorarios de la Bolsa :
1.º Los Ministros de Estado :
2.º El Prefecto del Departamento :
3.º Los Jefes de las Oficinas del Estado :
4.º Los miembros del Tribunal Consulado.
5.º Los Ajentes Diplomáticos y Cónsules extrangeros que no tengan negocios mercantiles.

De la administracion.

Art. 14. — La administracion y direccion de la Bolsa estará á cargo de los tres *Directores* elegidos de entre los sus-

criptores á pluralidad absoluta de votos en la reunion anual
de Diciembre; y sus atribuciones se detallan en los artículos siguientes :

De los Directores.

Art. 15. — Tan luego que se haya hecho la eleccion de los
Directores, nombrarán entre ellos cual de los tres deba presidirlos.

Art. 16. Son atribuciones de los Directores :

1.º Dirigir todos los asuntos é intereses del establecimiento
y dictar las reglas convenientes para su mejor órden, servicio y ornato;

2.º Administrar los fondos y cuidar de que todos pasen al
poder del Tesorero;

3.º Rendir cuenta de su administracion á la Junta General;

4.º Convocar á los suscriptores á Juntas Generales;

5.º Procurar para la Bolsa todas las publicaciones y periódicos nacionales y extranjeros que consideren útiles;

6.º Admitir suscriptores;

7.º Nombrar y remover al Superintendente y á su asistente;

8.º Velar por el exacto cumplimiento de este Reglamento.

Art. 17. — El cargo de Director dura un año y es gratuito
é irrenunciable, á no ser por causas justas que incapaciten
á alguno de admitirlo ó continuar en él; y en estos casos
será reemplazado con otro elejido tambien por la Junta
General.

Art. 18. — Es indispensable la conformidad de votos en
los Directores, para decidir sobre cualesquiera de los asuntos que les están encomendados.

De las Juntas Generales.

Art. 19. — Las convocatorias á Junta General se harán por carteles fijados en el local de la Bolsa y por avisos en los periódicos.

Art. 20. — Las Juntas Generales podrán efectuarse con cualquier número de suscriptores presentes, siempre que pase de diez, incluso el Director ó Directores que asistan.

Art. 21. — Al instalarse cada Junta, manifestará el Presidente cuales son los asuntos de que debe tratarse y concluidos estos, puede la Junta ocuparse de cualesquiera otros en el órden siguiente :

1.º Los que sean de vital importancia para la Bolsa ó versen sobre sus fondos ;

2.º Los que propongan los suscriptores.

Art. 22. — De todo lo que se acuerde en cada Junta, se tomará razon en un libro por el Superintendente, el que para la debida constancia exijirá que dichas actas sean visadas por los Directores que hubiesen presidido la reunion.

Del Tesorero.

Art. 23. — El Tesorero será uno de los suscriptores elejidos por la Junta General, á pluralidad absoluta de votos, y á su poder ingresarán todos los fondos pertenecientes á la Bolsa.

Art. 24. — El Cargo de Tesorero es gratuito y durará un año.

Art. 25. — Son abonables al Tesorero los gastos de útiles de escritorio y los demás que fueren indispensables al desempeño de su comision.

Art. 26. — Es obligacion del Tesorero llevar una cuenta de los ingresos y egresos, y presentar una general á fin de año á la Junta para su aprobacion.

Art. 27. — El Tesorero hará los gastos ordinarios y extraordinarios en virtud de libramiento expreso de los Directores.

De los ingresos y egresos.

Art. 28. — Son ingresos peculiares de la Bolsa.

1.° El producto de la *Casa de Remate* establecida en esta Capital, el cual ha sido adjudicado con tal objeto por el Supremo Gobierno;

2.° El producto de las suscripciones.

Art. 29. — Los egresos se dividen en ordinarios y extraordinarios :

Pertenecen á los primeros :

1.° El arrendamiento del local de la Bolsa, mientras se constituye en el que se le ha destinado en la Casa del Consulado.

2.° Los sueldos de los dos empleados que se mencionan en este Reglamento y de los que fuesen precisos en lo sucesivo á juicio de la Junta General.

3.° Las suscripciones á periódicos y demás publicaciones;

4.° El gasto en útiles de escritorio;

5.° Los gastos necesarios para el aseo del local ;

6.° El costo del alumbrado cuando sea necesario.

Pertenecen á los segundos :

1.° Los gastos en muebles y demás útiles para el arreglo é instalacion de la Bolsa;

2.° Las refacciones ó mejoras en el local ;

3.° El importe de una Biblioteca mercantil, así como lo que se gaste en fomentarla y mejorarla ;

4.° Los demás gastos precisos que no se hayan previsto.

9

Del Superintendente.

Art. 30. — Habrá un Superintendente nombrado según el inciso 7.° del artículo 16.

Art. 31. — Sus obligaciones son :

1.° Cuidar del arreglo, órden y aseo del establecimiento, de la conservacion de sus muebles, libros, papeles, periódicos, cuadros, mapas, etc., y no permitir que se extraigan por motivo alguno;

2.° Llevar los libros que prescribe este Reglamento y los que sean necesarios en lo sucesivo;

3.° Llevar especialmente un registro de las entradas y salidas de buques del puerto del Callao y de las ocurrencias diarias marítimas y mercantiles;

4.° Recibir y fijar en las tablas, los avisos comerciales y marítimos que se le entreguen con tal objeto, por los Directores;

5.° Recaudar las contribuciones mensuales y pasarlas al Tesorero bajo de recibo;

6.° Formar semanalmente una cuenta de los gastos de que, por órden de los Directores, se haya encargado, á fin de que con el visto bueno del Presidente le sirva de comprobante para con el Tesorero;

7.° Apuntar en la pizarra las ocurrencias diarias y hacer en dichos apuntes las variaciónes necesarias;

8.° Cumplir las órdenes de los Directores tocante á los asuntos del establecimiento; y hacer cumplir á los concurrentes, en la parte que les respecta, con lo prescripto en este Reglamento.

Art. 32. — El sueldo del Superintendente será graduado por los Directores; pero nunca podrá pasar de mil quinientos pesos anuales pagaderos por mesadas.

Art. 33. — Tendrá á sus órdenes un asistente para que coopere al mejor servicio de la Bolsa, el cual disfrutará de un sueldo de trescientos sesenta pesos anuales, pagaderos tambien por mesadas.

Disposiciones transitorias.

Art. 34. — Luego que se haya instalado la Bolsa, procederán los Directores á la formacion de un proyecto de Reglamento adicional para las ventas, en el local, de créditos públicos de la deuda interna y externa, de las acciones en las contratas de guano, en las empresas de ferrocarriles, de gas, agua y demás especulaciones creadas y por crearse. Dicho proyecto será pasado al Tribunal del Consulado, para la aprobacion del Supremo Gobiermo, verificada la cual rejirá en la bolsa.

Art. 35. — Pueden hacerse en este Reglamento por la Junta General, las reformas que se consideren convenientes, con aprobacion del supremo Gobierno.

ARANCELES. — Los aranceles de aduana tienen por objeto determinar el monto del impuesto á que estan sujetas la importacion y exportacion de ciertas mercaderías ó productos.

Muy debatida ha sido la cuestion económica de sí la imposicion de derechos de aduana debería reputarse como una eficaz proteccion al desarrollo del comercio y de la industria nacional, ó si por contrario, esa imposicion era una traba que aumentando el valor de las mercaderías importadas, las hacía menos acequíbles á cierta clase de consumidores, y hacia ménos fáciles las esportaciones.

Esa cuestion ha dado lugar á dos sistemas; el llamado mercantil ó proteccionista, y el del libre cambio; ambos sistemas han tenido sostenedores igualmente poderosós, tales como Sully y Colbert, el primero, Say y Rossi el segundo.

La Lejislacion peruana sanciona el gravámen de las mercaderías con derechos de aduana y prescribe la formacion de aranceles que se reforman cada dos años por una comision compuesta de un empleado de Hacienda, dos vistas de aduana y dos comerciantes nacionales ó estrangeros.

El deber de la Administracion en esta materia, es gravar las producciones naturales que sean esencialmente necesarias para el consumo interior ó para los trabajos industriales del país, de modo que se haga difícil la exportacion; prohibir severamente la importacion de todo artículo nocivo á la salubridad ú ofensivo á la moral, á la religion ó á las buenas costumbres; señalar módicos derechos ó franquicia completa á los artículos de primera necesidad, como víveres, ú objetos que tiendan al progreso de las ciencias y de las artes; gravar con fuertes derechos los productos, artefactos ó efectos manufacturados estrangeros, que sin tal gravámen puedan sostener ventajosamente la competencia á los artículos de igual naturaleza que se produzcan ó elaboren en el país.

Los reglamentos especiales de aduanas y comercio, determinan los efectos que se declaran de libre importacion ó esportacion y el tanto por ciento con que los demas deben ser gravados con arreglo al precio que se les asigna en los aranceles de aforos.

El carácter transitorio de los aranceles de derechos, es una necesidad que nace de las diferentes fluctuaciones de los precios de las mercaderías, de la introduccion de nuevos productos y de la ereccion de nuevos ramos de industria.

El Derecho peruano prohibe la importacion y hasta el depósito en los almacenes de aduana, de todo artículo de armamento militar y de guerra.

Es principio sancionado en casi todas las legislaciones de aduana, y que está admitido por la del Perú, que los equipajes, y efectos de uso de los ministros diplomáticos extrangeros cerca de la República, ó en tránsito para otros Estados, no están sujetos al reconocimiento practicado por los ajentes de las aduanas ni al pago de derechos.

COMERCIO MARITIMO. — El comercio así por la nacionalidad de las personas que á él se dedican, como por los objetos de que se ocupa y por el modo como se ejerce admite diversas clasificaciones; así se dice comercio nacional ó estranjero, interior ó exterior, por menor ó por mayor; terrestre ó marítimo, etc., etc.

El comercio marítimo se hace, bien por naves procedentes de puertos de naciones estranjeras, ó bien por medio de buques que transportan los productos de un punto á otro de la costa de un Estado; á este último se dá el nombre de *comercio costanero*. Regularmente no se concede el comercio costanero sino á los busques nacionales. Las naves que conducen mercaderías extranjeras no pueden llegar á todos los puertos habilitados, sino á los que señalan los reglamentos, á no ser en ciertos casos, como los de naufragio ú otros de fuerza mayor.

Los reglamentos y códigos mercantiles, deben espresar las condiciones personales que se exijan para ser naviero, capitan ó piloto de los buques, y las obligaciones especiales á que por razon de su cargo están sujetos.

PUERTOS.—El mar no es propiedad de nadie; ninguna nacion puede poseerlo, su uso es comun á todos los pueblos de la tierra; sin embargo, todos los publicistas convienen en que los Estados ejercen dominio en la parte del mar que baña sus costas, aunque no se haya determinado la distancia de aguas afuera hasta dónde se estiende ese dominio. Las costas forman parte del territorio nacional, y de esa propiedad se deduce que el gobierno es el único que puede determinar cuáles son los puertos que señala para el comercio estrangero, cuáles los que prohibe tocar, y cuáles los que están permitidos solo á las naves nacionales. De aquí nace la division de puertos en mayores ó menores y en caletas habilitadas para ciertas y determinadas importaciones ó esportaciones.

Como deduccion lógica de ese dominio, pueden los gobiernos reglamentar el servicio y la policía de los puertos quedando naturalmente sometidos á esos reglamentos todos los buques que á ellos lleguen.

Si se atiende á la alta importancia del comercio marítimo será fácil suponer el papel que toca á la administracion pública desempeñar con respecto á los puertos.

Los puertos deben ser cuidadosamente vijilados, tanto para impedir que los buques toquen en los que les son prohibidos, cuánto para evitar los contrabandos, y para resguardar, en fin, el territorio. Esos son los objetos de la marina de guerra.

El gobierno debe escojer para puertos aquellos lugares mas favorecidos por la Providencia, en cuanto á seguridad, que ofrezcan refujio contra las tempestades y un cómodo fondeadero.

Debe construir muelles cómodos y facilitar todos los medios de fácil embarque y desembarque de mercaderías y personas.

Bien que la administracion puede y debe lejislar y reglamentar los puertos, conviene alejar toda traba ó embarazo que haga difíciles y lentas las operaciones mercantiles; y dictar medidas prudentes y enérgicas para evitar la desercion de los marineros.

Pertenece á la clase del comercio marítimo el que se efectua por medio de los rios navegables y de los canales.

La determinacion de los rios navegables es tambien de la atribucion pública; aparte de las condiciones que se deduzcan de la facilidad del tránsito, debe atenderse á las que exije la seguridad del Estado, porque esos rios pueden encontrarse sirviendo de límite á dos naciones ó cruzando el territorio de una de ellas. La navegacion fluvial, tanto entre los pueblos ribereños como entre los que no lo son, se arregla por medio de tratados en que se determinan los derechos y las obligaciones recíprocas.

El gobierno reglamenta tambien esa navegacion y señala

los impuestos que deben pagar los busques que la hagan; el órden de las naves que suben ó bajan; las penas á que quedan sujetos los que embaracen la navegacion y la distribucion de las aguas sobrantes que puedan emplearse en la fertilizacion de los terrenos inmediatos.

Un rio puede ser navegable, para los naturales de un Estado, sin necesidad de que la administracion lo declare tal, porque desde tiempos atrás se haya usado de él; pero las embarcaciones extrangeras no pueden penetrar en él sin prévios pactos celebrados en virtud de las franquicias que el Estado hubiese concedido.

CONTRABANDO. — Las aduanas forman uno de los ramos productores del sistema de impuestos. Como lo hemos dicho, las mercaderías y productos extrangeros y naturales están sujetos, con ciertas excepciones, al pago de derechos de importacion y esportacion.

El *contrabando* consiste en hacer la importacion ó esportacion de los efectos sujetos al pago de derechos, eludiendo ese pago. Es pues un fraude y un robo hecho al Fisco, que se reputa en todas las legislaciones aduaneras como un delito grave por la influencia que ejerce contra la prosperidad del comercio. El derecho peruano dispone que se juzgue á los reos de contrabando como á los de robo, hurto ú homicidio.

El contrabando no solo consiste en la importacion de efectos practicada sin que las oficinas de aduana hayan tenido conocimiento de ella, pues el fraude y la mala fé son fecundos en medios y en recursos. Se pide muchas veces el despacho de mercaderías libres ó que pagan muy poco derecho y dentro de esas mercaderías se introducen otras de elevado valor; ó se manifiestan efectos diversos á los contenidos en los bultos, ó se manifiestan en ménos cantidad.

Las precauciones generales que la administracion adopta para evitar el contrabando, se reducen á exijir que los capitanes de buques mercantes entreguen á los ajentes de la administracion un manifiesto de todo su cargamento : á no permitir la descarga de los efectos sino en ciertas horas, debiendo precisamente conducirse á los almacenes de la aduana ó á los lugares determinados por la autoridad : á no entregar á los particulares los artículos que les pertenecen sin su prévio pedimento y determinacion minuciosa de la naturaleza del efecto, su peso, cantidad, etc.; á hacer que los empleados á quienes incumbe, comparen las indicaciones hechas por el interesado con los efectos, por manera que se convenzan de la naturaleza, peso, medida ó número; á no permitir la salida de los efectos de los almacenes de aduana sin dar un pasavante que acredite que las mercaderías han sido despachadas con todas las formalidades establecidas por los reglamentos aduaneros. En algunos puertos los agentes de la autoridad se constituyen á bordo de los buques desde el momento de su llegada y no lo abandonan hasta el de su salida.

A estas medidas deben agregarse otras que atañen al personal de los empleados á quienes se encarga la policia de los puertos.

Tales son, la vijilancia contínua sobre la conducta de los dependientes de los resguardos; la observacion de si ostentan una fortuna en cierto modo improvisada que no podian adquirir lícitamente con sus salarios; de si juegan ó tienen otros vicios dispendiosos; si los guardas manifiestan interes en vijilar ciertos puntos con preferencia á otros.

Para completar este cuadro general de precauciones, debe observarse si las aduanas que producen generalmente cierta renta, esperimentan una grande disminucion, sin causa muy manifiesta, como la de ser el número de buques llegados de ciertos puertos muy inferior al de costumbre; si al contrario el aumento de ingresos aumenta considerablemente sin que en la misma proporcion haya aumentado la entrada de buques, esta última circunstancia supondría que se perdonaban antes parte de los derechos.

Conviene por último, que el servicio de los resguardos

sea activo, que se custodien las costas, que no se permitan que se acerquen á los buques, de noche, embarcaciones menores y que los guardas estén en contínua movilizacion.

COMISOS. — Se entiende por *comiso* la pérdida de las mercaderías en que incurren los que infringen las disposiciones legales que rigen en las aduanas. Por lo general, todo el que comete contrabando incurre en la pena de perder las mercaderías á mas de la que se le imponga, por los jueces ordinarios, en el juicio criminal á que queda sujeto desde que se prueba la existencia del fraude.

PESAS Y MEDIDAS. — La importancia del sistema métrico es harto manifiesta desde que se piensa en las facilidades que él ofrece para los cambios, presentando un medio seguro de hacer apreciaciones de la superficie, volúmen ó peso de los objetos.

Compréndese por lo mismo la necesidad de que este sistema esté sujeto á reglas invariables y únicas en todo el Estado, y que sus ventajas serán tanto mayores desde que se iguale con los demás Estados con quienes se mantengan y fomenten relaciones mercantiles.

En el Perú se ha seguido el sistema métrico que los españoles tomaron de los romanos, y bien que una ley novísima haya mandado establecer para las pesas y medidas el sistema decimal, aun no está en uso, y probablemente no empezará á regir hasta que se ponga en circulacion la moneda que con arreglo al mismo sistema debe emitirse.

El actual sistema métrico es el siguiente :

MEDIDAS DE LONGITUD. — La toesa tiene dos varas; la vara tiene dos medias, tres tercias ó piés, cuatro cuarlas, seis ses más y treinta y seis pulgadas; la pulgada tiene doce líneas.

MEDIDAS ITINERARIAS. — La legua tiene tres millas, tres mil pasos y cinco mil piés.

MEDIDAS DE SUPERFICIE. — La fanega tiene dos almudes; el almud, dos cuartillas; la cuartilla, tres celemines; el colemin, cuatro cuartillos.

Medidas de volumen y capacidad para liquidos. — La arroba tiene cuatro cuartillas; la cuartilla, dos azumbres; el azumbre, cuatro cuartillos; el cuartillo cuatro copas.

Pesos. — El quintal tiene cuatro arrobas; la arroba, veinticinco libras; la libra, diez y seis onzas; la onza, diez y seis adarmes.

Peso de joyeria. — El marco tiene ocho onzas; la onza, ocho ochavas; la ochava, dós adarmes; el adarme, tres tomines.

Pesos de botica. — La libra tiene doce onzas; la onza, ocho dracmas; la dracma, tres escrúpulos; el escrúpulo, veinte y siete granos.

Aunque sea demasiado conocido el sistema métrico decimal, no parece fuera de lugar indicar el cuadro de pesas y medidas establecido por la ley de 29 de Noviembre de 1862, á que poco há nos hemos referido.

Medidas lineareas ó de longitud. — *Miriámetro,* es igual á 10,000 metros. — *Kilómetro,* igual á 1,000 id. — *Hectómetro,* igual á 100 id. — *Decámetro,* igual á 10 id. — *Metro,* unidad del sistema, y es la diez millohésima parte de la distancia que hay desde el Ecuador al Polo, medida sobre un arco de círculo máximo. — *Decimetro,* es la décima parte de un metro. — *Centímetro,* la centésima parte de id. — *Milímetro,* la milésima parte de id.

Medidas de superficie. — El *metro cuadrado* es la unidad de medida. Cuando se trata de la mensura de grandes superficies, la unidad de *medida* es el *área,* que es igual al decámetro cuadrado, ó sea á diez metros cuadrados. Los multiplos y submultiplos del área, son los siguientes : — *Miriarea,* es igual á 10,000 áreas. — *Kiloarea,* igual á mil áreas. — *Hectoarea,* igual á 100 áreas. — *Decarea,* igual á 10 áreas. — *Deciarea,* es la décima parte de una área. — *Centearea,* la centésima parte del área. — *Miliarea,* la milésima parte del área.

Medidas de solidez ó cubicas. — *Metro cúbico,* unidad de medida. — *Decímetro cúbico*, milésima parte de un metro cúbico. — *Centímetro cúbico*, la millonésima parte.

MEDIDAS DE CAPACIDAD PARA LÍQUIDOS Y GRANOS. — *Hectolitro*, es igual á 100 litros. — *Decálitro*, igual á 10 litros. — *Litro* unidad de medida, es igual á un decímetro cúbico, ó sea á la milésima parte de un metro cúbico. — *Decílitro*, décima parte del litro. — *Centílitro*, la centesima parte.

MEDIDAS DE PESOS. — *Miriágrama*, es igual á 10,000 gramas. — *Kilógrama*, igual á 1,000 gramas. — *Hectógrama*, á 100 gramas. — *Decágrama*, igual á 10 gramas. — *Grama*, unidad de medida, es el peso del agua destilada y en su máximum de densidad, contenida en un centímetro cúbico; ó sea en una millonésima parte de un metro cúbico. — *Decigrama*, igual á la décima parte de una grama. — *Centigrama*, la centésima parte de la grama. — *Miligrama*, la milésima parte.

Como una de las atribuciones esenciales de la autoridad es precaver á la generalidad contra la mala fe y el fraude, la lejislacion peruana confia á los cuerpos municipales el cuidado de que las pesas y medidas sean exactas, y dispone que las varas de medir se marquen á principio de cada año con el sello designado por la policía, en que debe grabarse la cifra del año corriente, examinándose antes la lejitimidad de aquellas, y si tienen á cada estremo su rogaton de metal : la municipalidad cobra un peso por cada vara.

Se sellan tambien las pesas de una onza para arriba, cobrándose un real por el sello de cada una, sea cual fuere su tamaño.

Nadie puede vender con pesas y medidas que no estén selladas por la municipalidad, só pena de seis pesos de multa.

Las medidas de que usan los hacendados, chacareros, proveedores y ceroneros, son uniformes, concertadas y selladas por la Municipalidad, cobrándose á cada uno seis pesos al año : só pena de ser multados por la primera infraccion con veinticinco pesos, y con cincuenta todas las veces que reincidieren.

Cualquiera que en perjuicio del público altere las pesas y medidas legales, ó use de falsas ó alteradas, ó engañe en el peso ó la medida, debe pagar de cinco á cincuenta pesos de multa.

La Municipalidad está autorizada para requisar y concertar las pesas de ménos de una onza, de que usan los plateros, los joyeros y demás, imponiendo en caso de resistencia la multa que creyere justa, con arreglo á la importancia del jiro.

MONEDA. — La moneda es una mercadería que tiene un valor permutable y que sirve de instrumento para facilitar las transacciones (1).

La emision de la moneda corresponde esclusivamente al gobierno, bien que la determinacion de su peso, ley y cuño, sea una atribucion del cuerpo lejislativo. Dedúcese de lo dicho que ningun particular tiene el derecho de acuñar moneda aun cuando esta reuna todas las condiciones legales.

En los principios de la introduccion de la moneda, en el mundo, se hacian piezas de divesas materias y formas, pero ha prevalecido el uso de no amonedar sino el oro, la plata y el cobre, y de dar á las piezas la forma de discos. Los dos primeros metales se mezclan para la amonedacion con cierta cantidad de cobre (*liga*) que aumenta la duracion de las piezas.

La fabricacion de la moneda se hace en el Perú, en un establecimiento nacional, encargado á empleados nombrados por el gobierno. Los principios que rijen en la amonedacion son : que todas las piezas tengan el mismo peso, ley y tipo. Las piezas faltas de peso ó defectuosas en la forma

(1) Fodéré.

ó el cuño, deben ser refundidas. Como no es posible que todas las monedas tengan en el peso una exactitud matemática, se permite una lijera inexactitud llamada *tolerancia legal.* En algunos paises la tolerancia se refiera á cada pieza, en otros á un peso determinado de monedas que generalmente es de una libra.

La perfeccion artística de la moneda es un punto que exije especial cuidado, porque ella se opone á la falsificacion. Otra de las condiciones indispensables de la buena moneda, es la proporcion entre el valor intrínseco y el extrínseco ó de apreciacion. No depende del capricho del gobierno ni del lejislador señalar un valor estimativo desproporcionado, y en vano seria que lo intentase, porque el precio de todas las cosas se ajustaria al valor intrínseco, es decir, al natural y no al arbitrario.

Nada mas inútil y perjudicial que la menor alteracion en el valor de la moneda, ya suba el gobierno su estimacion legal, ya baje el peso ó ley de los metales. Además de ser esta un fraude indigno de un gobierno, no redunda en alivio del Erario, porque los gobiernos se ven obligados á pagar con una mayor cantidad de moneda nueva las cosas que antes compraban con otra menor de la antigua. Para probar todas las calamidades que lleva consigo la mudanza de moneda y todo el esmero con que se debe evitar, hace algunos siglos que un político eminente llamaba á las monedas « niñas de los ojos de la república, que se ofenden si las toca la mano (1). »

— La actual moneda peruana, reconoce como unidad el *peso fuerte,* que vale dos *cuatros,* cuatro *pesetas, ocho reales,* diez y seis *medios* y treinta y dos *cuartillos.*

Las monedas de oro son la *onza,* que representa un valor apreciativo de diez y siete pesos fuertes; y que se divide en dos *medias* onzas, cuatro *doblones* y ocho *escudos.*

(1) Madrazo.

Difícil será encontrar un pais en que concurran las mismas condiciones monetarias que en el Perú; sin moneda nacional, pues que toda ha sido exportada desde la abundante introduccion de la moneda boliviana de mala ley, son cada dia mayores los conflictos que semejante situacion ocasiona en los cambios. La moneda boliviana, única de plata que existe en todo el Estado, tiene una pérdida del 33 p. 0/0 con respecto á la moneda francesa é inglesa, así es que consistiendo los retornos á los mercados europeos en dinero ó en letras, el comercio, ó mejor dicho, los consumidores tienen que esperimentar esa pérdida en el aumento de precios que todos los artículos de consumo han esperimentado desde que el cambio se sostiene en esa tasa.

Las monedas de oro nuevamente emitidas, con arreglo al sistema decimal, tienen naturalmente el valor estimativo que les da la nivelacion con la mala moneda de plata, así es que las piezas de oro de á veinte soles (equivalentes de fuertes) corren en el mercado por veinte y cinco y medio pesos febles. Hay pues, dos fenómenos económicos; el primero que no exista moneda de plata nacional, y el segundo que la moneda de oro se espida bajo un sistema y en condiciones diversas á las de la plata circulante.

La escala de sueldos de los empleados públicos, se ha arreglado siempre, como no podia dejar de arreglarse, al peso fuerte, y decimos que no podía dejar de arreglarse á esa unidad, porque ha sido la única reconocida por la ley, resultando de aquí que al pagar al empleado en moneda feble y de un demérito de 33 p. 0/0 en proporcion á la moneda legal del Estado, se le ha defraudado una tercera parte de sus haberes.

La ley de 14 de febrero de 1863 que estableció el sistema decimal monetario, rejistra un artículo ajeno á la naturaleza de sus disposiciones y que sanciona para en adelante una grande injusticia en daño de los empleados.

Ese artículo declara que la relacion legal de la moneda

métrico decimal con la feble circulante, es de ciento á
ochenta centavos de *sol* que es el valor de cada *peso* de esa
moneda. »

Esa disposicion injerida en la ley, parece que con el
ánimo de resolver las controversias suscitadas sobre si el
gobierno deberia ó no indemnizar á los tenedores de moneda feble, las pérdidas que su curso forzado les ha ocasio-
nado, es un ataque á los derechos justamente adquiridos del
empleado. Si á este le asignó la ley cien pesos, esos pesos
eran fuertes, porque no eran otros los reconocidos como
legales : por haber estos desaparecido y consentiéndose la
circulacion de una mala moneda estranjera, no ha perdido el
empleado su derecho á los cien pesos de buena moneda
nacional. Si subsistiera el artículo de que nos ocupamos, el
empleado no percibiría sino ochenta pesos, arrebatándosele
desde luego una quinta parte de su haber legal.

El comercio tiende siempre á conservar la nivelacion
entre la moneda y la mercadería; no serán pues, los vendedores los que pierdan cuando se emitan los *soles :* serán sí
los que, porque el gobierno consintió en la desaparicion de
la moneda nacional, quedan á su reaparicion perjudicados
en sus salarios.

La ley que ha establecido el sistema monetario decimal,
contiene las disposiciones siguientes : ,

Art. 1. La unidad monetaria se denominará *sol,* y se di-
vidirá en cien centavos : su peso será de 25 gramos, y su
diámetro de 37 milímetros.

El *medio sol,* tendrá el valor de cincuenta centavos, el
peso de doce gramos y quinientos milígramos; y el diámetro de treinta milímetros.

El *quinto de sol,* valdrá veinte centavos; y tendrá cinco
gramos de peso, y veintitres milímetros de diámetro.

El *décimo de sol,* se denominará *dinero,* y tendrá diez
centavos de valor, diez y ocho milímetros de diámetro, y
dos gramos y quinientos milígramos de peso.

El *medio dinero,* valdrá cinco centavos, con el peso de un gramo doscientos cincuenta milígramos, y quince milímetros de diámetro.

Art. 2. La ley de la moneda de plata será de 9 décimos fino : la tolerancia en el peso, *por cada gramo,* tres milígramos, al feble ó fuerte, en el *sol;* cinco milígramos en el medio *sol,* seis milígramos en el quinto de *sol;* siete milígramos en el *dinero,* y diez milígramos en el medio dinero.

La tolerancia en la ley será de tres milésimos.

Art. 3. Las monedas de oro serán cinco, la mayor valdrá veinte soles : su peso será de treinta y dos gramos doscientos cincuenta y ocho milígramos ; y su diámetro de treinta y cinco milímetros. La segunda valdrá diez soles, con el peso de diez y seis gramos ciento veinte y nueve milígramos y el diámetro de veintiocho milímetros. La tercera valdrá cinco soles, con el peso de ocho gramos sesenta y cuatro milígramos, y veintitres milímetros de diámetro. La cuarta valdrá dos soles, su peso será de tres gramos doscientos veintiseis milígramos, y su diámetro de diez y nueve milímetros. La quinta valdrá diez dineros, y tendrá el peso de un gramo seiscientos trece milígramos, y el diámetro de diez y siete milímetros.

Art. 4. La ley de las monedas de oro será de nueve décimos fino : la tolerancia en la ley, de dos milésimos, y la tolerancia en el peso, *por cada gramo,* uno y quinto de milígramo, al feble ó fuerte, en la de veinte soles; de dos milígramos en la de diez soles; de dos y un cuatro de milígramo, en la de cinco soles; de dos y siete octavos de milígramo, en la de dos soles, y de cuatro milígramos en la de diez dineros.

Art. 5. El tipo de las monedas de oro y plata subsistirá bajo la misma forma detallada en los actuales reglamentos nacionales, con la designacion de su valor respectivo.

Art. 6. Habrá dos monedas de cobre del valor de dos

centavos del sol, la una y del de un centavo la otra, correspondientes al valor de la materia y costo de fabricacion.

Art. 7. Las monedas de cobre llevarán en el centro del anverso un Sol, y en el exergo la inscripcion de *República Peruana*, y la fecha en la parte superior : en el reverso las palabras *dos ó un* centavo, rodeadas de una guirnalda, formada de dos cornucopias.

Art. 8. La cantidad de cobre que se emita, no excederá del valor de trescientos mil soles.

Art. 9. Nadie estará obligado á recibir la moneda de cobre, sino por valores inferiores á cinco centavos.

Art. 10. La relacion legal de la moneda métrico decimal con la feble circulante, es de ciento á ochenta centavos de *Sol* que es el valor de cada *peso* de esta moneda.

Art. 11. Quedan derogadas las leyes anteriores relativas á moneda, que no estén conformes con la presente.

Con el nombre de *signos representativos de la moneda*, se conocen los billetes de banco, vales ó letras de cambio, que representan la suma que el poseedor tiene el derecho de exijir de la persona ó personas obligadas mediante su firma. Son tambien signos representativos los papeles que el gobierno emite en favor de sus acreedores. Estos papeles para ser válidos deben ser emitidos en virtud de leyes que autoricen al gobierno para ello : generalmente, contienen el texto de la ley, la cantidad que representan, el interés asignado, y el plazo y modo de amortizacion.

Las monedas de cobre no son en realidad sino signos representativos; su emision tiene por objeto facilitar los cambios de ínfima importancia, así es que la ley no impone su forzada admision sino por pequeñas sumas. Ya hemos visto lo que sóbre este particular dispone la ley peruana. En Francia no hay obligacion de recibir en cobre mas de cinco francos; las cajas públicas no dan ni reciben mas de 50 centavos. En Inglaterra solo se obliga á recibir en cobre un chelin.

10

CORREOS. — Los progresos de la civilizacion crean en todo el mundo nuevas relaciones entre los hombres; multiplican sin cesar los vínculos de sus afecciones é intereses, é imponen al gobierno el deber de crear y conservar medios de comunicacion prontos y fáciles, de aproximar las distancias y de satisfacer en fin, todas las exigencias y necesidades y aun las meras conveniencias de los asociados. La sociedad recibe vida y movimiento por el contacto perpétuo de las ideas y acciones de los individuos que la componen. El servicio de correos, es pues, indispensable para conservar y aumentar nuestra existencia social, por la actividad de su mecanismo y por el contínuo movimiento de sus numerosos resortes (1).

El establecimiento de las casas de postas tiene dos objetos : el primero la conduccion de la correspondencia epistolar; el segundo el trasporte de las personas.

Bien que en el Perú se hayan introducido grandes mejoras en el servicio de los correos, mucho falta para que este sea tan pronto y eficaz que llene todas las exijencias y necesidades de los hombres de negocios. Mucho resta que hacer en ese ramo y lo que desde luego se hace sentir es la necesidad de un código ó reglamento que establezca el servicio postal del modo requerido por la amplitud de nuestras actuales necesidades. La lejislacion vigente de correos, reconoce por base las antiguas ordenanzas dadas en el tiempo del coloniaje, reformadas en parte y á pedazos, si es lícita esta espresion, por varias leyes, decretos, y circulares de la direccion del ramo. Aun que los correos salgan y lleguen con regularidad, se siente una grande morosidad en el reparto de la correspondencia.

El ramo de correos es una de las dependencias del Ministerio de Gobierno y está confiado inmediatamente á un Director General, jefe de las administraciones. La república

(1) Magnitot.

está dividida en diez y seis distritos postales, en cada uno de los cuales hay varias administraciones y receptorías. En las capitales de departamento las administraciones se denominan generales.

La correspondencia por razon de su peso está sujeta á diversas clasificaciones y á diverso pago de porte. El franqueo es previo y debe hacerse por medio de estampillas emitidas por la direccion general. La insuficiencia del franqueo acarrea una multa que se exije de la persona á quien la correspondencia es dirijida. La tarifa actual aunque rebajada con respecto á la que antes existia, no deja de ser algo fuerte.

Es prohibido, por varias disposiciones, incluir en las cartas toda clase de objetos, pero no así papeles de valor como letras de cambio, vales etc,. La administracion no exije declaracion de esos valores. En algunas estafetas europeas, el que remite una carta *cargada* puede, si quiere, declarar el valor del documento remitido y mediante el pago de un derecho establecido, la administracion se hace responsable de ese valor.

En el Perú el medio de asegurar una carta, *cargada* ó nó, es *certificarla*, caso en el cual se paga un *sobre porte*. La administracion del lugar á donde la carta se dirije, está obligada á devolver la cubierta ó *sobre* de la carta con el recibo de la persona á quien iba dirijida.

Las convenciones postales con las naciones estrangeras tienen por objeto prescribir los medios de trasporte y fijar la tasa á que la correspondencia queda sujeta en los Estados contratantes.

Las leyes del Perú garantizan la inviolabilidad de la correspondencia y declaran que no producen efecto legal las cartas sustraídas (1), señalando las penas de arresto y multa á los que se apoderen de cartas agenas y revelen los secre-

(1) Art. 22. Constitucion.

tos que encierran (1). Estos principios tan absolutos dejan la duda de si la inviolabilidad puede entenderse hasta los casos en que ella comprometa la vida ó intereses de los particulares ó la paz y el órden del Estado.

El artículo 187 del Código Penal francés establece fuertes castigos para los que violen la correspondencia agena, pero exceptuando los casos en que trate de crímenes que comprometan la seguridad interior ó exterior del Estado.

Uno de los grandes adelantos que trata de introducirse, en Europa, en el importante ramo de correos es la celebracion de un tratado internacional mediante el cual se nivelen, para todas las naciones que á él se adhieran, las tarifas de portes y se arregle el servicio postal bajo un solo sistema. El proyecto fué concebido por la administracion general de correos de los Estados-Unidos de Norte América, y en París se han celebrado las sesiones del Congreso de Comisarios, que ha sancionado las bases generales del tratado.

Se deduce sin esfuerzo, cuales sean las funciones que la administracion pública debe ejercer en este ramo, con solo atender á su elevadísima importancia; no solo llenan los correos las necesidades del comercio; no solo satisfacen las de los particulares ausentes, sino que, como lo hemos dicho, son poderosos auxiliares de la civilizacion y del desarrollo de las ciencias.

El gobierno tiene necesidad inevitable de estender su accion á todos los puntos de su territorio y de conocer las necesidades de todos sus pueblos; debe por lo mismo organizar el servicio de los correos de un modo que llene sus fines con celeridad, seguridad y exactitud.

JUZGADOS DE COMERCIO. — En el capítulo 6.° de la primera parte, tratamos de la organizacion del poder judicial de la

(1) Artículo 323. Código penal.

República, é indicamos (1) la organizacion y jurisdiccion del Tribunal del Consulado y de las diputaciones territoriales del ramo. Añadirémos á lo dicho que los administradores principales de las aduanas son jueces de primera instancia en las causas de comiso, fallando, sin apelacion, en los asuntos cuyo interes no pasa de doscientos pesos.

Los tenientes administradores son meramente jueces de instruccion. El reglamento de comercio determina la formacion de los tribunales de segunda instancia en los diversos departamentos de la República.

En los juicios de *presas* marítimas conocen en primera instancia el comandante general de marina con asesoria del auditor del ramo; la Corte superior en los casos de apelacion, y la Suprema en los de nulidad. El derecho peruano señala como casos de juicio por presas, 1.ª Si se encontrase algun buque en los mares litorales ó sujetos á la jurisdiccion del Estado, navegando sin patentes y demás papeles necesarios, ó con documentos simulados : — 2.º Si los buques neutrales ó amigos condujesen al territorió ocupado por enemigos, algunos artículos de contrabando de guerra : — 3.º Si quebrantasen el bloqueo legalmente declarado por disposiciones supremas : — 4.º Si condujesen enemigos ó efectos que les correspondan.

Podrán tambien ser detenidos los buques neutrales, amigos ó nacionales, que conduzcan á su bordo géneros de ilícito comercio, ó fuesen sorprendidos comerciando en los puertos prohibidos.

(1) Pág. 59.

CAPITULO V

OBRAS PUBLICAS. — Segun Tarbé de Vauxclairt, se entiende por *obras públicas* aquellas cuya utilidad interesa á la universalidad de los habitantes de un Estado, de un Departamento, provincia ó comun, cuando esa utilidad no tiene los carácteres que resultan de la propiedad patrimonial ó privada. Las obras públicas se dividen en *obras* del Estado, *provinciales* y *municipales*, segun los objetos que llenan y los fóndos de que se costean : las primeras se ejecutan bajo la vigilancia del Gobierno y con los fondos nacionales, las segundas y terceras están bajo la inspeccion de las autoridades territoriales y sus gastos salen de los recursos de cada provincia ó pueblo.

Bajo la denominacion de obras públicas se comprende :

1.º Los trabajos de la guerra y de la marina cuando interesan á la seguridad del Estado y al comercio marítimo :

2.° Los trabajos que aseguran las comunicaciones por tierra y por agua costeados por el tesoro público ó por los departamentos, aun cuando concurran á ellos compañías financistas ó ejecutoras

3.° En ciertos casos, los desecamientos, los canales, los diques destinados á proteger una grande parte del país, y otros trabajos que, aunque realizados en vista de intereses particulares, tienden al mejoramiento general.

Todos estos trabajos son de la atribucion del Ministro de Obras públicas y se ejecutan por los Ingenieros del Estado, á menos que los canales, rios etc., se encuentren en la zona militar de una plaza de guerra ó que se trate de fortificaciones, casos en los cuales deben corresponder al Ministerio de Guerra.

4.° Las nuevas construcciones de Iglesias, seminarios, colegios, palacios, hospicios, prisiones, carceles, bolsas, casas de moneda, lavaderos, mercados etc. no se consideran como obras públicas sino cuando se emprenden teniendo en mira el interés general, siendo necesario en tal caso, que el Gobierno haya aprobado los proyectos y hecho la adjudicacion pública con todas las formalidades exijidas por las leyes.

REALIZACION DE LAS OBRAS PUBLICAS. — Las obras públicas se realizan por empresa ó por administracion. Las empresas pueden ser de dos clases : ó el empresario se compromete á realizar la obra bajo ciertas condiciones mediante el pago de una suma que debe serle abonada en plazos estipulados, ó hace el gasto de su cuenta para apropiarse, durante cierto tiempo, sus productos.

La legislacion peruana adolece en este particular de notables omisiones, pues no existe ningun reglamento de obras públicas y de mejoras locales, apesar de la multitud de ellas que cada Congreso decreta y de las muchas que en materia de puentes y caminos, necesita la República para

poder dar salida á sus abundantes y ricas producciones naturales.

Sin seguir paso á paso las disposiciones de las legislaciones inglesa, francesa y española que sobre la materia
contienen vastísimos preceptos, apuntaremos ciertos principios generales que son de casi universal observancia y que,
sin embarazo, pueden adoptarse en el Perú.

Cuando la obra ha de hacerse por cuenta del erario nacional se forman los planos, proyectos, explicaciones y presupuestos de gastos por los ingenieros del Estado, civiles
ó militares, segun la naturaleza de la obra, prévios los
estudios sobre la localidad etc.; esos proyectos son sometidos al exámen y aprobacion del Ministro del ramo quien
los aprueba ó no precediendo informe del ingeniero en
jefe.

Aprobados les proyectos, planos y presupuestos, se confia
la ejecucion al autor de ellos, encargándose la fiscalizacion
de los fondos y la compra de materiales á un empleado público. Terminados los trabajos son reconocidos por el Ingeniero en jefe y el Estado se hace cargo de la obra.

Si la obra ha de realizarse por una empresa particular,
el Ingeniero de Estado forma los proyectos, planos y presupuestos, haciendo todas las explicaciones convenientes
y determinando la naturaleza de los materiales que han de
emplearse. Se publican avisos solicitando licitadores para
la adjudicacion en remate público. No se admiten postores
que no otorguen fianzas que basten á responder por las responsabilidades que se impongan. Adjudicada la obra, al
que ofrezca hacerla por menos precio, sirviendo de base
el indicado en el presupuesto oficial, debe el subastador
manifestar al ingeniero de Estado los materiales que compra
á fin de que inspeccione si son los exijidos en el proyecto.
Terminados los trabajos, el ingeniero de la empresa debe
entregar la obra al ingeniero en jefe del Estado, quien la
recibe en el caso de estar acabada y conforme al proyecto

oficial. Es de práctica que las garantías prestadas por la empresa, no se cancelen hasta despues de cierto tiempo que la obra esté en servicio.

Cuando un empresario ofrezca realizar una obra para gozar por cierto tiempo de su propiedad ó de sus prodùctos, presenta los planos, proyectós y explicaciones : todos esos documentos se pasan al injeniero en jefe para que los exa- mine; el ingeniero debe formar un presupuesto determi- nando la clase de los materiales y útiles; el Ministro debe examinar si el producto ofrece un moderado interes al ca- pital que debe invertirse, y en caso de que así sea y de que se reputen aceptables las demas condiciones, se hace la ad- judicacion; para ella se convocan tambien licitadores, pero basta que estos hagan propuestas por escrito y que de su exámen se deduzca cual es la que mas ventajas ofrece al público en el impuesto ó gravamen que el empresario haya de crear para permitir el uso de la obra, ó las que ofrezca al Estado en razon del menor tiempo porque se solicite la propiedad ó el usufructo.

Terminada la obra por la empresa, debe ser reconocida por un ingeniero del Estado; el Gobierno autorizará su uso si se han llenado las condiciones de la contrata ó man- dará rehacer la obra en los casos de imperfeccion.

En las obras realizadas por este medio, no renuncia jamas la administracion pública el derecho de vijilancia y el de ordenar, en caso necesario, los reparos y composturas que el uso haga necesarios : se estipula iguálmente en los contratos que los empresarios, al vencimiento del término de la pro- piedad ó del usufructo, han de entregar la obra en buen es- tado.

INGENIEROS. — Como se comprende sin esfuerzo, la diver- sa naturaleza de las obras públicas supòne la variedad de conocimientos de los hombres llamados á dirijirlas, y de allí la necesidad de que el Estado fomente y sostenga un

cuerpo facultativo de ingenieros civiles y militares instrui-
dos en las diversas clases de construccion.

Esta necesidad fue reconocida por el Gobierno, que no-
tando la absoluta falta de ingenieros nacionales contrató
á varios europeos y proyectó fundar una escuela de
ingenerios civiles que desgraciadamente no llegó á organizarse.

Por decreto de 30 de diciembre de 1852 se dispuso la
creacion de una *Comision* central de *ingenieros civiles*, que
fué reglamentada por el gobierno en 28 de junio de 1853.
Muchos y muy provechosos hubieran sido los resultados de
esa institucion debidamente sostenida y fomentada, siendo
el principal el que al cabo de algunos años se hubiera
abierto para los naturales del pais una carrera nueva tan
honrosa como lucrativa, y que desapareciese la necesidad
de servirse de ingenieros estrangeros cuyos crecidos salarios absorben anualmente una fuerte suma.

Al proyectado colegio de ingenieros se ha sustituido una
Direccion general de obras públicas, oficina que hasta hoy no
sirve sino de embarazo en la sustanciacion de los espedien-
tes sobre esas obras, sin que pueda producir provecho alguno desde que la ley no exije, como debiera hacerlo, que
el Director sea uno de los mas capaces é ilustrados ingenieros.

La Direccion tiene, entre otras atribuciones la de examinar á los ingenieros y arquitectos, y mal podrá el jefe de esa
oficina desempeñar tan delicada mision, si no reune conocimientos superiores ó cuando menos iguales, á los de los
examinandos.

La direccion apenas sirve para ser órgano de comunicacion entre el ministerio y los ingenieros. Cuando el gobierno
proyecta un trabajo, pide á la direccion los planos y datos
necesarios; el director comisiona á un ingeniero para que los
forme; si un particular ó empresa de varios, proponen una
obra, el gobierno pide informe á la Direccion y es claro que

para evacuarlo tiene el gefe de la oficina que ocurrir á la ciencia de uno de sus subordinados, pues por sí solo no es competente en materias facultativas.

No conoce tampoco el Director de obras públicas las diversas y especiales condiciones del territorio peruano, asi es que mal puede, en el mayor número de casos, decidir sobre las conveniencias ó inconvenientes de las obras que haya de practicarse en algunos departamentos ó provincias. Para estas obras se mandan comisiones de ingenieros por cuenta del Estado haciéndose naturalmente crecidos gastos en pasages y útiles de esploracion. El gobierno deberia pues llevar á cabo la organizacion de la escuela de ingenieros, confiando la direccion al profesor mas capaz é inteligente. Corridos pocos años tendria el Perú ingenieros del pais; podria disponer que residieran permanentemente, á lo menos, uno en cada departamento y suprimiéndose los inútiles gastos que la direccion ocasiona, se abriria, como antes se ha dicho, una nueva carrera para los nacionales, y el servicio público ganaria considerablemente.

CAMINOS. — La importancia y utilidad de los caminos públicos y su influencia asi civilizadora como provechosa para el desarrollo del comercio y de la industria, son cosas tan reconocidas que es de todo punto inútil detenerse en ellas. Una de las causas que mas contribuyen al sensible atraso de nuestros pueblos del interior, tanto bajo el aspecto económico cuanto bajo el literario y científico, es la grande dificultad del tránsito que tiene casi aisladas las últimas poblaciones del Perú de la capital, centro natural de todo progreso y de todo adelanto. Inmensos y aridos arénales en las costas y escarpadas montañas en donde el tráfico ha señalado apenas estrechos senderos en los cuales la vida del viagero está constantemente amenazada, tales son las únicas vias de comunicacion entre los pueblos del Estado. Agréguese á esto la falta de puentes en los muchos rios que corren á los pies de esas montañas, algunos de los cuales arrastran en ciertas estaciones grandes caudales de agua, y no será dificil esplicar porque las ricas y variadas producciones de nuestras sierras no pueden ser trasportadas á la costa, y porque no pueden llegar á los pueblos tras-andinos ni máquinas ni otros objetos de grandes peso y volúmen. Imposible es pues establecer en la sierra fábricas que requieran grandes aparatos, y los pueblos de la costa sin poder aprovechar de los productos que en las alturas se cosechan, tienen que ser consumidores de esos mismos productos importados del estranjero. La mas urgente necesidad del pais es pues la construccion de caminos; en ella ha debido concentrar su atencion la autoridad pública, porque sin negar la importancia de las obras que se emprenden constantemente, es indudable « que solo los caminos, enlazando entre sí los pueblos esparcidos en los diferentes puntos del territorio, contribuyen á formar las naciones y á darles aquella unidad, resultado siempre de la igualdad en hábitos, necesidades y costumbres y obra natural y espontánea del frecuente trato que las relaciones comerciales establecen (1). »

CLASIFICACION DE LOS CAMINOS. — Los caminos se dividen en *nacionales, departamentales, estratégicos* y *comunales i vecinales.* Los caminos són cosas públicas, como los rios y los puertos y compete á la autoridad dictar las reglas para su uso; los nacionales y estratégicos, están bajo la inmediata direccion del gobierno; los primeros por el ministerio de obras públicas, y los segundos por el ministerio de guerra; los caminos departamentales dependen inmediatamente de los prefectos, y los comunales de las municipalidades.

La ley orgánica de municipalidades, dada en 1856, encomendaba á estos cuerpos la conservacion y cuidado de los caminos públicos y los facultaba para promover la aper-

(1) Madrazo.

tura de otros nuevos. La ley vigente no registra, entre sus disposiciones, ninguna relativa á las vias de comunicacion.

La legislacion peruana no contiene sobre esta importante materia sino una disposicion legislativa del año de 1857 cuyo tenor es el siguiente :

« El Estado vijila y toma bajo su proteccion los caminos nacionales, departementales y comunales. Son caminos nacionales los que unen los puertos con los pueblos del interior, ó la capital de la República con los departamentos. Son caminos departamentales los que unen unos departamentos con otros, ó las provincias de un mismo departamento. Son caminos comunales los que unen unos pueblos con otros. »

« El Estado tiene la suprema inspeccion sobre las tres clases de caminos; los nacionales están bajo la direccion inmediata del ministerio de obras públicas : los departamentales bajo la de las Juntas departamentales (1), y los comunales bajo la de las municipalidades. —Los primeros serán costeados con los fondos de la nacion : los segundos con los de los departamentos, y los terceros con los de los pueblos, recibiendo del Estado, tanto los departamentales como los comunales los ausilios convenientes segun su necesidad é importancia. »

« Se consideran tambien como caminos nacionales la comunicacion por el Pacífico, y la que se haga por rios navegables ó por caminos que unan el interior con los puertos de la montaña ó de otras naciones. »

« Entre las mejoras que han de hacerse en los caminos, ocuparán el primer lugar la construccion y conservacion de puentes ó balsas, segun lo exijan los rios, y la de tambos ú hospicios en los lugares desiertos. »

(1) Estas juntas que equivalen á las que en Francia se llaman Consejos departamentales se mandaron reorganizar por la Constitucion de 1856. No llegaron á instalarse, y la Constitucion vigente las desconoce.

Como complemento de esta ley llamada *orgánica*, bien impropiaménte, se expidió otra de la misma fecha autorizando al ejecutivo para nombrar y organizar cuatro comisiones de ingenieros que debian recorrer la República y formar planos de los caminos de nueva construccion, y para gastar las cantidades que esos estudios requiriesen.

Como no tenga el Perú un reglamento de caminos, indicaremos lijeramente los principios que casi universalmente rigen en esta materia.

Respecto á los caminos hay que considerar tres cosas : su construccion, sus reparaciones y su conservacion ó policía.

CONSTRUCCION. — Todo camino, y mas especialmente los nacionales se abren por motivos de utilidad pública, y de aqui resulta naturalmente, en muchas ocasiones, la necesidad de la espropiacion forzada de que hablaremos al tratar de los ferro-carriles.

Los caminos pueden construirse de los mismos modos que cualesquiera otra obra pública, bien que mas generalmente se hagan por cuenta del Estado mismo, bajo la direccion y vigilancia del ingeniero que ha formado los planos.

Al emprenderse la obra de un camino debe señalarse sus límites, con respecto á las propiedades particulares que se hallan á sus costados.

Los reparos que el uso haga necesarios son indicados por los guardas ó vijilantes del camino.

La policía y conservacion de los caminos se ejerce por los guardas ó peones camineros que deben recorrer diariamente el espacio que se les señale por la autoridad local bajo cuya vijilancia ejercen su cargo. Los guardas tienen obligacion de mantener las vias libres y desembarazadas, removiendo todo estorbo capaz de obstruir el tránsito, y de dar cuenta á la autoridad, de toda construccion ó edificio particular que amenazando ruina, pudiera caer sobre el camino. Es tambien deber de los guardas impedir que los propietarios de fundos colindantes al camino, hagan plantíos, ó corten los caminos con senderos, ó impongan, en fin, ninguna servidumbre sin permiso de la competente autoridad.

Todas las legislaciones contienen preceptos penales aplicables á los individuos que descompongan las vias, demuelan las obras ejecutadas en ellas, roben los materiales ó arranquen les árboles puestos en los caminos. El código penal peruano solo contiene á este respecto, la disposicion de su artículo 361, que impone la pena de arresto mayor en segundo grado y una multa equivalente al valor del daño que por cualquier medio que no sea el incendio, se cause en los caminos ó en otros objetos de uso comun.

La necesidad de conservar el alineamiento de los caminos impone á los propietarios de los fundos laterales la obligacion de no hacer obra alguna en sus fundos, ni en la parte que debe quedar libre entre estos y las vias, sin permiso de la autoridad que debe señalarle los límites y condiciones exteriores de la construccion proyectada.

FERRO-CARRILES. — Las ventajas de esas vias rápidas de comunicacion son incontestables. Bajo el punto de vista humanitario, los ferro-carriles tienden á nivelar la condicion de los hombres en el Estado, á unir las naciones, y á igualar las civilizaciones. Pero se refieren tambien á otros muchos intereses, y tal es el motivo porque los legisladores les conceden particular atencion (1).

La implantacion de los caminos de hierro es, en el Perú, de época reciente, aunque no tanto que puede escusarse la omision de un reglamento en materia de tan alta importancia, y muy especialmente cuando los congresos han autorizado al Ejecutivo para contratar varios ferro-carriles, asegurando á los empresarios, que quieren emprender su construccion,

(1) Pradier Fodéré.

el interes de un siete por ciento anual. En la falta absoluta de principios de legislacion nacional creemos oportuno repetir la doctrina legal enunciada por Pradier Fodéré en su importante *Compendio de Derecho administrativo de Francia.*

«No puede establecerse ningun camino de fierro sino en virtud de un contrato (ó concesion) celebrado con el Gobierno. El efecto de esa concesion es delegar al empresario una parte de los derechos y privilegios de la administracion, y particularmente en lo que concierne á la facultad de recurrir á la expropiacion para proporcionarse los terrenos necesarios. Pero esos contratos están dominados por el principio de que todo camino de fierro debe ser, ante todo, destinado á llenar las necesidades de la circulacion general. Las concesiones abrazan al mismo tiempo, el establecimiento y la esplotacion del camino. Ellas son ó directas, es decir, concedidas por mutuo acuerdo, ó indirectas esto es, concedidas por via de adjudicacion. En este último caso no se admite como postor á ninguna persona que antes no haya sido aceptada por el Ministro de Obras públicas »

« Se llama *cuaderno de cargos* el conjunto de disposiciones que fijan las condiciones del contrato. Las cláusulas que en él se insertan son ordinariamente relativas á las fianzas, á la construccion y á la recepcion de los trabajos, vencido el término fijado para ellos. Las garantías que debe prestar el empresario ceden en provecho esclusivo del público, pues que aseguran la ejecucion de los trabajos.

« El contratista, individuo ó sociedad, ejecuta á su costo y de su cuenta y riesgo, el proyecto adoptado, bajo la inspeccion y vigilancia de la autoridad. A medida que los trabajos están concluidos en parte del camino, de modo que puedan entregarse al uso público, se procede á recibirlos por medio de comisarios designados por la administracion. Las recepciones parciales no se convierten en definitivas sino por la recepcion general del camino. El acta de recepcion debe, para su validez, ser homologado por el

Ministro. La administracion no queda obligada sino á con
secuencia de la recepcion general y definitiva. »

« El efecto de la recepcion definitiva es atribuir al Estado
la propiedad del camino, que se convierte en una dependencia de los caminos nacionales ó departamentales, y forma
parte del dominio público. Los empresarios *no pueden jamas reputarse propietarios del camino ;* son nada mas que *ad-
judicatarios* de un servicio público, despues de haber sido
empresarios de una obra pública. Todo su derecho consiste en recibir el precio de su realizada empresa. Ese precio es el monopolio de la esplotacion del camino, durante
cierto número de años, pero bajo la obligacion á efectuar
á su costo y de su cuenta y riesgo el trasporte de los viageros y de las mercancías, de hacer todo el servicio de los
ferro-carriles y de conservar constantemente el camino en
buen estado, de manera que la circulacion sea siempre fácil
y segura. Las máquinas y los carros deben satisfacer las
condiciones previamente determinadas. Siendo el Estado
propietario de los caminos de fierro, tiene el gobierno el
derecho de tomar respecto á ellos, todas las disposiciones
convenientes con tal que no impidan la percepcion del
peage, determinado en una tarifa dada por la administracion, y que los empresarios no pueden elevar ni aun abatir.
Los caminos de fierro y sus dependencias están sujetos al
pago de la contribucion predial en la proporcion designada
á las tierras de primera calidad. Los edificios y almacenes
están asimilados á los fundos existentes en el lugar que
aquellos : deben tambien pagar patente, impuesto que grava
sobre la industria y no sobre la propiedad. El gobierno se
reserva ademas el empleo del camino para diversos servicios públicos y especialmente el de correos. »

« Hemos dicho que los ferro-carriles construidos ó concedidos por el gobierno forman parte de los caminos nacionales y departamentales; por consiguiente todas las leyes
referentes á estos, son aplicables á aquellos. El legislador

adopta las necesarias medidas para los cercos de los caminos, para su conservacion y para la proteccion de las propiedades ribereñas. Las infracciones de esas reglas son perseguidas y castigadas del mismo modo que las de los demas caminos. »

« La administracion puede tambien tomar inmediatament. todas las medidas provisorias para hacer reparar los daños. Una penalidad severa y proporcionada á las consecuencias de los atentados contra la seguridad de la circulacion, en los ferro-carriles, se aplica á los que intentaren poner embarazo á la marcha de los trenes, ó hacerlos salir de los rieles, ó hubiesen siquiera amenazado con cometer esos crímenes ; la impericia, la imprudencia, la negligencia, el descuido, la falta de observancia de las leyes y reglamentos que causaren involuntariamente en un camino de fierro, ó en sus estaciones y depósitos, un accidente mas ó menos grave, son tambien el objeto de una pena cuya severidad es proporcional á la gravedad del accidente. Todo maquinista, ó conductor que abandona su puesto durante la marcha de un convoy, es castigado con prision de seis meses á dos años. Los empresarios son ademas responsables ante el Estado y ante los particulares de los daños causados por los administradores, directores y empleados de todo género en la explotacion de ferro-carril. El Estado se somete á la misma responsabilidad para con los particulares, si el camino se esplota por su cuenta. Los agentes de los ferro-carriles, están, en el ejercicio de sus funciones, protegidos contra toda resistencia y vías de hecho, y amparados por los castigos que el Código Penal señala para los casos de rebelion. »

« Los comisarios y sub-comisarios, especialmente encargados de la vigilancia de los ferro-carriles, y nombrados por el ministro de obras públicas tienen, para la comprobacion de los crímenes, delitos y contravenciones cometidos en el territorio ocupado por el camino y en sus dependencias, facultades de oficiales de policía judicial, lo cual los coloca bajo la vigilancia del ministerio público, sin dejar por ello de estar bajo las órdenes de los ingenieros. El personal activo, empleado por las diversas campañías de caminos de fierro, está sometido á la vigilancia de la administracion pública que tiene el derecho, oidas las compañías, de exigir la separacion de sus agentes. »

» En el Ministerio de obras públicas hay establecidos inspectores encargados de la vijilancia de la esplotacion comercial y exámen de la gestion económica de las compañías de ferro-carriles. Esos inspectores son miembros de la comision consultiva de los caminos de fierro, y forman una seccion permanente de esa comision para todas las cuestiones concernientes á la esplotacion comercial. Esa seccion, presidida por el Ministro y en su defecto por el director general de ferro-carriles ó por el inspector general de mayor edad, da su parecer, previo informe escrito de uno de sus miembros, en todos los asuntos que le son sometidos por el Ministro, y en especial en lo tocante al establecimiento de tarifas y su aplicacion, tratados particulares y convenciones nacionales relativas á la esplotacion, á las emisiones de obligaciones, á los empréstitos ó subvenciones, á las de garantía de intereses dada á las compañías y á las de division de utilidades con el Estado. Todos los meses debe darse al Ministerio un informe sobre la situacion económica y comercial, y todos los años otro que resuma los informes mensuales. Los inspectores tienen facultad delegada para proceder á todas las informaciones necesarias sobre puntos ó hechos especiales de esplotacion, y pueden ser encargados de toda clase de comisiones concernientes al servicio de los ferro-carriles.

» La vijilancia de los caminos de fierro se ejerce por especiales comisarios de policía. »

La anterior doctrina de Foderé es el prolijo estracto de la ley francesa de 15 de julio de 1845; otra ley posterior ha reglamentado la policía de los caminos de fierro, y como debe esperarse que los legisladores ó el Gobierno del Perú piensen en reglamentar tambien los construidos ya y los que están por construirse, nos ha parecido conveniente la insercion de esa ley en el apéndice de este compendio; ella servirá, á lo menos, para dar algunas ideas y para adoptar ciertas reglas que, sin embarazo alguno, pueden encontrar aplicacion entre nosotros.

CAMINOS ESTRATEGICOS. — Terminaremos esta materia con unas pocas palabras sobre los caminos estratégicos. Con este nombre se conocen las vias de comunicacion construidas especialmente para facilitar el movimiento de las tropas.

Los caminos estratégicos difieren bajo dos aspectos de los nacionales : 1.° en que los trabajos que ellos exigen se asimilan á los trabajos militares y están sujetos á las mismas reglas : 2.° en que su conservacion no corresponde enteramente al Estado que solo contribuye con dos terceras partes para los gastos que ella exige, siendo la otra tercera costeada por los departamentos (1).

AGRICULTURA. — La agricultura es la parte de la industria general que abraza todos los trabajos mediante los cuales obliga el hombre á la tierra á producir cuando le es preciso para satisfacer sus primeras necesidades. Aunque todas las industrias sean útiles, la agricultura debe ocupar el primer rango no solamente por el gran número de personas que ocupa, sino tambien por el objeto á que dirigen sus esfuerzos. La agricultura suministra á las poblaciones los medios de subsistencia y la mayor parte de las materias primeras cuyo beneficio preserva al hombre de sufrimientos algo ménos horribles que el hambre. Las sociedades no florecen sino á medida que la agricultura florece y produce lo suficiente para satisfacer las necesidades de aquellas (2). Los economistas colocan en-

(1) Cabantous.
(2) Passy.

tre los trabajos agrícolas todos los que tienden á tomar de la naturaleza las primeras materias, aun cuando no exijan el cultivo de terrenos; tales son la *caza*, *la pesca* y *el trabajo de las minas* (1).

En el Perú, pais privilegiado por la benignidad de su clima y por la feracidad de sus terrenos que producen cosechas abundantes, sin necesidad de mucho abono, los progresos de la agricultura están contenidos por la falta de aguas, muy especialmente en los grandes arenales próximos á la costa.

La agricultura peruana ha tenido que sufrir grandes detrimentos á consecuencia de las guerras civiles, y esos males la afligieron cuando aun no convalescia de los que atravesó durante la época de la guerra de la independencia, en que los valiosos fundos de la costa se vieron, en su mayor parte arrasados, y los labradores libres y esclavos arrastrados á las filas militares.

LEGISLACION. — Por un decreto administrativo de 3 de diciembre de 1840 se dispuso, como medio de fomentar y proteger la agricultura, la formacion de sociedades en todos los departamentos de la República. Las atribuciones de esas juntas son promover las mejoras en las siembras y cultivo de las semillas conocidas, estableciendo las desconocidas de que sean susceptibles los valles y quebradas de los departamentos; estimular á la propagacion, aumento y nueva introduccion de ganados y animales útiles para el consumo y para el trasporte de los objetos que se produzcan; proponer los arreglos oportunos en todo lo relativo á jornaleros, distribucion de aguas, y enmienda de abusos introducidos en el espendio de frutos, procurando se promulgue y observe un reglamento rural, y tambien que se guarden y cumplan todas las resoluciones espedidas en beneficio de la agricultura : proteger por

(1) J. Garnier.

cuantos medíos esten á su alcance, el uso de máquinas que simplifiquen el trabajo y beneficio de los frutos; supliendo así la escasez de brazos de labranza, y evitando el exhorbitante gasto que sufren los labradores, causa permanente de su atraso y total ruina.

Puede asegurarse que por buenas y laudables que fueran las miras del gobierno al espedir el decreto de que nos ocupamos, no ha producido ningun resultado provechoso á la agricultura.

En nuestro concepto, es de la mas alta importancia y de mayor urgencia el establecimiento de quintas ó escuelas *normales* y de escuelas regionales, y la concesion de premios, proporcionados al mérito y adelantamiento de los jóvenes estudiantes. En Francia, esos premios son anuales y concedidos por el gobierno; se imponen en cabeza de los agraciados quienes no los reciben sino cuando han terminado su aprendizage. Las quintas-escuelas son esplotaciones rurales en las cuales reciben los aprendices, una enseñanza agrícola esencialmente práctica.

Las escuelas regionales se destinan á la teoría y á la práctica. Sirven tambien de modelo en la region á que pertenecen, y sus resultados deben recibir la mayor publicidad posible.

El gobierno debe fomentar la agricultura como instrumento de educacion y como elemento de riqueza, empleando medios indirectos, sin ejercer una accion directa é inmediata.

La agricultura no demanda á la administracion sino que remueva los obstáculos que la naturaleza, la opinion ó las leyes opongan á su desarrollo.

Para el verdadero progreso de ese importante ramo de la industria, se necesitan : leyes protectoras de la libertad y de la propiedad y vias rápidas y económicas de comunicacion; libertad de cultivo, supuesto que nadie, mejor que el cultivador, conoce las necesidades del mercado;

seguridad de disponer de las cosechas, resultado del dere-cho de propiedad; prima para los introductores y cultiva-dores de todo producto exótico que pueda aclimatarse en el país, y de animales útiles.

La agricultura no exige privilegios; lo único que necesita es que se la libre de trabas, que se la deje obrar libremente sin otra influencia, por parte del gobierno, que la de instruir-la en sus verdaderos intereses, porque de este modo el in-teres individual, que es el mas poderoso estímulo para me-jorar y perfeccionar todos ramos, hace rápidos progresos, produce verdaderas maravillas, y enriqueciendo á los par-ticulares enriquece tambien á las naciones (1).

Con el objeto de aumentar la produccion de lanas de bue-na calidad que puedan servir no solo para la esportacion sino tambien para establecer manufacturas nacionales, ha dictado la administracion las disposiciones siguientes res-pecto á las *vicuñas, alpacas* y *paco-vicuñas.*

Es prohibida la matanza de vicuñas, aun bajo el pretexto de caza, só pena de cuatro pesos de multa por cada animal que se mate (2). Para aprovechar las lanas se las puede trasquilar en los meses de Abril, Mayo, Junio y Julio.

Es prohibida la esportacion de alpacas, bajo la respon-sabilidad de los funcionarios políticos y de los empleados de aduana que la autorizen ó toleren (3). La misma prohi-bicion subsiste con respecto á las vicuñas (4).

Se da el nombre de paco-vicuña al producto del cruza-miento de las vicuñas con las pacochas que, como aquellas, son animales salvages, indígenas del Perú.

Ese cruzamiento se verificó por los esfuerzos del presbí-tero D. Juan Pablo Cabrera que enriqueció la agricultura

(1) Madrazo.
(2) Decreto de 5 de julio de 1825.
(3) Circular de 5 de agosto de 1846.
(4) Decreto de 1° de abril de 1851.

del país con una nueva raza cuyas lanas son de superior calidad á las de las razas cruzadas.

El ejecutivo y el congreso concedieron algunos premios, bien mesquinos en verdad, al Dr. Cabrera.

Con respecto á los pacos-vicuñas existen las mismas prohibiciones que para las alpacas y vicuñas.

MINAS. — Es una verdad indudable, que conviene distinguir, en el suelo, la propiedad del fondo y la propiedad de la superficie. El hombre que adquiere un terreno no pone el menor trabajo, ni adelanta el mas leve capital, respecto á las riquezas que puede encubrir, ni toma en cuenta las minas que puede encerrar en sus entrañas. No siendo, pues, la mina ni un objeto de accesion, ni un producto de trabajo, debemos buscar en otra parte los títulos de su propiedad. La legislacion de todos los pueblos reconoce el dominio del Estado en las minas, como una dependencia del territorio nacional. El principio de la ocupacion no puede aplicarse á una riqueza que no sale á luz ni entra en circulacion sino mediante la aplicacion de penosos esfuerzos, considerables capitales y estudios facultativos. Tal es el espíritu de la legislacion española en esta materia, desde D. Alonso el Sabio (1).

No rigen exactamente los mismos principios en la legislacion francesa. Segun el derecho antiguo, las minas eran del dominio nacional, y el derecho de concederlas y de esplotarlas era una regalía. La asamblea nacional declaró que las minas estaban á disposicion de la nacion, la única que tenia el derecho de concesion y de vijilancia. En cuanto al derecho de propiedad, la ley de 28 de Julio de 1791 proclamó el principio de derecho comun que « *la propiedad de lo superior entraña la de lo inferior.* » Consagrados así los derechos del propietario de la superficie, la esplotacion de la propiedad predial, que la nueva legislacion pretendia favorecer, se estendia hasta las entrañas de la tierra, y como

(1) Madrazo.

las capas subterráneas no tenian, en su distribucion, ninguna relacion con la superficie, resultó un gran desórden en las minas por el infinito número de esplotaciones y por los inmensos gastos emprendidos sin utilidad. La ley de 21 de Abril de 1810 reformó ese órden de cosas. Ya el Código Napoleon, permitiendo al propietario hacer en la parte inferior todas las construcciones y escavaciones que quisiera, y sacar de esas escavaciones los productos que encontrara, salvas las modificaciones que resultasen de las leyes y reglamentos relativos á las minas, habia hecho presentir la necesidad de leyes especiales para ese ramo importante de la riqueza nacional. La ley de 20 de Abril de 1810 declaró las minas propiedades particulares, fundándose en que hacerlas del dominio nacional era atacar los principios del derecho civil y la constitucion del país, que garantiza la inviolabilidad de las propiedades; en que las minas no deben ser consideradas como propiedad del dueño del suelo, porque el derecho de usar y de abusar que entrañaria su condicion de propietario, debilitaria todo medio de esplotacion útil, productivo y amplio, y condenaria á la esterilidad todas las partes de minas, sometiendo al capricho de uno, todas las propiedades vecinas de igual naturaleza.

Para que las minas sean bien esplotadas, para que sean el objeto de los asiduos cuidados del que las posee, es necesario que dejen de ser propiedades precarias, inciertas, indefinidas, que cambian de manos al capricho de una legislacion equivoca ó de una administracion abusiva, y que mantienen al poseedor en una perpetua incertidumbre. Es necesario, en fin, que las minas, en vez de permanecer divididas como la superficie, se conviertan, por la intervencion del gobierno y en virtud de un acto solemne, en un conjunto distinto del suelo, cuya estension esté perfectamente arreglada y que sea, por decirlo así, una creacion particular (1).

(1) Pradier Fodéré.

Se da el nombre de minas á esos lugares profundos de la
tierra que contienen en vetas, capas ó montones, oro, plata,
platina, mercurio, plomo, fierro, cobre, estaño, zinc, calamina, bismuto, ú otras materias metálicas como azufre,
carbon de piedra, madera fosil, alumbre, betunes y sufal-
tes de bases metálicas, masas de sal marina, fuentes ó pozos
de agua salada natural ó artificial.

LEGISLACION. — En el Perú se conserva respecto á las
minas, la legislacion española y subsisten las ordenanzas
especiales que la España dió á sus antiguas colonias. Con-
sidéranse las minas como bienes nacionales; asi es que solo
la autoridad puede concederlas á los que pretendan esplotarlas.

Las indicadas ordenanzas que forman un código completo de mineria, aunque no del todo conforme con los
actuales progresos de la ciencia administrativa, ni armonico
con nuestra moderna legislacion, contienen disposiciones
relativas á la adquisicion de las minas, á su estension y
modo de trabajarlas, á las obligaciones y prerogativas de
los mineros, á los peones de minas y de ingenios de beneficios; á la organizacion de los juzgados del ramo y á la
sustanciacion y sentencia de los juicios entre mineros.

La representacion nacional del Perú nombró una comision de su seno para que formase un código de mineria,
pero aun no se han visto los trabajos de ésa comision.

Una buena legislacion sobre esta materia debe: 1.º Alentar el descubrimiento de las minas, asegurando al descubridor, la propiedad: 2.º Indemnizar al propietario del suelo,
para que no ponga obstáculos á los estudios ó esplora-
ciones: 3.º Conceder al que ha obtenido la esplotacion, una
estension suficiente y claramente determinada para que los
trabajos puedan tener el necesario desarrollo: 4.º No hacer
concesiones sino á los individuos que tengan medios para
ejercer utilmente el derecho de esplotar la mina: 5.º Garantizar por largo tiempo los derechos del esplotador ó

impedir, por medio de una vijilancia activa de parte del gobierno, los trabajos que puedan comprometer el porvenir de las minas ó la seguridad de los hombres que trabajan en ellas.

DENUNCIA DE MINAS. — Las minas recien descubiertas y las que habiendo ya estado en trabajo han sido abandonadas por sus poseedores, pueden ser denunciadas por el que quiera esplotarlas. Son tambien denunciables los *placeres* y *criaderos* de oro y de plata de todo género; no pueden denunciarse los *desechaderos* y *terreros* de minas; las minas de mercurio pueden denunciarse con la indispensable condicion de dar cuenta al gobierno para que resuelva si las minas denunciadas deben esplotarse por cuenta del descubridor ó del Estado. Son denunciables no solo las minas de oro y plata sino tambien las de piedras preciosas, cobre, plomo, estaño, antimonio, calamina, bismuto, salgima y cualesquiera otros fosiles, ya sean metales perfectos ó medios minerales.

DENUNCIANTES. — Todo el que quiera esplotar una mina, que haya descubierto, puede presentarse como descubridor, exceptuándose de esta disposicion general : los estrangeros no naturalizados en el Perú, los regulares de ambos sexos, y los eclesiásticos seculares; los funcionarios políticos y judiciales del territorio en que se encuentren las minas, los escribanos, los mayordomos, empleados, sirvientes y peones de minas á no ser que denuncien para sus padrones.

Nadie puede denunciar para otro, sin estar suficientemente autorizado para ello. Los miembros de una sociedad que hagan una denuncia no pueden apoderarse de la mina; están obligados á espresar en el pedimento de posesion los nombres de sus socios.

MODO DE SUSTANCIAR LAS DENUNCIAS. — El que pretenda la propiedad y posesion de una mina debe presentarse, por escrito, ante la diputacion territorial de minería espresando su nombre, patria, lugar de residencia ó vecindad, profesion y las mas claras señales del sitio, cerro ó veta cuya adjudicacion solicita. Todas estas circunstancias y la hora en que el descubridor presenta su pedimento, se sientan en un registro especial; la diputacion manda fijar, por no venta dias, carteles en los lugares mas públicos, anunciando el hecho de la denuncia. A los noventa dias debe el descubridor tener en la veta ó vetas denunciadas, hecho un pozo de vara y media de ancho, y diez varas de profundidad; y llenada esta condicion, recibe la posesion que le confiere personalmente uno de los diputados en presencia de un escribano ó de testigos, en el caso en que durante los noventa dias de carteles no se haya presentado opositor que aduzca derechos á la mina denunciada. Si existe tal oposicion se sustancia y resuelve en juicio contradictorio.

MINEROS.—En atencion á la importancia del trabajo de las minas ha concedido la ley á los mineros algunas prerogativas, entre las cuales pueden citarse como esenciales: que los dueños de minas no pueden ser presos por deudas, ni tampoco sus administradores, y sirvientes de minas ó haciendas; que los dependientes guarden carcelería en la mina ó hacienda en que trabajen; que si se embargan las minas, se deje al dueño de ellas, de sus productos, lo que baste para la sustentacion suya y de su familia, aplicándose el resto al pago de la deuda que motivó el embargo; que se exonere de cargos concejiles, del reclutamiento militar y del alistamiento en la guardia nacional á los mayordomos, sirvientes y operarios de las minas ó haciendas de beneficio de metales; que los empresarios mineros no están sujetos al pago de contribucion predial ó industrial [1]. No disfrutan de esas prerogativas y esenciones sino los mineros matriculados y en actual esplotacion.

(1) Ordenanzas del Ramo—decretos de 6 de julio y de 8 de julio de 1852.

PARTE TERCERA

INTERESES MORALES

———————

CAPITULO UNICO

Religion. — Intolerancia y libertad de cultos. — Deberes y atribuciones de la administracion. — Instruccion pública. — Direccion. — Comisiones locales. — Clasificacion de los establecimientos de instruccion. — Universidades. — Institutos. — Legislacion. — Imprenta. — Abusos por medio de la imprenta. — Denuncias. — Jueces de imprenta. — Impresores. — Beneficencia. — Administracion. — Diversiones públicas. — Teatros. — Ereccion de teatros. — Censura teatral. — Direccion de los teatros. — Policia de los teatros. — Caja de ahorros. — Propiedad de las obras dramáticas. — Premios.

RELIGION. — La religion es el vínculo mas estrecho que une al ser humano con su creador; si el hombre tiene que ceder á la exigencia de sus necesidades materiales, tiene aun mas, severo deber de cultivar y perfeccionar su ser moral y de practicar actos de virtud, los únicos que producen la felicidad en este mundo. La religion es la que nos traza el camino de esa felicidad; ella la que enjendra la virtud; ella, en fin, la que dando al hombre la supremacía sobre todos los seres creados lo lleva hasta la elevada esfera de lo infinito.

Cualquiera que sea el orígen de las sociedades humanas, sea que deban su existencia al utópico Contrato de Rousseau, ó que sean el fruto necesario del instinto de sociabilidad, no es menos cierto que el sentimiento religioso ha existido en las sociedades desde el primer instante de su creacion, manifestándose bajo formas mas ó menos racionales, segun los varios accidentes producidos por la civilizacion. Ese fenómeno es bajo todo aspecto, bastante natural. A medida que se desarrolla la inteligencia y que el hombre fija su vista en el sublime espectáculo de la creacion y contempla las maravillosas leyes que gobiernan el universo, se siente invenciblemente arrastrado á reconocer que tantas maravillas y tan complicado mecanismo, tienen que ser la obra de una suprema inteligencia. La idea de Dios es pues individual y universal; el individuo la lleva en su mente ya vegete en el desierto, ó ya forme parte de una asociacion mas ó menos civilizada. Esa idea enjendra el sentimiento de admiracion hácia Dios, y el hombre se prosterna gustoso ante su poder sobre-humano. Las diversas religiones cultivadas entre las parcialidades de la gran familia humana, son nada mas que los efectos de ese sentimiento unido al amor que naturalmente se profesa á lo que es bueno, y justo; y si las aberraciones de la razon pudieron alguna vez hacer levantar altares y profesar adoracion aun hasta las cosas materiales, en esas aberraciones mismas no puede dejar de verse la satisfaccion de la necesidad invencible de reconocer un Dios.

INTOLERANCIA Y LIBERTAD DE CULTOS. — Con respecto á la religion se han suscitado y sostenido, con igual ardor, dos cuestiones importantes 1.ª si el código político de un Estado debe contener precepto alguno referente á esa delicada materia; 2.ª si debe autorizarse el ejercicio de un solo culto ó consentir el de las diversas religiones de los individuos que componen una asociacion política.

La primera cuestion parece ya resuelta en sentido negativo. La Constitucion de un Estado no debe contener sino preceptos generales y fundamentales de cuya observancia y cumplimiento nadie puede sustraerse impunemente. Este carácter esencial é inseparable de las disposiciones constitucionales, supone la facultad que la administracion tiene para castigar á los infractores y para obligar á la sociedad á respetar, en todo caso, aquellas disposiciones y ¿tiene acaso la autoridad poder bastante para profanar el dominio de las conciencias? ¿Puede obligar á nadie á que abrigue creencias agenas, abjurando, por la fuerza de las suyas? No seguramente : y razones de política, de moralidad, de justicia y de respeto á uno de los mas sagrados derechos del hombre, deben retraer al legislador de consignar principio alguno, referente á esa materia, en los códigos fundamentales.

Sin embargo de la verdad que encierran estas razones, todas las constituciones del Perú han consagrado uno de sus primeros artículos á *imponer* al Estado la religion católica. El mandato ha sido y es de todo punto inútil. Esa religion vino á nosotros con la conquista, ahora mas de tres siglos. La espada que derribó los idolos de los Incas, plantó la cruz en los cúpulas de los templos del sol, y difícil ó mejor dicho, imposible fuera que los peruanos cambiasen de religion y de culto aunque la Constitucion lo ordenase así.

Fácil es que las ideas cambien, pero no lo es que sufran iguales fluctuaciones los sentimientos; y mucho menos aquellos que abrigamos desde la cuna, porque los heredamos de nuestros antepasados y cada dia los cultivamos con mayor veneracion.

La segunda cuestion es hasta hoy controvertida, bien que los mas aventajados publicistas sostengan que el ejercicio público de todo culto es un derecho natural, que no puede ser restringido por la autoridad ni por la ley.

Apuntaremos ligeramente las razones principales aducidas por los partidarios del sistema restrictivo y los del liberal.

No debe confundirse la *tolerancia* de cultos con el *libre ejercicio* de estos. Muy atrazada debe estar una sociedad y muy tiránico debe ser un gobierno, para que no se *tolere* en aquella, que cada hombre ó secta profese su religion y le rinda culto, y para que persiga la reunion de las sectas en los lugares privados para ello destinados. Sin esa tolerancia, sin la cual toda inmigracion es imposible, las sociedades perderian los elementos de civilizacion que el hombre de ciencia y el inteligente industrial llevan con frecuencia á agena patria.

He aquí los principales argumentos de los partidarios de la absoluta libertad en materia religiosa.

« La libertad de pensar es ciertamente la mas necesaria de nuestras libertades; ella es la condicion y el orígen de todas las demas. Como seres pensadores, tenemos la responsabilidad de nuestro porvenir, y cuando se quiere sofocar la fuerza del pensamiento ó contener su desarrollo, se nos quita de un solo golpe, el derecho y los medios de disponer de nuestra voluntad » (1)

» Al hablar de la libertad religiosa no se trata de una libertad puramente metafísica é interna, que no vendria á ser sino la libertad que tiene la conciencia de adoptar sus convicciones. Esta es un hecho psicológico que está exento de toda coaccion material, y sobre el cual nada puede el legislador humano. Pero ese hecho engendra en cada hombre el derecho de manifestar libremente sus convicciones, de dirijir á su creador los homenages que crea deberle, de reunirse con los de iguales creencias para orar con mas fervor

(1) Jules Simon.

y solemnidad. La libertad de conciencia, en una palabra, tiene por corolario la libertad de culto, y esta debe ser reconocida y garantizada por el poder social (1). »

La libertad religiosa, agregan, no pasaria de ser una palabra vana si no comprende la libertad de culto. Respetais, dicen á sus adversarios, la libre manifestacion exterior de las creencias religiosas, cuando se presenta individualmente, pero la rechazais cuando es una manifestacion colectiva. ¿Quien os autoriza para establecer semejante distincion? ¿No es una de las imperiosas necesidades del hombre reunirse á sus semejantes para rendir homenage á su creador, siendo este el gran precepto de toda religion? ¿El derecho de reunion no es indispensable para la propagacion de las doctrinas, la instruccion de los fieles y la conversion de los incrédulos? Es evidente que ninguna religion existiria sin el ejercicio de ese derecho; denegándolo, se hace ilusorio el principio pomposo de la libertad de conciencia. Por esto es que desde el siglo XVII, Pedro de Bellay, abogado general del Parlamento de Tolosa, decia: que « para prohibir á los hombres las reuniones públicas y el ejercicio de su religion, era necesario arrancarles primero del alma la impresion que tienen de su fé » Turgot, decia un siglo despues; « Toda reunion civil sediciosa debe ser prohibida : toda reunion religiosa, debe ser permitida.. »

Estos son principios verdaderos. Se comprende, en efecto, que el Estado restrinja, hasta cierto punto, el derecho de reuniones que tengan un motivo político, porque entonces se trata de un derecho que interesa directamente á la constitucion y existencia del poder social, sobre el cual es competente para dictar medidas. Las materias religiosas, por el contrario, no son de su competencia á menos que no se quiera hacer revivir el *ya juzgado sistema de las religiones* de Estado (2).

(1) Louis Amiable.
(2) Louis Amiable.

El poder social es del todo incompetente para estatuir
sobre el dogma y sobre las prácticas de una religion. De
aquí se sigue que la libertad religiosa, es un derecho absoluto. El derecho de intervencion del Estado, no debe apare-
cer sino cuando los sectarios de una religion, en vez de
limitarse á practicarla, cometen infracciones de la ley
comun y atacan la tranquilidad de los individuos ó del
cuerpo social; se reduce pues á reprimir esas infracciones,
cuanto se cometen, y á ejercer una eficaz vijilancia para
hacer efectiva esa represion.

Oigamos á los partidarios del sistema restrictivo:

« El poder público no deja jamas abandonado ninguno de
los ramos de la administracion al capricho, ó al modo de
pensar de las parcialidades de la sociedad. Imprimir una
marcha uniforme en todo el sistema gubernativo; establecer
la unidad en todas las instituciones para que de ella resulte
la armonia, es la obra mas necesaria asi como la mas delicada del legislador. Si la libertad en todas sus diversas aplicaciones prácticas está sujeta, por el bien mismo de los asociados, á limitaciones mas ó menos estrechas ¿porqué no ha
de estarlo la de cultos que es quizá la mas trascendental,
desde que el fanatismo religioso es el mas temible y el mas
cruel de todos los fanatismos? »

» La absoluta libertad de cultos conduciria inevitable-
mente al desórden; y no puede comprenderse que en ningun país civilizado, se consientan los cultos estrafalarios y
las estrañas predicaciones de algunas sectas. Seria preciso
consentir al lado, por ejemplo, de la moral doctrina del cato-
licismo, la de los Mormones que admite la poligamía y la
celebracion de los misterios de Isis. Si es necesaria una ley
ó un decreto para conferir á un particular el derecho de
vecindad ¿cómo querer la naturalizacion libre y sin trabas
de todas las religiones? »

Como es fácil notar, el primero de estos argumentos des-
canza en un error. La legislacion impone trabas á las li-

bertades públicas, pero esas trabas son necesarias para la conservacion del órden. Temer los efectos del fanatismo porque en una sociedad se permita el culto público de varias religiones, es temer un mal que puede sobrevenir con el ejercicio de una sola religion; buena prueba nos da de esta verdad, la sangrienta y lúgubre historia de la Inquisicion nacida y fomentada en pueblos cristianísimos.

DEBERES Y ATRIBUCIONES DE LA ADMINISTRACION. — Pasemos ahora á examinar los deberes y atribuciones de la administracion en materias de religion.

La autoridad eclesiástica es, en el círculo de sus atribuciones, enteramente independiente de la potestad civil. La autoridad civil debe procurar la observancia de las leyes del país que arreglan aquellas, debe proteger á la sociedad eclesiástica y tambien á los particulares en la conservacion de la libertad de conciencia.

En el órden legislativo, la Iglesia ó su cabeza visible, no puede espedir bulas, breves ni rescriptos que sean de observancia en el Perú, si no se les concede el pase por el ejecutivo, con asentimiento del congresó, y oyendo préviamente á la corte suprema de justicia, si fuesen relativos á asuntos contenciosos (1).

Se entiende por *concordatos*, los pactos hechos entre el sumo Pontífice como cabeza de la Iglesia, con el jefe de un Estado. El Presidénte de la República tiene facultad para celebrar concordatos, arreglándose á las instrucciones del congreso (2). Esos convenios convertidos en leyes, como todos los tratados internacionales, no tienen observancia desde que cualquiera de las partes falte á lo pactado.

Pertenecen tambien al órden legislativo, el establecimiento de Tribunales que entiendan en los negocios eclesiásticos. Ya hemos indicado los que existen en el Perú, desde que la

(1) § 19. Artículo 94. Constitucion de 1860.
(2) § 18 del mismo artículo.

carta fundamental del Estado abolió los fueros personales (1).

La division de las diócesis ha sido una cuestion muy debatida; se ha sostenido por algunos que esa era una atribucion especial del Papa, pero, es casi generalmente aceptado el principio de que la administracion de un Estado está en mejor aptitud de conocer y satisfacer sus necesidades, y que hecha una demarcacion conveniente, puede declarar en los presupuestos, el número de Obispos á quienes asigna renta; claro es que en este caso la autoridad eclesiástica tendrá que limitarse á sancionar esa demarcacion.

Abolido el diezmo eclesiástico, contribucion que grababa sobre la agricultura y cuyos productos se destinaban al sostenimiento de los Obispos y de los miembros de sus catedrales, el erario público satisface esos gastos.

El Presidente de la República tiene la facultad de presentar á su santidad, para Arzobispos y Obispos á los que fueren electos segun la ley (2).

La ley á que ese precepto constitucional se refiere, fué dictada por el Congreso con la mira de « dar á la iglesia Obispos dignos, lo cual solo podia conseguirse aproximando su eleccion, en lo posible, á la forma primitiva establecida por los canones (3),» y desde su publicacion solo un Obispado se ha proveido con arreglo á ella, pues en los diversos casos de sede vacante el Ejecutivo ha presentado Arzobispos y Obispos bien de propia autoridad ó bien de acuerdo con el Congreso.

Compete igualmente á la administracion, reglamentar los conventos de clérigos regulares (4), espedir decretos para la policía y órden del interior de los conventos sin

(1) Art 6, Const. de 1860.
(2) § 16, art. 94, Const. de 1860.
(3) Ley de 10 de diciembre de 1851. — Véase en el apéndice.
(4) Decreto de 28 de setiembre de 1826.

mezclarse en las distribuciones religiosas que prescriben los estatutos de la órden (1); detallar el plan de estudios de los regulares (2), y para la eleccion de prelados locales (3); reglamentar las funciones religiosas y muy especialmente las que se celebran en las calles, como las procesiones, para evitar cuanto pudiera ceder en desdoro del culto.

Es tambien atribucion del poder público, determinar la edad en que las personas de ambos sexos pueden pronunciar votos religiosos, y nuestra actual legislacion prohibe que se hagan antes de haber cumplido veintiun años. (4).

El Estado debe proteger el dogma previniendo en la ley de imprenta que los escritos que versan sobre él no se publiquen sin el consentimiento del diocesano (5). En una palabra, el jefe del Estado ejerce el patronato nacional en materia religiosa; fomenta los templos y los seminarios, pero vela tambien por que en la cátedra de la predicacion no se abuse por los eclesiásticos de modo que perjudique al Estado, y su mas especial cuidado debe consistir en que todos los eclesiásticos tengan las cualidades de moralidad é instruccion que las leyes y los canones prescriben.

« La religion puede considerarse como un sentimiento y como una necesidad del ser moral, y tanto en uno como en otro caso, es preciso conservarla á toda costa, porque contribuye sobre manera al bienestar y á la felicidad de la nacion. La religion influye así mismo en las costumbres públicas, y las autoridades administrativas deben procurar sacar todo el partido posible del espíritu religioso y de la influencia de los párrocos sobre los feligreses. Su primer

(1) Oficio 29 de setiembre de 1829.
(2) Decreto de 5 de agosto de 1837.
(3) Decreto de 3 de agosto de 1837.
(4) Art. 87, Cod. civ.
(5) Vease el artículo *Imprenta.*

deber consiste en robustecer esa influencia para utilizarla. en beneficio de la sociedad (1). »

INSTRUCCION PUBLICA. — La instruccion pública es el pan. moral de los pueblos y la garantía mas eficaz del órden interior. Si la fe religiosa nos inspira el sentimiento moral, la instruccion forma la conciencia intelectual del hombre. La inteligencia es el ausiliar de la fuerza y por lo mismo la instruccion es la alíada del trabajo (2).

La instruccion primaria debe considerarse como una necesidad social ó como el complemento de la libertad obtenida por las clases inferiores del Estado. Divídese en pública y privada, se llama pública cuando la enseñanza se da en escuelas sostenidas por los fondos públicos, y privada cuando la niñez la recibe de maestros particulares (3).

DIRECCION. — El Gobierno supremo de la instruccion pública corresponde al Ministro del ramo ausiliado por una direccion especial.

La direccion general se compone de un director, un inspector y un secretario, nombrados por el gobierno, y su accion se extiende á todos los establecimientos nacionales y particulares.

Las atribuciones de la direccion son entre otras: formar proyectos del plan general de estudios; intervenir en la provision de cátedras y en la remocion de profesores; autorizar las obras de texto y los programas cuando las lecciones sean exclusivamente orales; procurar la creacion y conservacion de bibliotecas, museos y gabinetes; proteger las sociedades científicas y literarias; proponer la distribucion de las rentas destinadas para la instruccion pública, en el presupuesto del Estado.

COMISIONES LOCALES. — Para segundar las disposiciones de

(1) Madrazo.
(2) Madrazo.
(3) Id.

la direccion general, el reglamento de instruccion (1) ha creado comisiones departamentales, provinciales y parroquiales. Las primeras se componen del Prefecto y de dos personas distinguidas por sus luces, nombradas por el gobierno; las segundas se componen del Sub-Prefecto y de dos personas nombradas por las comisiones departamentales; las terceras se componen del cura, del síndico y de una persona nombrada por la Municipalidad

Las atribuciones de las comisiones departamentales de instruccion pública son : segundar á la direccion general de estudios en todo lo que se refiera á la instruccion pública del departamento; aplicar sus circulares á los establecimientos del departamento, dando cuenta de las ampliaciones que exijan las circunstancias locales; remitir con informe á la direccion general de estudios, los presupuestos que presenten los réctores de los Colegios, Universidades é Institutos, y aprobar las cuentas de estos establecimientos; nombrar suplentes en las vacantes de profesores y pedir al Gobierno, por medio de la direccion general de estudios, la provision de las cátedras; expedir el título á los maestros de escuela y removerlos por justa queja de las comisiones parroquiales.

Las atribuciones de las comisiones provinciales son : examinar á los maestros de escuela y proponer los aprobados á la comision departamental; informarle sobre los maestros cuya separacion pidan las comisiones parroquiales y suspenderlos en caso urgente; proveer interinamente la vacante de las escuelas; cuidar de que se observen todos los reglamentos y circulares en las escuelas de la provincia; aprobar los presupuestos hechos por las comisiones parroquiales y revisar las cuentas de las escuelas.

Las atribuciones de las comisiones parroquiales son : ins-

(1) Decreto de 7 de abril de 1855.

peccionar la escuela ó escuelas de la parroquia, nacionales ó particulares; formar el presupuesto de las escuelas
nacionales, someterlo á la aprobacion de la comision provincial y remitirle las cuentas; cuidar de que la municipalidad, y por falta de esta el gobernador, proporcione un
local para el maestro y para la escuela, los útiles de enseñanza, una asignacion al maestro y, donde sea posible, un
terreno que sirva para el aprendizage de los trabajos rurales; recaudar los fondos propios ó fiscales de la escuela,
la cuota que paguen los padres no exceptuados por razon
de pobreza, y las multas que impongan, conforme al reglamento. La comision será auxiliada con tal objeto por la
municipalidad, y en su defecto por el gobernador; distribuir los fondos de la escuela en la asignacion del maestro,
en la mejora del establecimiento y en auxilio de los niños
pobres; influir con todo su prestijio para que los padres,
guardadores ó patrones, cumplan con el deber de mandar
á la escuela á sus hijos, pupilos ó sirvientes menores de
catorce años; ayudar al maestro en la disciplina, y esfor-
zarse porque las calidades personales de este y la opinion
de las familias, le den la consideracion necesaria para que
desempeñe su útil mision con provecho de la sociedad;
proponer á la comision provincial la separacion de aquellos
maestros que por falta de capacidad, contraccion ó moralidad no cumplan con sus deberes.

CLASIFICACION DE LOS ESTABLECIMIENTOS DE INSTRUCCION. —
La instruccion pública se divide en tres grados; la instruccion popular, la instruccion media y la instruccion profesional. La primera se facilita á todos los ciudadanos; la
segunda á los que puedan recibir una cultura liberal ó
se preparen á las carreras científicas; y la tercera á los que
abracen una facultad ó quieran seguir por principios una
profesion.

UNIVERSIDADES. — La universidad es la reunion de las facultades de teologia, jurisprudencia, medicina, filosofia y letras

y matemáticas y ciencias naturales. En el Perú existen seis Universidades, una en cada uno de los departamentos de Lima, Arequipa, Cuzco, Ayacucho, Puno y Trujillo. La Universidad se compone del rector, vice-rector, los profesores titulares de las facultades, los doctores, los licenciados, los bachilleres incorporados á su claustro y los alumnos.

La direccion inmediata de la Universidad está encomendáda á una junta directiva que se compone del rector de la Universidad, de los rectores de los establecimientos en que se enseñan las cinco facultades; de un profesor titular por cada una de estas y de un secretario.

Las funciones universitarias son especialmente : dar enseñanza de las facultades; conferir los grados académicos; procurar se emprendan trabajos literarios sobre ramos de la enseñanza y en especial sobre alguna época notable de la historia nacional; favorecer las publicaciones científicas y la formacion de sociedades sabias.

INSTITUTOS. — Con el nombre de institutos se conoce los establecimientos destinados á la educacion científica de algunas profesiones; tales son las escuelas de ingenieros, militares, de marina, de pintura y dibujo, de mineria y de agricultura. No hay establecidos en el Perú mas institutos que una escuela naútica militar. Los establecimientos de esta clase no están bajo la dependencia de la direccion general de instruccion pública, sino unicamente en cuanto á la parte literaria, mas no en cuanto á la disciplina y administracion.

LEGISLACION. — No existe en la legislacion peruana, en la parte que respecta á la instruccion pública sino el reglamento general, y los reglamentos de las Universidades y colegios; despues de espedido aquel, se han reformado los de algunos colegios notándose desde luego que apesar de esas reformas, subsistan ciertas diferencias esenciales en cuanto al plan de enseñanza y rejímen administrativo de los establecimientos.

Sensible es que aun no se haya dado en el Perú un código de instruccion pública apesar de haberse nombrado por la representacion nacional, una comision que lo formara.

La cuestion de si la enseñanza debe ser libre ó monopolizada por el Estado ha motivado serias discusiones.

Los partidarios de la libertad de enseñanza invocan el derecho natural y preexistente de la familia. El padre, dicen, debe poder educar á sus hijos segun los votos de su corazon y de su conciencia; cada ciudadano debe ser admitido á poner al servicio de las familias sus luces y su experiencia. Fundar la libre competencia. « Si solo las Universidades enseñasen, ha dicho Richelieu, seria de temer que volviesen con el tiempo á su antiguo orgullo, que seria para el porvenir tan funesto y tan perjudicial como lo fue para el pasado. »

Una corporacion exclusiva y oficialmente encargada de dar la instruccion, se encontraria, por su propia naturaleza, privada del sentimiento de emulacion que comunica á las instituciones, asi como á los individuos, la necesidad de perfeccionarse continuamente. En fin, por medio de la libertad y bajo la garantía de una rivalidad fecunda, la enseñanza, varia en su naturaleza, se volverá verdaderamente nacional.

Los adversarios de esa libertad reconocen, con los antiguos publicistas y el mismo Montesquieu, el derecho que tienen los gobiernos de usar de su poder para dirijir la educacion pública en un sentido conforme á sus miras. Ese modo de ver, supone naturalmente que los hombres son instrumentos destinados á satisfacer las pasiones de los gobernantes, y es juntamente condenado por el buen sentido (1).

No debe sin embargo, proclamarse como absoluta y sin

1) Pradier Fodéré.

límites la libertad de enseñanza. Esa libertad es uno de los ramos innumerables de la libertad propiamente dicha; debe ser de derecho comun y tiene por necesario complemento la libertad de eleccion de preceptores. Pero si el objeto esencial de la política es asegurar la prosperidad de los pueblos y de los individuos que los componen, como la enseñanza y la educacion contribuyen muy seriamente á fundar esa prosperidad, el deber del gobierno es no permanecer neutro á presencia de esos grandes intereses; debe pues velar porque la enseñanza tenga por objeto difundir la verdad tanto cuanto lo permita el último estado de los conocimientos humanos, y porque la educacion de la juventud tienda á inculcar nociones exactas, á formar un sano juicio y á inspirar hábitos de honradez y de benevolencia. Para alcanzar esos resultados, no necesita apropiarse el monopolio de la enseñanza pública, ni violentar las familias y la inclinacion de los padres. Debe solo abrir sus escuelas bajo la garantía de la competencia libre de rivales de capacidad y de moralidad, ejercer un derecho de vijilancia sobre la enseñanza y alentar con premios y recompensas asi el trabajo y contraccion de los buenos profesores, como los progresos extraordinarios de los estudiantes.

Hasta ahora muy pocos años, el profesorado no tenia estímulo alguno en el Perú; los que á él se dedicaban en los colegios nacionales, no podian consagrarse como á una carrera que les ofreciera un porvenir. Una ley novísima declaró el profesorado carrera pública con los goces y preeminencias que las leyes conceden á los empleados nacionales, y semejante disposicion legislativa ha sido sin duda una medida de adelanto y de fomento en el importante ramo de la instruccion pública.

IMPRENTA. — A la maravillosa invencion de la imprenta deben las sociedades modernas los progresos de su civilizacion y adelantamiento científico. Un siglo se enriquece con os trabajos hechos en el anterior, y las sociedades humanas hubieran permanecido en un estado estacionario si la imprenta no hubiera venido á unir los siglos, las generaciones y los pueblos.

Los mas importantes descubrimientos científicos, abandonados al simple poder de la tradicion, apenas hubieran durado lo que dura una generacion, y recorrido un pequeño espacio del mundo. Los pueblos aislados, no hubieran llegado á estrechar sus relaciones hasta el punto de interesarse, como hoy sucede, los unos en la suerte de los otros. Imprenta, vapor y telégrafo, he aqui las tres poderosas palancas que han conmovido el mundo moral y científico.

Mientras el pensamiento no pasa de la esfera íntima de la conciencia del hombre, no puede ser reputado como criminal y punible; pero desde que reviste las formas de la palabra ó de la escritura, si daña á otros ó perjudica el órden público, está la sociedad obligada á reprimirlo y castigarlo. La ley debe pues racionalmente y sin que pueda tacharsela de tiránica, vijilar la palabra y la prensa y castigar sus estravíos.

La Constitucion de la República garantiza á los ciudadanos la libertad de hacer uso de la imprenta para publicar sus escritos, sin previa cehsura, pero bajo la responsabilidad determinada por la ley.

La ley á que esta disposicion se refiere es la de 3 de noviembre de 1823, que determina los casos en que se abusa de la libertad de imprenta; el modo de proceder en los juicios que sobre tales abusos se promuevan, los jueces que de ellos deben conocer y las penas que deben aplicarse á los responsables del abuso.

La libertad de hacer uso de la imprenta sin previa censura tiene la limitacion de que los escritos que versan sobre es libros de la Santa Escritura, sobre los artículos y dogmas de la religion de la república y sobre la disciplina esencial de la iglesia, no pueden publicarse sin la espresa licencia del ordinario eclesiástico.

ABUSOS DE IMPRENTA. — Se comete abuso de la libertad de imprenta :

1.º Publicando máximas ó doctrinas que conspiran directamente á trastornar ó destruir la religion de la república, ó su constitucion política;

2.º Publicando doctrinas ó máximas dirijidas á excitar la rebelion, ó á la perturbacion de la tranquilidad pública;

3.º Incitando directamente á desobedecer alguna ley ó autoridad legítima ó provocando á esta desobediencia con sátiras ó invectivas;

4.º Imprimiendo escritos obscenos ó contrarios á las buenas costumbres;

5.º Injuriando á una ó mas personas con libelos infamatorios que tachen su vida privada, mancillen su honor y buena reputacion.

DENUNCIAS. — Se entiende por *denuncia* la acusacion que, ante la competente autoridad, se hace de un impreso en que se ha cometido abuso de imprenta. Son personas hábiles para denunciar los escritos subversivos, sediciosos obscenos ó contrarios á las buenas costumbres, todos los peruanos; y en los casos de injurias personales, solo los individuos agraviados ó sus representantes legales.

En todos los casos de abuso de imprenta, excepto el de injurias, deben denunciar de oficio los fiscales ó los síndicos del ayuntamiento.

JUECES DE IMPRENTA. — El juzgamiento de las causas sobre abusos de imprenta está encomendado á jurados que anualmente se nombran por los colegios electorales, y los procedimientos á que deben sujetarse, están, como se ha dicho, minuciosamente detallados en la ley citada al principio de este artículo.

IMPRESORES. — Todo el que quiera, puede establecer una

imprenta en la República y fundar un periódico; las formalidades que para ello se exigen son que se solicite licencia
de la municipalidad, y que se dé por el empresario una garantía para responder, en ciertos casos, por las multas en
que pueda incurrir.

Toda publicacion debe llevar al pie el nombre de la imprenta y el del administrador, y el año en que se hace, y
de cuanto se imprima en la capital, se debe dar dos ejemplares para la biblioteca nacional, y tanto en la capital
como en las provincias, un ejemplar á cada uno de los funcionarios que, por razon de oficio, deben denunciar todo
escrito sedicioso, subversivo é inmoral.

BENEFICENCIA. — El gobierno no solo debe á los ciudadanos proteccion en cuanto á su seguridad personal y vijilancia en cuanto á sus bienes y propiedades; no solo está en la
obligacion de fomentar los diferentes ramos de industria que
forman el comercio humano y ligan á las naciones por los
vínculos de un comun interes; no solo tiene que ser un
despierto vijilante de la independencia, seguridad y órden
del estado; desempeña tambien un papel eminentemente
sagrado y paternal. El indigente á quien la desgracia privara
de los medios de subsistencia ó, lo que es mas grave, redujera
á la imposibilidad de buscar en el trabajo el necesario
alimento, tienen en todas las sociedades bien organizadas
ásilos en donde la miseria y el dolor encuentran una mano
consoladora.

La vijilancia de la autoridad tiene, sin embargo, que ejer-
citarse en distinguir la miseria de la vagancia, y la enfermedad verdadera de la criminal astucia de los que á favor
de artificios mas ó menos ingeniosos, ofrecen en sus personas
tristes pero falsos cuadros de invalidez y de sufrimiento. Si
la caridad para el menesteroso y para el enfermo no deben
tener mas límites que los que marquen los recursos de que
la nacion puede disponer; la severidad para con los que
fraudulentamente esplotan la caridad pública debe ser exce-

siva desde que el ocio es un camino que corrompe la moral pública y conduce á todo género de vicios y de crímenes.

ADMINISTRACION. — La legislacion peruana registra en sus abundantes colecciones de leyes, mil medidas saludables, muchas de las cuales desgraciadamente no han pasado de letra muerta. Despues de varios sistemas de organizacion intentados para establecer las juntas de Beneficencia en todos los pueblos del Estado, se expidieron los decretos de 9 de setiembre y 28 de octubre, reglamentando esas sociedades, el primero en la Capital de la República y el segundo en las Capitales de Departamentos y Provincias.

En la República existen hospicios para los enfermos de ambos sexos; ásilos para niños expósitos y para insanos, casas de maternidad y cementerios. Esos establecimientos están bajo el cuidado de aquellas juntas que los vijilan por medio de miembros de su seno, elejidos anualmente y á quienes titula mayordomos é inspectores.

Las juntas de Beneficencia administran con independencia las rentas del ramo, bien que esten naturalmente sujetas á la obligacion de presentar sus cuentas.

Aunque el reglamento de Beneficencia recomienda la creacion de casas de correccion para ambos sexos, de hospicios para pobres é incapaces de trabajar y de lazaretos para los casos de epidemias, no se han erijido semejantes establecimientos quedando así, en esta materia un vacio de no poca consideracion. En efecto, nada es mas conmovedor ni mas repugnante, que ver las calles pobladas de porjioseros que ostentando sus mugrientos harapos, pretenden con voces lastimeras conmover los sentimientos de piedad de los transeuntes, y ningunas medidas son mas urgentes que las que se encaminen á reprimir la vagancia; sostener á los inválidos obligándolos á consagrarse á trabajos compatibles con el estado de su salud; y á recoger á los niños, hijos de padres verdaderamente indijentes para dedicarlos á profesiones industriales que les aseguren un no desastroso porvenir.

DIVERSIONES PUBLICAS. — Así como la administracion tiene que desplegar una constante vigilancia y una inexorable energia para desterrar la vagancia y la ociosidad; así como debe tender, merced á estudiosas determinaciones, á fomentar todos los ramos de la industria humana, para que todos los ciudadanos se entreguen al trabajo, base de la moralidad, y por lo mismo esencial apoyo del orden público, así mismo debe no solo consentir, sino fomentar los espectáculos públicos que sirvan de solaz al pueblo y le ofrezcan agradable descanso de sus diarias fatigas.

Los primeros legisladores del mundo instituyeron las diversiones públicas como parte del órden y de la felicidad general, y los israelitas combinaron ese principio con el ceremonial religioso.

« No basta, dice Jovellanos, que un pueblo tenga pan y viva tranquilo, sino que es necesario ademas que esté contento, porque la tranquilidad puede ser el resultado de la opresion y de la fuerza ; pero el contento solo puede serlo de la libertad y de la paz pública que el gobierno y la administracion, con prudencia y tolerancia, pueden proporcionar á sus administrados. »

Algunos tratadistas y entre ellos el citado Jovellanos, son de opinion que debe permitirse al pueblo aun las diversiones mas ridículas, como los disfraces y mogigangas, con tal que sean públicas. Otros, por el contrario, concediendo á esas diversiones un carácter no solo de recreo sino tambien moralizador, creen que nada seria mas perjudicial al pueblo que alentar su inclinacion á los juegos y diversiones groseras, repugnantes y aun crueles, que como las corridas de toros se conservan en España y en algunos de los pueblos que fueron sus colonias.

Si en las diversiones públicas se consultan las condiciones que las hagan higiénicas, se dispensa al pueblo un doble servicio, por tal motivo la administracion debe fomentar de preferencia los ejercicios de fuerza, de agilidad y destreza, los paseos, las carreras, etc.

Entre los espectáculos de mas alta importancia, ocupan el primer lugar las funciones teatrales. El gobierno que trabaje en el verdadero sentido de la civilizacion popular, debe fomentar teatros en que, dándose á la plebe funciones apropiadas á su inteligencia, se vayan perfeccionando su gusto y dulcificando sus costumbres. Como los teatros están sujetos á una legislacion especial, les consagraremos un artículo.

En materia de diversiones públicas no registra nuestra legislacion sino el precepto de que corresponde á los Presidentes de las Municipalidades conceder ó negar el permiso para las diversiones y para los espectáculos públicos, y presidirlos, cuando lo tengan por conveniente. (1) »

TEATROS — El teatro ejerce una indisputable y grande influencia en la moralidad y en las costumbres públicas. El objeto de las representaciones dramáticas no se limita á ofrecer al pueblo un mero pasatiempo. Para que llenen el fin mas importante, se requiere que corrijan las malas costumbres á favor de una crítica fina y persuasiva, que enaltescan los actos de virtud y pinten al vicio y al crímen con tal naturalidad que conmoviendo el ánimo de los espectadores, los estimule á practicar los primeros y les inspire aversion y horror hácia los segundos, y que finalmente tiendan á introducir el buen gusto merced á la correccion y belleza del lenguage, y á la naturalidad de situaciones en que la fantasia del poeta coloque á los personages. La autoridad tiene pues que intervenir en los teatros, de varios modos.

ERECCION DE TEATROS. — La inspeccion y vigilancia de los teatros, su proteccion y fomento, corresponden al gobierno, por el Mnisterio del interior. No puede establecerse ningun

____

(1) § 5, art. 45 de la Ley de 3 de mayo de 1861.

13

teatro en la Capital de la República, sin permiso de la autoridad suprema y previa presentacion del proyecto sobre el cual deben emitir su opinion dos ingenieros del estado; aunque el teatro sea de empresa particular, el gobierno tiene derecho de hacer inspeccionar los trabajos de construccion, para que el edificio ofrezca las necesarias condiciones higiénicas y las de seguridad y comodidad.

Para el establecimiento de teatros en las Provincias, se necesita licencia de los Prefectos, quienes la concederán, previas las mismas formalidades, y ejerciendo por sí en las capitales de departamento ó por los funcionarios de su dependencia, en los demas lugares de su jurisdiccion, el derecho de inspeccion y de exámen. Donde no haya ingenieros deben emitir su dictámen las personas que sean mas competentes á juicio del Prefecto.

CENSURA TEATRAL. — La legislacion peruana ha encomendado en las capitales de departamento, á una junta de tres miembros, y en los pueblos de Provincia, á un solo individuo, la censura de las piezas que deben representarse en los teatros. La jurisdiccion de la censura abraza no solo las piezas dramáticas ó líricas, sino todos los espectáculos públicos, inclusive los pantomímicos y mudos, que con la competente autorizacion puedan exhibirse en los teatros destinados á aquellos.

Los censores deben impedir que se profanen los misterios y ceremonias religiosas, las imágenes de Dios, de los santos, y demas objetos venerables del Culto, reproduciéndolos en la escena, y representando en ella los templos ó altares de la divinidad, para servir á hechos impropios de su sagrado destino.

Deben tambien los censores impedir que se representen aquellas obras que directa ó indirectamente hagan la apologia del incesto, del adulterio, de la violencia, del asesinato, del suicidio y de otros crímenes que si bien pueden ofrecerse en espectáculo con la sobriedad conveniente como cuadros de costumbres, narraciones históricas ó ficciones poéticas, no deben presentarse sino acompañados de la reprobacion y como resultados de la perversion moral, de los vicios de la educacion ó de otro cualquier orígen odioso.

No debe, tampoco la censura permitir la representacion de obras en que se agiten las pasiones políticas ó se declame contra las autoridades é instituciones nacionales, ni de las que contengan alusiones ofensivas á determinadas personas, aun cuando no se les designe por sus nombres.

DIRECCION DE LOS TEATROS. — Para el gobierno exterior y regímen interno de los teatros, existe una junta compuesta, en las capitales de Departamento, del Prefecto, alcalde municipal y censor de turno; y en las capitales de provincia del Sub-Prefecto, alcalde y censor.

Las atribuciones de estas juntas son exigir de las empresas teatrales todas las garantías que reputen necesarias, para que puedan llenar sus compromisos; decidir como jueces árbitros toda cuestion que se suscite entre los actores, entre estos y los empresarios, y en una palabra entre todos los empleados del teatro, y que verse sobre cumplimiento de contratas ó interpretacion de sus cláusulas, distribucion de papeles, órden de beneficios, separacion de actores i dependientes; é imponer las multas que el reglamento de teatros (1) señala á los infractores de sus disposiciones.

POLICIA DE LOS TEATROS. — Los dias de funciones teatrales deben ser determinados por los Prefectos de acuerdo con los empresarios, cada dos meses. Las funciones son presididas por el alcalde municipal, pero tanto él como cualquier individuo de la Junta Directora, tiene el derecho de intervenir y resolver en todo acontecimiento, que pueda ocurrir

(1) Reglamento de 3 de mayo de 1863.

durante la representacion sea entre los espectadores ó sea entre los actores.

CAJA DE AHORROS. — Con el objeto de poder socorrer á los artistas indigentes é inválidos, dispone el reglamento de teatros que se forme una caja de ahorros, cuyos fondos son parte de las multas impuestas á los actores y empresarios, el monto de un descuento mensual hecho á los artistas de sus salarios, y el cuatro por ciento de las funciones de baile ú otros espectáculos dados por compañías ambulantes que trabajen en los teatros por su cuenta, sin estar contratadas por la empresa.

PROPIEDAD DE LAS OBRAS DRAMATICAS. — La ley garantiza en general la propiedad intelectual, así es que sin la previa licencia de sus autores, no se pondrá en escena, en los teatros de la República, las producciones dramáticas del pais. El reglamento asigna la parte de utilidades que las empresas teatrales deben dar á los autores, y traductores y á los compositores de música cuyas obras merezcan la aprobacion de la censura.

PREMIOS. — Con el objeto de estimular á los ingenios del país, fomentar los trabajos literarios y formar una galeria dramática nacional, se han establecido premios que deben concederse, una vez al año, en concurso de autores, por la junta directiva.

CUARTA PARTE

DERECHOS DE LA ADMINISTRACION

SOBRE LAS PERSONAS Y COSAS

————◆————

CAPITULO PRIMERO

Necesidades del Estado. — Gendarmeria. — Guardia nacional. — Ejército permanente. — Reclutamiento. — Reclutamiento forzado. — Enganche. Quintas. — Cargos concejiles.

NECESIDADES DEL ESTADO. — En dos grupos pueden clasificarse las necesidades del Estado. Las que se derivan de la conservacion de su independencia, de la integridad de su territorio, y del órden público, y las que nacen de la obligacion de sostener á los individuos que se consagran á su servicio en los diversos ramos de la administracion.

La vida y las propiedades de los ciudadanos se ven amenazadas por los malhechores y por los que buscan en el ocio y en el vicio los medios de subsistencia; para contener á esa clase de hombres nocivos, la sociedad crea un cuerpo armado cuya mision es, velar por la seguridad pública; ese cuerpo se conoce con el nombre de *gendarmeria* ó *fuerza de policia.* El órden público puede ser alterado por esfuerzo de los motinistas, conspiradores y revolucionarios; la sociedad se precave contra estós, organizando un cuerpo de que forman parte todos los ciudadanos, con algunas excepciones, y cuya mision es conservar el órden en el interior de las poblaciones, y que se titula *Guardia Nacional.* El Gobierno constituido, puede ser atacado á mano armada por revolucionarios ó facciosos que han logrado levantar fuerzas ; la nacion puede ser atacada por otra nacion estrangera ; su territorio puede ser invadido, y amenazada su independencia ; para tales casos, tiene la nacion un cuerpo armado que sujeto á severa disciplina y constantemente en estado de accion, se titula *Ejército permanente.*

La nacion tiene pues la obligacion de velar por su propio órden y seguridad; su elemento son los hombres, y de ese elemento tiene que valerse para llenar aqùellos grandes fines ; pero como la sociedad confiere al Gobierno la mision de dirijirla y de atender á sus necesidades, le confiere por el mismo hecho el poder de disponer de los hombres para la vigilancia, custodia y conservacion de sus mas importantes garantías.

El Gobierno tiene pues facultad de compeler á los ciudadanos al servicio de las armas en las tres clases de cuerpos que hemos indicado. Ese derecho, como todos los que el Gobierno tiene, está sujeto en su ejercicio, á las prescripciones de la ley.

Segun lo hemos visto, al tratar de la materia administrativa, la administracion exige un numeroso personal á quien confia las diversas funciones cuyo conjunto compone lo que llamamos *gobierno :* tiene además que fundar y sostener establecimientos científicos, literarios y de beneficencia ; construir caminos, etc. Para estos objetos, necesita naturalmente de fondos que no pueden salir sino de la fortuna privada de los asociados. La administracion tiene pues derecho á una parte de esa fortuna, y el de apoderarse, previa indemnizacion, de una propiedad particular, cuando la utilidad pública lo exija ; este último se llama *expropiacion.*

GENDARMERIA. — La gendarmeria es una fuerza instituida para velar por la seguridad pública y para conservar el órden y ejecucion de las leyes. Una vigilancia continua y represiva forma la esencia de su servicio. Su accion se ejerce en toda la estension del territorio del Estado, y le está especialmente confiada la seguridad de los campos y de los caminos.

En el Perú los cuerpos de gendarmeria son organizados por el Ministerio de Gobierno, de quien dependen y á quien compete el nombramiento de los gefes y oficiales de esos cuerpos (1). Para nosotros esa completa dependencia del Ministerio del Interior, es viciosa, y algo embarazosa á la prontitud con que en casi todas las ocasiones debe obrar la gendarmeria. En Francia la naturaleza mixta de esos cuerpos, los coloca bajo la dependencia del Ministerio de Guerra que los organiza, manda y reglamenta ; de el de Gobierno que les prescribe las medidas que deben observar para la conservacion de la tranquilidad y del órden, y para la ejecucion de las leyes y reglamentos, así como para la seguridad de los caminos. Considerados los oficiales de gendarmeria, como funcionarios de policia judicial, reciben instrucciones del Ministerio de Justicia para los casos de *infraganti delito;* en fin, el Ministerio de Guerra les da las órdenes relativas á la vigilancia de los marineros de guerra, persecucion de desertores, conduccion de reos á los presidios, escoltas de condenados, etc.

Varias disposiciones registra la legislacion peruana referentes á la organizacion y servicio de los cuerpos de gen-

(1) Decreto de 7 de abril de 1856.

darmería, siendo la última el decreto de 30 de diciembre
de 1860, que formó para la capital de la República una com-
pañia de celadores á cuyo cargo debia correr el cuidado,
conservacion y manejo de las bombas de apagar incendios.
Esta compañía presta su servicio, sin perjuicio del asignado
á los diversos cuerpos de gendarmes de á pié y de á caballo
organizados en la República. Otro decreto de la misma
fecha reglamentó los cuerpos de policía de la capital y de-
terminó las calidades personales de los individuos que á
esos cuerpos debian pertenecer.

GUARDIA NACIONAL. — El objeto de esta institucion es conservar, en los casos precisos, el órden público y aun la integridad del territorio. En los paises en que existen ejércitos
permanentes las guardias nacionales forman parte de la
fuerza pública y concurren con aquellos á la defensa de las
fronteras y de las costas en los casos de invasion y de guerra
exterior.

Los ejércitos permanentes han sido el objeto de sérios
ataques por parte de ciertos publicistas que ven en ellos
mas que un elemento de órden, de seguridad y de res-
petabilidad nacional, el orígen de varios males sociales. El
ejército, dicen, es la reunion de hombres entregados ha-
bitualmente al ocio y arrastrados con frecuencia al vicio;
es una institucion que consume sin provecho grande parte
de la renta pública, y que quita muchos brazos á la agricultura y á las mas provechosas industrias (1).

En contraposicion á este sistema, las guardias nacionales, proclamadas por aquellos como la institucion mas útil,
nada dispendiosa y suficiente para llenar los fines del ejér
cito permanente, han sido enérgicamente combatidas como
perjudiciales á ese órden público de que se suponen defen-
soras. En los paises, aun no bien constituidos, dicen los
últimos, en donde no se ha robustecido suficientemente el

(1) Garcia Calderon, Dic. de Leg. Peruana.

principio de autoridad; en donde las instituciones, no muy radicadas, son combatidas por el espíritu de partido, y en donde, en fin, el órden público puede ser alterado por el mas atrevido aspirante, el armar á los pueblos equivale á poner en manos de los mismos enemigos del Gobierno los medios de derribarlo. Estos peligros son mayores, aun en las Repúblicas en que la voz de la pasion se deja oir con mas facilidad que en las Monarquias (1). Ademas, en los ca-. sos urgentes, no puede nunca contarse con la prontitud de accion que los acontecimientos pudieran exijir, si la defensa de la patria está confiada á las guardias cívicas no someti- das, como los ejércitos permanentes, á una severa disciplina y á la mas pasiva obediencia (2).

. Diversas leyes y decretos se han espedido en el Perú para organizar y reglamentar las guardias nacionales, pero hoy no está ninguna en observancia. La Convencion Nacional dispuso, en la Constitucion de 1856, que en todas las pro- vincias hubiese, cuando menos, un cuerpo de milicias, y de acuerdo con esta disposicion dió en 2 de marzo de 1857 la ley reglamentaria de guardias nacionales. La Constitucion reformada en 1860, declara que las guardias nacionales forman parte de la fuerza pública, y que su organizacion debe arreglarse á una ley que hasta hoy no se ha dado (3). Una de las atribuciones del Presidente de la República es la de disponer de la Guardia Nacional en sus respectivas provincias, sin poder sacarla de ellas sino en caso de sedi- cion en las limítrofes, ó de guerra esterior (4).

EJÉRCITO PERMANENTE. — El ejército permanente se com- pone de los individuos que forman cuerpos militares en constante estado de accion, que viven reunidos y regimen-

(1) Marbeau.
(2) Jounin.
(3) Artículos 120 y 121, Const. de 1860.
(4) Art. 94,   id.

tados y que no tienen ni pueden tener, durante el tiempo de su enrolamiento en filas, mas ocupaciones que las del servicio. Ningun Estado puede ser verdaderamente respetable en el esterior, si no conserva un ejército en actitud de repeler toda invasion y de castigar todo insulto hecho á su honra ó á su integridad, é independencia. Por mas que las sociedades humanas avancen en civilizacion, por muchos que sean los vínculos que entre ellas hagan nacer las relaciones del comercio y de la industria, es evidente que el derecho no es en muchas ocasiones respetado si se sabe que no existe una fuerza dispuesta á sostenerlo en todo trance. No es esta, seguramente, la teoria dé los que creen de buena fé que ha llegado el feliz tiempo en que la razon y los principios imperan en las sociedades cultas; si en verdad el abuso de la fuerza, traducido por conquistas y por otros actos injustificables de violencia, no se presenta tan frecuentemente como en antiguos tiempos, no por ello han desaparecido del mundo los hechos injustos que arrastran desgraciadamente á los pueblos á buscar en la guerra la revindicacion de un derecho usurpado ó la satisfaccion de un insulto inmerecido.

El objeto de la fuerza pública, dice la Carta política del Perú, es asegurar los derechos de la Nacion en el exterior, y la ejecucion de las leyes en el órden interior. La obediencia militar será arreglada á las leyes y ordenanzas militares (1). La ultima Constitucion introdujo en este precepto una novedad con la cual pretendió conciliar los mandatos de la anterior Constitucion con el principio de que la fuerza pública debe ser obediente, sin poder en ningun caso deliberar.

La Constitucion de 1856 fué sancionada por la Convencion Nacional, bajo el imperio de ciertas ideas, cuya bondad en el terreno de las teorias no serémos capaces de poner en

(1) Art. 119. Const. de 8160.

duda, pero que aplicadas á las exigencias del órden social son insuficientes para dar á la administracion esa marcha segura tan necesaria para llenar sus altos fines. La Convencion estableció por base, en la materia que tratamos, que no siendo el soldado otra cosa que el ciudadano encargado de sostener la Constitucion y las leyes, condenarlo á una ciega obediencia importaba tanto como convertirlo en instrumento y degradar su condicion de ciudadano. Sin embargo, no es así como opinan los mas autorizados escritores; la obediencia ciega para ellos es tan inseparable del severo principio de subordinacion, que forma la esencia de la institucion militar, que dar al ejército el derecho de deliberar equivaldria á concederle el de oponerse á los mandatos del Gobierno, supuesto que las razones de ciertas medidas cuya ejecucion se ordena, no están ni deben estar al alcance del mero ejecutor. Caso llegaria en que el ejército calificase de inconstitucional un mandato gubernativo y se opusiera á su ejecucion, y no seria el menor daño que de ello resultara el de echar por tierra la responsabilidad del gefe del Estado, porque nadie puede ser responsable de los actos que practica ó que deja de practicar por efecto de la coaccion.

El Presidente de la República organiza las fuerzas de mar y tierra, las distribuye y dispone de ellas para el servicio de la República (1), pero la elevacion de esas fuerzas y el número de generales deben ser determinados por una ley (2).

RECLUTAMIENTO. — Para reemplazar las bajas del ejército, existen tres medios : el *reclutamiento forzado, el enganche voluntario, la quinta ó sorteo.*

RECLUTAMIENTO FORZADO. — El reclutamiento forzado consiste en tomar indistintamente al individuo á quien se re-

(1) Art. 94, Const. de 1860.
(2) Art. 120, Const. de 1860.

puta apto, por su edad y por su aspecto físico, para el servicio de las armas; ese medio bárbaro é injusto ha sido desgraciadamente muy empleado durante las contiendas civiles del Perú : el reclutamiento forzado es el mas brusco ataque á la libertad personal; recaia generalmente en el forastero y en el padre de familia, é imponia lo que se llama *contribucion de sangre*, con tal desigualdad é injusticia que no siendo soportada por todos los ciudadanos aptos para el servicio, arrancaba violentamente del seno de una familia quizás á su único sostenedor. Disposiciones legislativas y gubernativas mas ó ménos enérgicas en sus términos, pero siempre eludidas en la práctica, se han espedido con frecuencia para evitar el reclutamiento forzado, y la Constitucion vigente declara : « que la fuerza pública no puede » ser aumentada ni renovada sino conforme á la ley, y que » el reclutamiento es un crímen que da accion á todos para » ante los jueces y el Congreso, contra el que lo ordena- » re (1). »

ENGANCHE. — El *Enganche* consiste en el compromiso voluntario que contrae un individuo con el Estado para servir por cierto tiempo en el ejército ó en la marina, mediante cierta suma que por ello recibe.

Los decretos de 1.º de Diciembre de 1830 y 6 de julio de 1847, han reglamentado el enganche, estableciendo sus condiciones, tiempo y premios.

El enganche es sin duda el medio mas ventajoso para el ciudadano; pero si el reclutamiento forzado tiene los inconvenientes que hemos indicado, el enganche ofrece el de ser ineficaz para reemplazar las bajas del ejército. Pocos son, en efecto, los individuos que quieren abandonar la tranquilidad doméstica para entrar bajo el severo regímen de la disciplina militar y soportar las fatigas de una campaña : y tan convencidos están los gobiernos de esta verdad, que

(1) Art. 128.

es casi universalmente empleado el medio de la *quinta* ó *sorteo*.

QUINTAS. — El deber de defender la independencia nacional y de contribuir al sostenimiento y respeto de las instituciones es universal, recae sobre todos los ciudadanos con excepcion de aquellos á quienes, por razon de su edad, profesion, estado ó invalidez, exhonera la ley de esa obligacion.

Para que no el capricho sino la misma ley señale al ciudadano que debe tomar las armas, se ha establecido la *quinta ó sorteo* en el cual entran todos los individuos aptos para el servicio.

La quinta, segun la ley de 21 de diciembre de 1847, debe realizarse del modo siguiente :

Luego que los Prefectos reciban las órdenes del Ministerio de Guerra en que se determine el número de reclutas asignado á cada departamento, harán la distribucion de los que debe dar cada provincia. Los subprefectos practicarán del mismo modo la distribucion entre los distritos, poniéndose previamente de acuerdo con los síndicos procuradores de las capitales de provincia.

En las capitales de distrito se reunirán la autoridad local, el síndico procurador y el cura de la parroquia ó su teniente, quienes, nombrando cuatro padres de familia honrados, y exijiendo en el acto su asistencia, procederán al sorteo de todos los individuos solteros del distrito que hayan cumplido diez y ocho años y no pasen de cuarenta. — Esta junta comprenderá previamente á pluralidad absoluta de votos, en el número de reclutas, á aquellos individuos que no tengan ocupacion, ni se ejerciten en ninguna industria, ni sean útiles á sus familias. — El resto de reclutas hasta el completo del continjente se sacará por suerte.

Para verificar el sorteo se inscribirán en cédulas los nombres de los individuos aptos para el servicio militar; depositadas en una ánfora, se removerá suficientemente, y se estraerá de ella por un niño el número bastante á cubrir el continjente del distrito. Los transeuntes de cualquiera procedencia, y los indijenas contribuyentes no deben entrar en el sorteo.

Solo los individuos solteros deben entrar en el sorteo, segun esta ley y el artículo 178 del Código civil.

Se exceptúan del reclutamiento los abogados, escribanos, procuradores, médicos, boticarios, los hijos de padres ancianos, si su número no escede de dos, los de viudas si no tienen mas que uno, los empleados por la Nacion, los alumnos de los colegios y escuelas, los tonsurados y sirvientes conocidos de las iglesias, los mayordomos, mayorales y camayos, yanaconas de las haciendas y chacras, y los operarios de minas ó ingenieros en las haciendas minerales.

Los individuos matriculados en las Islas de Chincha, y demás personas que se ocupen en el carguío del guano, están esceptuados del reclutamiento militar. Igual garantía se ofrece á todos los que se presten á servir en el carguío del guano de dichas islas.

De la misma garantía gozan los operarios del gaz, del agua, de la penitenciaria y de los ferro-carriles.

La operacion preparatoria para el sorteo es formar un censo general de los habitantes de cada pueblo. El empadronamiento es una de las operaciones estadísticas que mas dificultades ofrece, y por lo mismo la ley que la reglamenta debe ser el objeto de un profundo estudio de las costumbres y de las condiciones especiales del país. No puede concebirse la marcha regular del Gobierno en un pueblo que carece de censo y de catastro, documentos sin los cuales es imposible conocer el número de ciudadanos aptos para los cargos públicos ni hacer una justa distribucion de impuestos.

La ley de 24 de mayo y el reglamento de 19 de noviembre de 1861 que establecen el modo de formar el censo general de la República y la lista de ciudadanos en ejercicio, adolecen de tales defectos y son tan opuestos á las recomendaciones de la ciencia, que es imposible que sus aplicaciones prácticas produzcan resultados que no sean viciosos é inútiles. Basta decir que sin atender á las condiciones topográficas de nuestros pueblos, se comisiona á un solo individuo para formar el censo de cada provincia, faltando así al principio de instantaneidad, base esencial de un buen censo.

CARGOS CONCEJILES. — No solo están obligados los ciudadanos á prestar, como soldados, sus servicios á la patria. Otros cargos gravitan sobre ellos, y soportarlos es un deber que nadie puede eludir si la esencion no se deriva de la ley.

Los cargos consejiles son : las judicaturas de paz, que se confieren por los Prefectos á propuesta de los jueces de primera instancia; la duracion de ese cargo es de un año, y ningun ciudadano puede excusarse de aceptarlo sino en caso de reeleccion : los de conjueces y adjuntos á los tribunales, nombrados por estos mismos; todos los abogados están obligados á aceptarlos : los de jurados de imprenta, elegidos por los colegios electorales, y cuya duracion es de un año; los de gobernadores y tenientes gobernadores nombrados por los Prefectos y sub-Prefectos, cuya duracion es de dos años, y de los cuales no pueden excusarse sino los nombrados despues de haber servido un período, los mayores de cincuenta años, y los que padecen de alguna enfermedad crónica que los inhabilite para el servicio, y los que se hallen encargados de algun establecimiento de utilidad pública. Son tambien consejiles, obligatorios y forzosos, los cargos municipales, y solo renunciables en caso de reeleccion.

CAPITULO II

CONTRIBUCIONES. — El gobierno no tiene como principal ingreso sino aquella parte de la fortuna privada que los particulares le dan periódicamente para que con ella haga frente á las necesidades del Estado. Esas necesidades, como ya lo hemos dicho, son de varias clases : sostenimiento de los empleados públicos; creacion y fomento de establecimientos de beneficencia y de instruccion pública; construccion y conservacion de obras de utilidad pública, entre las cuales se cuentan en primer lugar los puentes y caminos que exigen frecuentes gastos de conservacion y refaccion; pago de intereses y amortizacion de la deuda pasiva. Esa porcion pagada por los particulares se llama impuestos, derechos, ó contribuciones.

Unas contribuciones están destinadas á las exigencias generales del Estado y se llaman *nacionales;* otras sirven para los gastos de los pueblos y se llaman *municipales,* de propios, ó de *arbitros.*

Las contribuciones son *directas* ó *indirectas;* las primeras pueden recaer sobre las personas ó sobre las cosas y, por esta razon se dividen en *personales* y *reales*. Son contribuciones directas el tributo personal, la contribucion predial, la patente y la alcabala.

Son contribuciones indirectas los derechos de aduana, el mojonazgo, la sisa y demas impuestos municipales con que se gravan los artículos de consumo.

CONTRIBUCION PERSONAL. — Con el nombre de contribuciones de castas y de índigenas, se creó un impuesto capital titulado *tributo;* la primera fué abolida desde el año de 1839 y la segunda, que consistia en una tasa que abonaban semestralmente los indígenas, se estinguió por decreto dictatorial de 1854. Apesar de varios proyectos para establecer, en reemplazo de la abolida contribucion personal, otra que gravase á todos los ciudadanos con mas igualdad y equidad que aquella, el Perú es, sin duda, la única nacion que vive careciendo del ingreso que figura como el principal en todos los Estados. Favorecido el país, con una riqueza natural que tantos millones ha producido, y puede aun producir, los legisladores han descuidado el porvenir y alentado, hasta cierto punto, los hábitos de ocio que dominan en los pueblos del interior. Uno de los principales estímulos que alentaban al indio al trabajo era la necesidad de contribuir, y desde que ella ha desaparecido, se entrega sin cuidado alguno á la holganza y á la ociosidad. La contribucion personal y el tambien abolido impuesto llamado *diezmo* que consistia en una parte de frutos pagados por el agricultor, bastaban casi completamente para llenar las necesidades de las provincias, para sostener al alto clero y para ayudar á los establecimientos de beneficencia; hoy todas esas cargas caen sobre el tesoro cuyo mas importante ingreso consiste en los productos de la venta del *guano*, en los mercados extrangeros.

CONTRIBUCION PREDIAL. — Este impuesto consiste en el

14

cuatro por ciento que el propietario de un fundo rústico ó
urbano debe pagar del producto neto de la renta. Se entiende por producto neto lo que queda al propietario deducidos, en los fundos rústicos, los gastos de cúltivo, de esploracion y de conservacion, y en los fundos urbanos, la
cuarta parte de los arrendamientos que percibe, como indemnizacion por desmejoras y gastos de refaccion.

La avaluacion de esos impuestos se hace cada cinco años
por encargados especiales que forman las matrículas de
propietarios y les asignan la suma que cada uno, debe
pagar.

Los propietarios descuentan á los censualistas una parte
proporcional de la cuota que pagan. Solo se exceptuan del
pago de contribucion predial los propietarios de fundos
notoriamente improductivos.

CATASTRO. — Al tratar del servicio militar indicamos que
en el Perú no era conocido el documento que, con el nombre
de catastro, sirve en los paises bien organizados para hacer
el reparto de contribuciones prediales con toda la regularidad necesaria.

El catastro consiste en una serie de operaciones cuyo
objeto es levantar los planos de todas las porciones de terrenos existentes en cada comun; establecer divisiones, por
clases, de los cultivos; avaluar la cuota que debe imponerse á cada una de ellas, y colocar, en fin, cada porcion
en las diferentes clases.

El catastro debe comprender todo el territorio del Estado
y ser rectificado en determinadas épocas para comprobar
las modificaciones que las fincas pueden haber sufrido por
causa de la traslacion de dominio ó por otros motivos.

Los planos de cada departamento son levantados por un
geómetra en jefe que procede con los necesarios auxiliares,
á la *demarcacion* de límites de cada comun; á su *division en
secciones, á su triangulacion* y á su *medida.* Despues de levantado el plano viene la *clasificacion* ó division de las propie-

dades en clases. El número de clases no puede exceder de cinco en cada especie de cultivo. En las comarcas rurales las casas pueden dividirse en dos clases, y en las urbanas cada casa se avalua por separado.

Despues de la clasificacion se forma la *tarifa de avaluaciones* para cada clase. Esa tarifa se hace por clasificadores y debe ser aceptada por el Consejo Municipal y aprobada por el Prefecto. Los clasificadores asociados al contralor de las contribuciones directas proceden á la *division* en clases, es decir, á la separacion de las diversas clases de propiedades. Para manifestar, por medio de un ejemplo, cada una de las operaciones del catastro, dice Cabantous: que la *clasificacion* forma las cajuelas, la *avaluacion* las rotula y la *division en clases* las llena. El director de contribuciones directas aplica á la division por clases, la tarifa de avaluaciones, y redacta, para que sirvan de base á la matriz catastral, los estados de las parcialidades comprendidas en cada una de las secciones en que el geómetra en jefe ha dividido el comun. Estos estados, llamados *estados de las secciones*, indican el nombre del propietario de cada parcialidad, el número del plano, el lugar señalado, la naturaleza y estado de la propiedad, la designacion de la clase y la contribucion que debe imponerse. La matriz catastral que con aquellos estados parciales se forma, debe contener, por órden alfabético, los nombres de los propietarios y la indicacion de todas las parcialidades que posee en las diversas secciones. Los estados de las secciones y las matrices se remiten despues á los distritos al mismo tiempo que el padroncillo catastral. Cada propietario recibe aviso de esa remision y puede inspeccionar esos documentos concediéndosele seis meses para reclamar en el caso de no creer justa la clasificacion de sus fundos (1).

ALCABALA. — Esta contribucion consiste en un dos por

(1) Fodéré. — Cabantous. — Lafon.

ciento que se paga al fisco sobre el valor de los inmuebles que se venden ó permutan, y de las donaciones, legados y herencias en favor de parientes transversales ó de personas extrañas. Los escribanos están obligados á dar parte á los sub-Prefectos y á los administradores del tesoro de los instrumentos que otorguen en todos los casos en que debe pagarse alcabala.

PATENTES. — Esta contribucion consiste en el cuatro por ciento de la utilidad que anualmente produzca toda industria y solo están exonerados de pagarla los artesanos ó trabajadores que no ganen al año mas de doscientos pesos.

La tasa de los patentes para cada gremio, se determina anualmente por diputados nombrados por los Prefectos; su recaudacion incumbe á los administradores de las tesorerias.

PAPEL SELLADO. — La forzosa obligacion de usar el papel, timbrado con el escudo de armas de la República, en los asuntos judiciales, en las representaciones elevadas al Ejecutivo y al Congreso, en los documentos de obligacion y en los contratos, impone á los particulares una contribucion indirecta semejante á la que, con el nombre de *Derechos de timbre*, existe en Francia. Los sellos se dividen en seis categorías; el sello sexto es el de menor precio. Leyes especiales determinan el sello que corresponde á los diferentes usos del papel timbrado.

DERECHOS DE ADUANA. — La importacion de mercaderías estrangeras y la exportacion de los productos nacionales están gravados con impuestos llamados *derechos de aduana*. La tasa de esos derechos es variable y se determina en los aranceles que periódicamente se forman por los empleados de hacienda á quienes se comisiona para el efecto. El principio que debe regir en los aranceles es facilitar cuanto se pueda la introduccion de los artículos mas necesarios para la vida y de las materias primeras que se emplean en las manufacturas del país y gravar tanto mas los objetos, cuanto su necesidad y utilidad sean menos demostradas. Por esta razon se imponen derechos muy pequeños ó se concede entera libertad de entrada á los instrumentos científicos, á los libros, á las herramientas de agricultura y á otros objetos semejantes.

Los derechos de aduana tienen diversa aplicacion así como proceden no solo de la importacion ó esportacion, sino tambien de su permanencia en los depósitos fiscales; así se conocen derechos de *arbitrios, de consolidacion, de almacenage*, etc.

Los reglamentos de policía de los puertos y los de comercio imponen á los buques mercantes otros gravámenes cuyo producto se destina á la conservacion de los muelles, aparatos de descarga, etc., estos impuestos de puerto toman los nombres de derechos de aguada, de muellage, de pescante y de toneladas, etc.

Es un principio constitucional que las contribuciones generales directas ó indirectas no pueden imponerse en el Perú sino en virtud de una ley, en proporcion á las facultades del contribuyente, y para el servicio público; y que solo al Congreso compete crear contribuciones y suprimir las existentes (1).

Las Municipalidades tienen la atribucion de proponer al gobierno, por conducto de las respectivas Prefecturas, nuevos arbitrios é impuestos, los cuales nunca pueden establecerse sin la sancion del Cuerpo Legislativo (2).

EXPROPIACION. — La propiedad es inviolable, bien sea material, intelectual, literaria ó artística; á nadie se puede privar de la suya, sino por causa de utilidad pública, probada legalmente y previa indemnizacion justificada (3). Cuando el gobierno toma la propiedad agena en los tér-

(1) Art. 8 y 59, Const. de 1860.
(2) Art. 44, Ley de 3 de mayo de 1861.
(3) Art. 26, Const. de 1860.

minos previstos por la disposicion constitucional que acabamos de copiar, ejerce el *derecho de espropiacion*. La legislacion civil del Perú detalla las formalidades que deben preceder á la espropiacion entre las cuales se cuenta la formacion de un espediente en que se pruebe la necesidad y utilidad de la obra pública que exija la expropiacion y la imposibilidad de ocupar para la obra otro terreno.

Los trámites que el código de procedimientos en materia civil establece para los casos en que el propietario se oponga á la enagenacion, dejan tan ancha puerta á la demora y á la complicacion de incidentes, que no trepidamos en atribuir á ese defecto, en la legislacion, la dificultad con que en el país se forman empresas que acometan obras en que se haga preciso tomar propiedades particulares. Es un principio generalmente seguido en materia de obras públicas, y muy especialmente en ferro-carriles, que el gobierno delega á las empresas el derecho de expropiar, y dificil es que los interesados se resignen á principiar esperimentando las molestias de un pleito, sostenido, mas de una ocasion, como medio de alcanzar mayores ventajas en la venta.

La legislacion francesa ha sufrido desde 1807 notables modificaciones sobre el importante punto de la enagenacion forzada; el principio de la inviolabilidad de la propiedad privada fue consignado en la declaracion de los derechos del hombre hecha por la Asamblea nacional, y repetida en las Constituciones posteriores. La facultad de declarar la utilidad de una obra pública, de entrar en posesion de los inmuebles que se consideraban necesarios para ella y de determinar la indemnizacion debida al dueño, residia en el Ejecutivo, hasta que la ley de 8 de marzo de 1810 encomendó esas facultades al Poder Judicial. Los inconvenientes no menos graves que las solemnidades y formas de los juicios presentaban en los casos de expropiacion, dieron lugar á la ley de 1841 en la cual, dando á los propietarios garantías contra los abusos del poder, se creó el jurado de expropiacion y se establecio una sustanciacion mas sumaria que la existente.

El sumario, segun la última ley, para comprobar la necesidad de la expropiacion, se forma ante la autoridad administrativa, y una vez decidida se comunica á los interesados, señalándose un corto término para que se opongan si se creen con justicia para ello. En este caso la autoridad de la justicia no se estiende sino hasta cambiar ó modificar los decretos del Prefecto; no puede resolver que no se haga la expropiacion, porque su poder se limita á examinar si se han llenado las formalidades de la ley. En una palabra conoce de la forma y no del fondo del asunto.

Declarada la necesidad de la expropiacion, sin reclamacion de parte ó despues de ella, si el propietario conviene con el Prefecto en el precio de la venta, se realiza esta sin necesidad de mas diligencias que las que exige la naturaleza del contrato. Cuando los propietarios consienten en la cesion, pero no estan de acuerdo con el Prefecto sobre el precio, el tribunal designa al magistrado director del jurado sin que sea preciso pronunciar sentencia de expropiacion.

Del veredicto espedido por el jurado declarando que no ha habido irregularidad, ni omision ni infraccion en el decreto prefectural y disponiendo por consecuencia que se verifique la expropiacion, no hay apelacion, pero puede ocurrirse al tribunal supremo en los casos de vicio en las formas del juicio, incompetencia ó excesos del poder. La corte suprema procede á resolver ese recurso en un término corto y sin todos los trámites exigidos en los asuntos comunes.

CAPITULO III

Administracion de las rentas públicas. — Presupuesto general. — Contabilidad administrativa. — Oficinas de contabilidad administrativa. — Contabilidad judicial.

ADMINISTRACION DE LAS RENTAS PÚBLICAS. — La *contabilidad pública*, en su mas amplio sentido, comprende las operaciones legislativas, administrativas y judiciales referentes al manejo de las rentas públicas.

La contabilidad se divide, con relacion á sus agentes, en *legislativa*, *administrativa* y *judicial;* y con relacion á su destino, en contabilidad general y contabilidades especiales.

La contabilidad legislativa comprende esencialmente la autorizacion dada al Ejecutivo para recaudar los fondos y emplearlos en las diferentes exigencias de los ramos administrativos.

PRESUPUESTO GENERAL. — La autorizacion de que acabamos de hablar es el objeto de una ley llamada de *Presupuesto General.* El presupuesto general, como lo indica su título, es la enumeracion de todas las entradas y rentas con que el Estado debe contar y la distribucion de esos ingresos en los diversos ramos del servicio. La naturaleza de esa ley le da un carácter transitorio y periódico cuya duracion se limita á un año en algunos paises y es de dos años en el Perú.

Al Ministro de Hacienda toca presentar al Congreso la

cuenta general del bienio vencido y el proyecto de presupuesto para el bienio venidero (1).

La ley de presupuesto se discute separadamente en cada una de las cámaras como las demas leyes y comprende la enunciacion detallada de todos los ingresos con la aproximada apreciacion de sus valores y la distribucion de esos ingresos en los cinco ministerios. Generalmente se asignan á cada ramo tres partidas : *gastos ordinarios* que consisten en los salarios de empleados y pensionistas y la compra de todos útiles necesarios al servicio; gastos *suplementarios ó extraordinarios* que son los que originan las nuevas obras públicas ó las concesiones hechas por una sola vez; y *gastos imprevistos* que son los motivados por los acontecimientos que pudieren sobrevenir ó por ocurrencias momentáneas del servicio.

El modo de votar las partidas de gastos del presupuesto ha sido el objeto de diversas medidas en la lejislacion de algunos paises. Intentado el sistema de discusion y votacion de cada partida, fué dado de mano por el mas sencillo de votar sumas para cada ramo del servicio, como, por ejemplo, tal cantidad para gastos de justicia y tal otra para obras públicas; á este sistema que es el mas aceptado, se intentó sustituir el de votacion de sumas para cada ministerio dejando asi en libertad al Ejecutivo para aplicar á cada ramo de los comprendidos en ese Ministerio, las sumas que creyere oportuno.

En el Perú la ley hace en sus artículos aplicaciones especiales á cada empleado y á cada objeto de gasto ordinario y extraordinario. Solo al Congreso compete suprimir y crear empleos públicos y asignarles dotacion (2).

Terminada la sancion del Presupuesto general se manda

(1) Art. 102, Const. de 1860.
(2) Art. 29, Const. de 1860.

cumplir la ley por el ejecutivo y desde entónces empieza la contabilidad administrativa.

CONTABILIDAD ADMINISTRATIVA. — La variada naturaleza de los ingresos de un Estado supone la diversidad de oficinas colectoras; tales son las administraciones de correos, receptorias de contribuciones, aduanas y tesorerias.

OFICINAS DE CONTABILIDAD ADMINISTRATIVA. — Con el nombre de *Direccion General de Hacienda* existe una oficina central encargada de hacer cumplir religiosamente el presupuesto, de dirijir la contabilidad en todas las tesorerías y aduanas y llevar la cuenta general de entradas y gastos de la Nacion. La direccion, luego que recibe el presupuesto, pone en conocimiento de las tesorerías los gastos ordinarios que con arreglo á la ley pueden hacer, y de toda órden de pago que los Ministros espiden con designacion de la partida del presupuesto á que haya de imputarse, debe tomarse razon en la direccion. Sin este requisito, ordenado siempre por el Ministerio de Hacienda que manda cumplir las órdenes, no puede verificarse el pago por las tesorerías.

Las *Tesorerias* del Estado son oficinas departamentales en las cuales deben ingresar todas las rentas fiscales. Las tesorerías no pueden hacer mas pagos que aquellos ordinarios que les han sido librados á principio del bienio por el Director general de Hacienda; para cualesquiera otros deben tener órden suprema, trasmitida por esta oficina. Diversas leyes y decretos han reglamentado el servicio de las tesorerías; nuestra legislacion en esta parte es complicadísima y cada dia se hace mas sensible la falta de un código de Hacienda que dé unidad y concierto á ese importantísimo ramo del servicio público.

Las *Aduanas* y *sus tenencias* son oficinas establecidas en los puertos legalmente abiertos al comercio; colectan los derechos señalados en los respectivos aranceles y en los reglamentos de policia de los puertos. De sus ingresos hacen los gastos exijidos por el servicio.

Las sub-prefecturas son tambien receptorias de ciertos impuestos en los lugares en que no son capitales de departamento.

La Direccion General del Crédito público está encargada de recaudar é invertir las rentas destinadas al pago de intereses y á la amortizacion de la deuda nacional, interna y la cuenta de la externa que á favor de varias transacciones económicas se paga en el extranjero. Tiene tambien á su cargo la cuenta referente al negociado del *guano*.

Estas son las principales oficinas que intervienen en la contabilidad administrativa.

CONTABILIDAD JUDICIAL. — Todo empleado de Hacienda que maneja fondos está naturalmente sujeto á responsabilidad por los abusos que pudiera cometer; para que esa responsabilidad pueda hacerse efectiva les exije la ley fianzas de un valor proporcionado á la importancia de su manejo. Los jefes de las aduanas, correos, tesorerías, etc. deben presentar periódicamente sus cuentas. Con el nombre de *Tribunal mayor de cuentas* existe una oficina general, especialmente encargada de examinar y juzgar las que anualmente deben presentar los administradores de rentas nacionales. El juzgamiento, sugeto á especiales procedimientos demarcados en el reglamento del tribunal, reconoce dos instancias y el recurso extraordinario de nulidad; los empleados de que consta tienen obligacion de examinar las cuentas que les designe el presidente, y de vigilar sobre la vigencia de las fianzas y solvencia de los fiadores de los empleados de Hacienda.

Para constituirse en Tribunal y pronunciar su fallo sobre las cuentas examinadas, debe preceder un sorteo que designe á los jueces. El tribunal de 1ª instancia se compone de tres vocales del Tribunal, y el de segunda de dos vocales de la córte superior de Lima y dos del Tribunal.

de los recursos de nulidad conoce la Córte suprema de justicia (1).

Los casos en que los empleados de Hacienda, cometan los delitos de fraude, peculado ú otros semejantes, son juzgados por los tribunales ordinarios con arreglo al código penal (2).

(1) Reglamento de 1848.
(2) Títulos 9 y 10. Seccion 5ª. Lib. II. Cód. penal.

FIN DEL DERECHO ADMINISTRATIVO

APÉNDICE

DE LA

PRIMERA EDICION

CONSTITUCION

DE LA REPUBLICA

EL LIBERTADOR RAMON CASTILLA

PRESIDENTE CONSTITUCIONAL DE LA REPUBLICA

Por cuanto el Congreso, reformando la Constitucion política del
Perú del año de 1856, ha sancionado la siguiente:
  Bajo la proteccion de Dios : — El Congreso de la República, autorizado por los pueblos para reformar la Constitucion política del
año de 1856, dá la siguiente.

CONSTITUCION

TITULO I

DE LA NACION.

  Art. 1. La Nacion Peruana es la asociacion política de todos los
Peruanos.
  Art. 2. La Nacion es libre é independiente, y no puede celebrar

pacto que se oponga á su independencia ó integridad, ó que afecte de algun modo su soberanía.

Art. 3. La soberanía reside en la Nacion, y su ejercicio se enco— mienda á los funcionarios que esta Constitucion establece.

TITULO II

DE LA RELIGION.

Art. 4. La Nacion profesa la Religion Católica, Apostólica, Roma— na : el Estado la proteje, y no permite el ejercicio público de otra alguna.

TITULO III

GARANTÍAS NACIONALES.

Art. 5. Nadie puede arrogarse el título de soberano : el que lo hi— ciere, comete un atentado de lesa patria.

Art. 6. En la República no se reconocen empleos ni privilegios hereditarios, ni fueros personales. Se prohiben las vinculaciones: y toda propiedad es enajenable, en la forma que determinan las leyes.

Art. 7. Los bienes de propiedad nacional solo podrán enajenarse en los casos y en la forma que dispone la ley, y para los objetos que ella designe.

Art. 8. No pueden imponerse contribuciones sino en virtud de una ley, en proporcion á las facultades del contribuyente, y para el ser— vicio público.

Art. 9. La ley determina las entradas y los gastos de la Nacion De cualquiera cantidad exijida ó invertida contra el tenor expreso de ella, será responsable el que ordene la exaccion ó el gasto inde— bido : tambien lo será el ejecutor, si no prueba su inculpabilidad.

Art. 10. Son nulos los actos de los que usurpan funciones públicas, y los empleos conferidos sin los requisitos designados por la Constitucion y las leyes.

Art. 11.-Todo el que ejerce cualquier cargo público, es directa é inmediatamente responsable por los actos que practique en el ejercicio de sus funciones. La ley determinará el modo de hacer efectiva esta responsabilidad.

Los fiscales son responsables, por accion popular, si no solicitan el cumplimiento de lo dispuesto en este artículo.

Art. 12. Nadie podrá ejercer las funciones públicas, designadas en esta Constitucion, si no jura cumplirla.

Ar'. 13. Todo peruano está autorizado para entablar reclamaciones ante el Congreso, ante el Poder Ejecutivo, ó ante cualquiera autoridad competènte, por infracciones de la Constitucion.

TITULO IV

GARANTIAS INDIVIDUALES.

Art. 14. Nadie está obligado á hacer lo que no manda la ley, ni impedido de hacer lo que ella no prohibe.

Art. 15. Ninguna ley tiene fuerza ni efecto retroactivo.

Art. 16. La ley proteje el honor y la vida contra toda injusta agresion; y no puede imponer la pena de muerte sino por el crímen de homicidio calificado.

Art. 17. No hay ni puede haber esclavos en la República.

Art. 18. Nadie podrá ser arrestado sin mandamiento escrito de juez competente, ó de las autoridades encargadas de conservar el órden público, excepto infraganti delito; debiendo, en todo caso, ser puesto el arrestado dentro de veinticuatro horas, á disposicion del juzgado que corresponda. Los ejecutores de dicho mandamiento estan obligados á dar cópia de él, siempre que se les pidiere.

Art. 19. Las cárceles son lugares de seguridad y no de castigo. Es prohibida toda severidad que no sea necesaria para custodia de los presos.

15

Art. 20. Nadie podrá ser separado de la República, ni del lugar de su residencia, sino por sentencia ejecutoriada.

Art. 21. Todos pueden hacer uso de la imprenta para publicar sus escritos sin censura prévia ; pero bajo la responsabilidad que determina la ley.

Art. 22. El secreto de las cartas es inviolable : no producen efecto legal las que fueren sustraidas.

Art. 23. Puede ejercerse libremente todo oficio, industria ó profesion que no se oponga á la moral, á la salud, ni á la seguridad pública.

Art. 24. La Nacion garantiza la existencia y difusion de la instruccion primaria gratuita y el fomento de los establecimientos públicos de ciencias, artes, piedad y beneficencia.

Art. 25. Todos los que ofrezcan las garantías de capacidad y moralidad, prescritas por la ley, pueden ejercer libremente la enseñanza y dirijir establecimientos de educacion bajo la inspeccion de la autoridad.

Art. 26. La propiedad es inviolable, bien sea material, intelectual, literaria ó artística : á nadie se puede privar de la suya, sino por causa de utilidad pública, probada legalmente y prévia indemnizacion justipreciada.

Art. 27. Los descubrimientos útiles son propiedad exclusiva de sus autores, á ménos que voluntariamente convengan en vender el secreto, ó que llegue el caso de expropiacion forzosa. Los que sean meramente introductores de semejante especie de descrubimientos, gozarán de las mismas ventajas que los autores, por el tiempo limitado que se les conceda, conforme á la ley.

Art. 28. Todo extrangero podrá adquirir, conforme á las leyes, propiedad territorial en la República ; quedando, en todo lo concerniente á dicha propiedad, sujeto á las obligaciones y en el goce de los derechos de peruano.

Art. 29. Todos los ciudadanos tienen el derecho de asociarse pacíficamente, sea en público ó en privado, sin comprometer el órden público.

Art. 30. El derecho de peticion puede ejercerse individual ó colectivamente.

Art. 31. El domicilio es inviolable : no se puede penetrar en él, sin que se manifieste préviamente mandamiento escrito de juez, ó de la autoridad encargada de conservar el órden público. Los ejecutores de dicho mandamiento están obligados á dar cópia de él, siempre que se les exija.

Art. 32. Las leyes protejen y obligan igualmente á todos: podrá establecerse leyes especiales porque lo requiera la naturaleza de los objetos, pero no por solo la diferencia de personas.

TITULO V

DE LOS PERUANOS.

Art. 33. Los peruanos lo son, por nacimiento ó por naturalizacion.

Art. 34. Son peruanos por nacimiento:

1º Los que nacen en el territorio de la República:

2º Los hijos de padre peruano ó de madre peruana, nacidos en el extrangero, y cuyos nombres se hayan inscrito en el registro cívico, por voluntad de sus padres, durante su minoría, ó por la suya, luego que hubiesen llegado á la mayor edad, ó hubiesen sido emancipados.

3º Los naturales de la América Española y los españoles que se hallaban en el Perú cuando se proclamó y juró la Independencia, y que han continuado residiendo en él posteriormente.

Art. 35. Son peruanos por naturalizacion:

Los extranjeros mayores de veintiun años, residentes en el Perú, que ejercen algun ôficio, industria ó profesion y que se inscriben en el Registro Cívico en la forma determinada por la ley.

Art. 36. Todo peruano está obligado á servir á la República con su persona y sus bienes, del modo y en la proporcion que señalan las leyes.

TITULO VI

DE LA CIUDADANÍA.

Art. 37. Son ciudadanos en ejercicio, los peruanos mayores de 21 años, y los casados, aunque no hayan llegado á dicha edad.

Art. 38. Ejercen el derecho de sufragio todos los ciudadanos que saben leer y escribir, ó son jefes de taller, ó tienen alguna propiedad raiz, pagan al tesoro público alguna contribucion.

El ejercicio de este derecho será arreglado por una ley.

Art. 39. Todo ciudadano puede obtener cualquier cargo público, con tal que reuna las calidades que exija la ley.

Art. 49. El ejercicio de la ciudadanía se suspende :

1.º Por incapacidad, conforme á la ley : .

2.º Por hallarse sometido á juicio de quiebra :

3.º Por hallarse procesado criminalmente, y con mandamiento de prision :

4.º Por ser notoriamente vago, jugador, ébrio, ó estar divorciado por culpa suya.

Art. 41. El derecho de ciudadanía se pierde :

1.º Por sentencia judicial que así lo disponga :

2.º Por quiebra fraudulenta, judicialmente declarada :

3.º Por obtener ó ejercer la ciudadanía en otro Estado :

4.º Por aceptar de un gobierno extranjero cualquier empleo, título ó condecoracion, sin permiso del Congreso :

5.º Por la profesion monástica; pudiendo volver á adquirirse mediante la exclaustracion :

6.º Por el tráfico de esclavos, cualquiera que sea el lugar donde se haga.

· TITULO VII

DE LA FORMA DE GOBIERNO.

Art. 42. El Gobierno del Perú es republicano democrático, representativo, fundado en la unidad.

Art. 43. Ejercen las funciones públicas los encargados de los Poderes Legislativo, Ejecutivo y Judicial, sin que ninguno de ellos pueda salir de los límites prescritos por esta Constitucion.

TITULO VIII

DEL PODER LEGISLATIVO.

Art. 44. El Poder Legislativo se ejerce por el Congreso, en la forma que esta Constitucion determina.

El Congreso se compone de dos Cámaras : la de Senadores y la de Diputados.

Art. 45. La eleccion de los Senadores y los Diputados se hará conforme á la ley.

Art. 46. Se elegirá un Diputado propietario y un suplente, por cada fraccion que pase de quince mil, y por cada provincia, aunque su poblacion no llegue á este número.

Se fijará por una ley el número de Diputados que segun este artículo, corresponda á cada provincia y no podrá aumentarse sino por disposicion prévia del Congreso.

Art. 47. Para ser Diputado se requiere :

1.º Ser peruano de nacimiento :

2.º Ciudadano en ejercicio :

3.º Tener veinticinco años de edad :

4.º Ser natural del departamento á que la provincia pertenezca. ó tener en él tres años de residencia.

5.ª Tener una renta de quinientos pesos, ó ser profesor de alguna ciencia.

Art. 48. Se elegirán cuatro Senadores propietarios y cuatro suplentes, por cada departamento que tenga mas de ocho provincias:

Tres propietarios y tres suplentes, par cada departamento que tenga ménos de ocho y mas de cuatro provincias :

Dos propietarios y dos suplentes, por cada departamento que tenga ménos de cinco provincias y mas de una :

Y un propietario y un suplente, por cada departamento que tenga una sola provincia ó por cada provincia litoral.

Art. 49. Para ser Senador se requiere :

1.º Ser peruano de nacimiento :

2.º Ciudadano en ejercicio :

3.º Tener treinta y cinco años de edad :

4.º Una renta de mil pesos anuales ó ser profesor de alguna ciencia.

Art. 50. No pueden ser elegidos Senadores, por ningun departamento, ni Diputados por ninguna provincia de la República :

1.º El Presidente de la República, los Vice-Presidentes, Ministros de Estado, Prefectos, Subprefectos y Gobernadores, si no han dejado el cargo dos meses ántes de la eleccion :

2.º Los Vocales y Fiscales de la Córte Suprema de Justicia.

Art. 51. Tampoco pueden ser elegidos :

1.º Los Arzobispos, Obispos, Gobernadores eclesiásticos, Vicarios capitulares y Provisores, por los departamentos ó provincias de sus respectivas Diócesis :

2.º Los Curas, por las provincias á que pertenecen sus parroquias :

3.º Los Vocales y Fiscales de las Córtes Superiores, por los departamentos ó provincias en que ejercen jurisdiccion :

4.º Los jueces de primera instancia, por sus distritos judiciales :

5.º Los militares, por las provincias donde estén mandando fuerza, ó donde tengan cualquiera otra colocacion militar en la época de la eleccion.

Art. 52. El Congreso ordinario se reunirá, cada dos años, el 28 de Julio, con decreto de convocatoria, ó sin él; y el extraordinario, cuando sea convocado por el Poder Ejecutivo.

La duracion del Congreso ordinario será de cien dias útiles; el extraordinario terminará, llenado el objèto de la convocatoria; sin que, en ningun caso, pueda funcionar mas de cien dias útiles.

Art. 53. Para que pueda instalarse el Congreso, es preciso que se reunan los dos tercios de cada una de las Cámaras.

Art. 54. Los Senadores y Diputados son inviolables en el ejercicio de sus funciones.

Art. 55. Los Senadores y los Diputados no pueden ser acusados ni presos, sin prévia autorizacion del Congreso, y en su receso, de la Comision permanente, desde un mes ántes de abrirse las sesiones hasta un mes despues de cerradas excepto *infraganti* delito, en cuyo caso serán pues'os inmediatamente á disposicion de su respectiva Cámara, ó de la Comision permanente, en receso del Congreso.

Art. 56. Vacan de hecho los cargos de Senador y Diputado, por admitir cualquier empleo, cargo ó beneficio, cuyo nombramiento ó presentacion dependa exclusivamente del Poder Ejecutivo.

Art. 57. Las Cámaras se renovarán cada bienio, por, terceras partes, al terminar la Legislatura ordinaria.

Art. 58. Los Diputados y Senadores podrán ser reelectos y solo en este caso será renunciable el cargo.

Art. 59. Son atribuciones del Congreso :

1.ª Dar leyes, interpretar, modificar y derogar las existentes :

2.ª Abrir y cerrar sus sesiones en el tiempo designado por la ley y prorogar las ordinarias hasta cincuenta dias.

3.ª Designar el lugar de sus sesiones, y determinar si ha de haber ó no fuerza armada, en qué número, y á qué distancia :

4.ª Examinar, de preferencia, las infracciones de Constitucion, y disponer lo conveniente para hacer efectiva la responsabilidad de los infractores.

5.ª Imponer contribuciones, con sujecion á lo dispuesto en el artículo 8, suprimir las establecidas : sancionar el Presupuesto; y aprobar ó desaprobar la cuenta de gastos que presente el Poder Ejecutivo, conforme al artículo 102.

6.ª Autorizar al Poder Ejecutivo para que negocie empréstitos, empeñando la hacienda nacional y designando fondos para la amortizacion :

7.ª Reconocer la deuda nacional, y señalar los medios para consolidarla y amortizarla :

8.ª Crear ó suprimir empleos públicos, y asignarles la correspondiente dotacion :

9.ª Determinar la ley, el peso, el tipo y la denominacion de la moneda; igualmente que los pesos y las medidas :

10.ª Proclamar la eleccion de Presidente y de los Vice-Presidentes de la República; y hacerla, cuando no resulten elegidos segun la ley.

11.ª Admitir o no la renuncia de su cargo al Jefe del Poder Ejecutivo :

12.ª Resolver las dudas que ocurran sobre la incapacidad del Presidente, de que se encarga el inciso 1.º del artículo 88.

13.ª Aprobar ó desaprobar las propuestas, que, con sujecion á la ley, hiciere el Poder Ejecutivo, para Generales del Ejército y de la Marina; y para Coroneles y Capitanes de Navío efectivos :

14.ª Prestar ó negar su consentimiento para el ingreso de tropas extranjeras en el territorio de la República :

15.ª Resolver la declaracion de guerra, á pedimento ó prévio informe del Poder Ejecutivo, y requirirle oportunamente para que negocie la paz :

16.ª Aprobar ó desaprobar los tratados de paz, concordatos y demas convenciones celebradas con los gobiernos extranjeros :

17.ª Dictar las disposiciones necesarias para el ejercicio del derecho de patronato :

18.ª Rehabilitar á los que hayan perdido la ciudadanía :

19.ª Conceder amnistias é indultos :

20.ª Declarar cuando la Patria esté en peligro, y suspender, por tiempo limitado, las garantías consignadas en los artículos 18, 20 y 29 :

21.ª Determinar en cada legislatura ordinaria, y en las extraordinarias, cuando convenga, las fuerzas de mar y tierra que ha de mantener el Estado :

22.ª Hacer la division y demarcacion del territorio nacional •

23.ª Conceder premios á los pueblos, corporaciones ó personas, por servicios eminentes que hayan prestado á la Nacion :

24.ª Examinar, al fin de cada período constitucional, los actos administrativos del Jefe del Poder Ejecutivo, y aprobarlos, si fuesen conformes á la Constitucion y á las leyes : y en caso contrario, entablará la Cámara de Diputados ante el Senado la correspondiente acusacion.

TITULO IX

CAMARAS LEGISLATIVAS.

Art. 60. En cada Cámara se iniciarán, discutirán y votarán los proyectos de ley, conforme al reglamento interior.

Art. 61. Cada Cámara tiene el derecho de organizar su Secretaría, nombrar sus empleados, formar su presupuesto y arreglar su economía y policía interior.

Art. 62. Las Cámaras se reunirán :

1.º Para ejercer las atribuciones — 2.ª, 3.ª, 10ª, 11ª, 12ª, 14ª, 15ª, 16ª, 20ª y 24ª del artículo 59.

2.º Para discutir y votar los asuntos en que hubiese disentido, cuando los exija cualquiera de las Cámaras ; necesitándose en este caso, dos tercios de votos para la sancion de la ley.

Art. 63. La Presidencia del Congreso se alternará entre los Presidentes de las Cámaras, conforme al reglamento interior.

Art. 64. Corresponde á la Cámara de Diputados, acusar ante el Senado, al Presidente de la República; á los miembros de ámbas Cámaras, á los Ministros de Estado, á los miembros de la Comision Permanente del Cuerpo Legislativo, y á los Vocales de la Córte Suprema, por infracciones de la Constitution, y por todo delito cometido en el ejercicio de sus funciones, al que, segun las leyes, deba imponerse pena corporal aflictiva.

Art. 65. El Presidente de la República no podrá ser acusado durante su período, excepto en los casos de traicion; de haber atentado contra la forma de Gobierno; de haber disuelto el Congreso, impedido su reunion ó suspendido sus funciones.

Art. 66. Corresponde á la Cámara de Senadores :

1.º Declarar si ha ó no lugar á formacion de causa, á consecuencia de las acusaciones hechas por la Cámara de Diputados; quedando el acusado, en el primer caso, suspenso del ejercicio de su empleo, y sujeto á juicio segun la ley :

2.º Resolver las competencias que se susciten entre las Córtes Superiores y la Suprema, y entre esta y el Poder Ejecutivo.

TITULO X

DE LA FORMACION Y PROMULGACION DE LAS LEYES.

Art. 67. Tienen derecho de iniciativa en la formacion de las leyes :

1.º Los Senadores y Diputados :

2.º El Poder Ejecutivo :

3.º La Córte Suprema, en asuntos judiciales.

Art. 68. Aprobabo un proyecto de ley en cualquiera de las Cámaras, pasará á la otra para su oportuna discusion y votacion. Si la Cámara revisora hiciese adiciones, se sujetarán estas á los mismos trámites que el proyecto.

Art. 69. Aprobada una ley por el Congreso, pasará al Poder Ejecutivo para que la premulgue y haga cumplir. Si el Ejecutivo tuviese observaciones que hacer, las presentará al Congreso, en el término de diez dias perentorios.

Art. 70. Reconsiderada la ley en ámbas Cámaras con las observaciones del Ejecutivo, si, no obstante ellas, fuese aprobada nuevamente, quedará sancionada y se mandará promulgar y cumplir. Si no fuese aprobada, no podrá volver á tomarse en consideracion hasta la siguiente legislatura.

Art. 71. Si el Ejecutivo no mandase promulgar y cumplir la ley, ó no hiciese observaciones, dentro del término fijado en el artículo 69, se tendrá por sancionàda, y se promulgará y mandará cumplir por el Ejecutivo. En caso contrario, hará la promulgacion el Presidente del Congreso, y la mandará insertar, para su cumplimiento, en cualquier periódico.

Art. 72. El Ejecutivo no podrá hacer observaciones á las resoluciones ó leyes que dicte el Congreso, en el ejercicio de sus atribuciones 2.ª, 3.ª y 10.ª

Art. 73. Las sesiones del Congreso y las de las Cámaras serán públicas. Solo podrán ser secretas en los casos puntualizados en el reglamento, y prévios los requisitos por él exigidos.

Art. 74. Será nominal la votacion de todo asunto que directamente comprometa las rentas nacionales.

Art. 75. Para interpretar, modificar, ó derogar las leyes, se observarán los mismos trámites que para su formacion.

Art. 76. El Congreso, al redactar las leyes, usará esta fórmula : « El Congrsso de la República Peruana (aquí la parte razonada) ha dado la ley siguiente : (aquí la parte dispositiva). Comuníquese al Poder Ejecutivo para que disponga lo necesario á su cumplimiento. »

Art. 77. El Ejecutivo, al promulgar y mandar cumplir las leyes, usará esta fórmula : — « El Presidente de la República — Por cuanto el Congreso ha dado la ley siguiente : — (aquí la ley) Por tanto, mando se imprima, publique y circule, y se le dé el debido cumplimiento. »

TITULO XI

PODER EJECUTIVO.

Art. 78. El Jefe del Poder Ejecutivo tendrá la denominacion de Presidente de la República.

Art. 79. Para ser Presidente de la República se requiere :

1.º Ser peruano de nacimiento :

2.º Ciudadano en ejercicio :

3.º Tener treinta y cinco años de edad y diez de domicilio en la República.

Art. 80. El Presidente de la República será elegido por los pueblos, en la forma que prescriba la ley.

Art. 81. El Congreso hará la apertura de las actas electorales, las calificará, regulará los votos y proclamará Presidente al que hubiese obtenido mayoría absoluta.

Art. 82. Si del escrutinio no resultase dicha mayoría, el Congreso elegirá entre los dos que hubiesen obtenido mayor número de votos. Si dos ó mas tuviesen igual número de votos, el Congreso elegirá entre todos ellos.

Art. 83. Si en las votaciones que, segun el artículo anterior, tuviese que hacer el Congreso, resultase empate, lo decidirá la suerte.

Art. 84. Cuando el Congreso haga la eleccion de Presidente, deberá precisamente quedar terminada en una sola sesion.

Art. 85. El Presidente durará en su cargo cuatro años; y no podrá ser reelecto Presidente, ni elegido Vice-Presidente, sino despues de un período igual.

Art. 86. El Presidente de la República, al concluir su período, dará cuenta al Congreso de sus actos administrativos, para los efectos de la atribucion 25, artículo 59.

Art. 87. La dotacion del Presidente no podrá aumentarse en el tiempo de su mando.

Art. 88. La Presidencia de la República vaca ademas del caso de muerte :

1.º Por perpétua incapacidad, física ó moral, del Presidente :

2.º Por la admision de su renuncia :

3.º Por sentencia judiciál que lo declare reo de los delitos designados en el artículo 65.

4.º Por terminar el período para que fué elegido.

Art. 89. Habrá dos Vice-Presidentes de la República, denominados 1.º y 2.º, que serán elegidos al mismo tiempo, con las mismas calidades, y para el mismo período que el Presidente.

Art. 90. En los casos de vacante que designa el artículo 88, excepto el último, el primer Vice-Presidente concluirá el período comenzado. En los casos del artículo 93, solo se encargará del mando por el tiempo que dure el impedimento del Presidente.

Art. 81. A falta del Presidente y del primer Vice-Presidente de la República, el segundo se encargará del mando supremo, hasta que el llamado por la ley se halle expedito. En el caso de vacante, dará dentro de tercero dia, las órdenes necesarias para qué se haga la eleccion de Presidente y primer Vice-Presidente de la República ; y convocará al Congreso para los efectos de los artículos 81 y siguientes.

Art. 92. Los Vice-Presidentes de la República no pueden ser candidatos para la Presidencia, ni para la Vice-Presidencia miéntras ejerzan el mando supremo. Tampoco pueden serlo los Ministros de Estado, ni el General en Jefe del Ejército,

Art. 93. El ejercicio de la Presidencia se suspende :

1.º Por mandar en persona el Presidente la fuerza pública :

2.º Por enfermedad temporal :

3.º Por hallarse sometido á juicio en los casos expresados en el artículo 65.

Art. 94. Son atribuciones del Presidente de la República :

1.ª Conservar el órden interior y la seguridad exterior de la República, sin contravenir á las leyes :

2.ª Convocar el Congreso ordinario, sin perjuicio de lo dispuesto en la primera parte del artículo 52; y al extrordinario, cuando haya necesidad.

3.ª Concurrir á la apertura del Congreso, presentando un mensaje sobre el estado de la República y sobre las mejoras y reformas que juzgue oportunas :

4.ª Tomar parte en la formacion de las leyes, conforme á esta Constitucion :

5.ª Promulgar y hacer ejecutar las leyes y demas resoluciones del Congreso ; y dar decretos, órdenes, reglamentos é instrucciones para su mejor cumplimiento :

6.ª Dar las órdenes necesarias para la recaudacion é inversion de las rentas públicas con arreglo á la ley :

7.ª Requerir á los jueces y tribunales para la pronta y exacta administracion de justicia :

8.ª Hacer que se cumplan las sentencias de los tribunales y juzgados :

9.ª Organizar las fuerzas de mar y tierra : distribuirlas, y disponer de ellas para el servicio de la República :

10.ª Disponer de la guardia nacional en sus respectivas provincias, sin poder sacarla de ellas; sino en caso de sedicion en las limítrofes, ó en el de guerra exterior :

11.ª Dirigir las negociaciones diplomáticas y celebrar tratados, poniendo en ellos la condicion expresa de que serán sometidos al Congreso, para los efectos de la atribucion 16.ª artículo 59 :

12.ª Recibir á los Ministros extranjeros y admitir á los Cónsules :

13.ª Nombrar y remover á los Ministros de Estado y á los Agentes diplomáticos :

14.ª Decretar licencias y pensiones, conforme á las leyes :

15.ª Ejercer el patronato, con arreglo á las leyes y práctica vigente :

16.ª Presentar para Arzobispos y Obispos con aprobacion del Congreso, á los que fueren electos segun la ley :

17.ª Presentar para las dignidades y canongías de las catedrales, para los curatos y demas beneficios eclesiásticos, con arreglo á las leyes y práctica vigente :

18.ª Celebrar concordatos con la Silla Apostólica, arreglándose á as instrucciones dadas por el Congreso :

19.ª Conceder ó negar el paso á los decretos conciliares, bulas, breves y rescriptos pontificios, con asentimiento del Congreso ; y oyendo préviamente á la Córte Suprema de Justicia, si fueren relativos á asuntos contenciosos :

20.ª Proveer los empleos vacantes, cuyo nombramiento le corresponda segun la Constitucion y leyes especiales :

Art. 95. El presidente no puede salir del territorio de la República durante el período de su mando, sin permiso del Congreso, y en su receso, de la Comision Permanente; ni concluido dicho período, miéntras esté sujeto al juicio que prescribe el artículo 66.

Art. 96. El Presidente no puede mandar personalmente la fuerza armada, sino con permiso del Congreso, y en su receso, de la Permanente. En caso de mandarla, solo tendrá las facultades de General en Jefe, sujeto á las leyes y ordenanzas militares y responsable conforme á ellas.

TÍTULO XII

DE LOS MINISTROS DE ESTADO.

Art. 97. El despacho de los negocios de la administracion pública corre á cargo de los Ministros de Estado, cuyo número, igualmente que los ramos que deban comprenderse bajo cada Ministerio, se designará por una ley.

Art. 98. Para ser Ministro de Estado se requiere ser peruano de nacimiento y ciudadano en ejercicio.

Art. 99. Las órdenes y decretos del Presidente se firmarán por cada Ministro en sus respectivos ramos, sin cuyos requisitos no serán obedecidos.

Art. 100. Los Ministros de Estado reunidos, forman el Consejo de Ministros, cuya organizacion y funciones se detallarán por la ley.

Art. 101. Cada Ministro presentará al Congreso ordinario al tiempo de su instalacion, una memoria en que exponga el estado de los distintos ramos de su despacho; y en cualquier tiempo, los informes que se le pidan.

Art. 192. El Ministro de Hacienda, presentará ademas, la cuenta general del bienio anterior y el presupuesto para el siguiente.

Art. 103. Los Ministros pueden presentar al Congreso, en todo tiempo, los proyectos de ley que juzguen convenientes; y concurrir á los debates del Congreso, ó de cualquiera de las Cámaras; pero deben retirarse antes de la votacion. Concurrirán, igualmente, á la discusion siempre que el Congreso, ó cualquiera de las Cámaras, los llame; y tanto en este caso, como en el anterior, contestarán, á las interpelaciones que se les hicieren.

Art. 104. Los Ministros son responsables, solidariamente, por las resoluciones dictadas en Consejo, si no salvasen su voto; é individualmente, por los actos peculiares á su departemento.

TITULO XIII

COMISION PERMANENTE DEL CUERPO LEGISLATIVO.

Art. 105. La Comision Permanente del Cuerpo Legislativo se compone de siete Senadores y ocho Diputados, elegidos en Cámaras reunidas, al fin de cada legislatura ordinaria. Para suplentes, serán elegidos tres Senadores y cuatro Diputados.

Art. 106. No podrá haber en esta comision individuos que tengan entre sí parentesco dentro del cuarto grado civil.

Art. 107. Son atribuciones de la Comision Permanente, á mas de las que le señalan otros artículos constitucionales :

1.ª Vijilar el cumplimiento de la Constitucion y de las leyes, dirijiendo al Poder Ejecutivo dos representaciones sucesivas, para que enmiende cualquiera infraccion que hubiese cometido ó para que proceda contra las autoridades subalternas, si ellas hubiesen sido las infractoras :

2.ª Dar cuenta al Congreso, y pedir que la Cámara de Diputados entable la correspondiente acusacion contra el Ministerio ó Ministros responsables, en el caso de que hubiesen sido desatendidas las representaciones de que se encarga la atribucion anterior:

3.ª Declarar si ha ó no lugar á formacion de causa, y poner á disposicion del juez competente á los Senadores ó Diputados, en el caso de que habla el artículo 55 de esta Constitucion:

4.ª Resolver las competencias que se susciten entre las Córtes Superiores y la Suprema, ó entre esta y el Poder Ejecutivo:

5.ª Autorizar al Ejecutivo para que negocie empréstitos, designándole la cantidad; y para que aumente la fuerza pública, hasta un número igualmente determinado, en el caso de que se trastorne el órden, ó sea invadido el territorio nacional:

Para esta autorizacion no bastará la mayoría absoluta de votos, sino que será indispensable la de dos tércios:

6.ª Dar al Presidente de la República el permiso mencionado en los artículos 95 y 96, en los mismos casos de la atribucion anterior.

Art. 108. Los Senadores y Diputados que formen esta comision, desempeñarán los encargos que les hubiesen conferido sus respectivas Cámaras, para la formacion y revision de las leyes con obligacion de dar cuenta oportunamente.

Art. 109. La Comision es responsable ante el Congreso por cualquiera omision en el cumplimiento de los deberes que le prescriben sus atribuciones 1.ª y 2.ª : lo es tambien por el mal uso que hiciere de su atribucion 5.ª

Art. 110. La comision elejirá de su seno un Presidente, un Vice-Presidente y un Secretario, y formará su reglamento y su presupuesto.

TITULO XIV

RÉJIMEN INTERIOR DE LA REPUBLICA.

Art. 111. La República se divide en departamentos y provincias litorales : los departamentos se dividen en provincias ; y estas en distritos.

Art. 112. La division de los departamentos, de las provincias y de los distritos, y la demarcacion de sus respectivos límites, serán objeto de una ley.

Art. 113. Para la ejecucion de las leyes, para el cumplimiento de las sentencias judiciales y para la conservacion del órden público, habrá Prefectos en los Departamentos y provincias litorales; Subprefectos en las provincias : gobernadores en los distritos; y tenientes gobernadores donde fuese necesario.

Art. 114. Los Prefectos estarán bajo la inmediata dependencia del Poder Ejecutivo : los Subprefectos bajo la de los Prefectos; y los gobernadores bajo la de los Subprefectos.

Art. 115. Los Prefectos y Subprefectos serán nombrados por el Poder Ejecutivo : los gobernadores lo serán por los Prefectos, á propuesta en terna de los Subprefectos ; y los tenientes gobernadores por los Subprefectos, á propuesta en terna de los gobernadores.

El Poder Ejecutivo podrá remover á los Prefectos y Subprefectos con arreglo á la ley.

Art. 117. Los funcionarios encargados de la policía de seguridad y órden público, dependen inmediatamente del Poder Ejecutivo, quien los nombrará y removerá conforme á la ley.

TITULO XV

MUNICIPALIDADES.

Art. 118. Habrá Municipalidades en los lugares que designe la ley; la cual determinará sus funciones, responsabilidades de sus miembros y el modo de elegirlos.

TITULO XVI

FUERZA PÚBLICA.

Art. 119. El objeto de la fuerza pública es asegurar los derechos de la Nacion en el exterior, y la ejecucion de las leyes y el órden en el interior.

16

La obediencia militar será arreglada á las leyes y ordenanzas militares,

Art. 120. La fuerza pública se compone de las guardias nacionales, del ejército y de la armada; y tendrá la organizacion que designe la ley.

La fuerza pública y el número de Generales y Jefes se designarán por una ley.

Art. 121. Las guardias nacionales existirán organizadas en la proporcion que determine la ley.

Art. 122. No habrá Comandantes generales territoriales, ni Comandantes militares, en tiempo de paz.

Art. 123. La fuerza pública no se puede aumentar ni renovar sino conforme á la ley. El reclutamiento es un crímen que da accion á todos, para ante los jueces y el Congreso, contra el que lo ordenare.

TITULO XVII

PODER JUDICIAL.

Art. 124. La justicia será administrada por los tribunales y los juzgados, en el modo y la forma que las leyes determinen.

Art. 125. Habrá en la capital de la República una Córte Suprema de Justicia: en las de departamento, á juicio del Congreso, Córtes Superiores: en las de provincia, juzgados de primera instancia; y en todas las poblaciones juzgados de paz.

El número de juzgados de primera instancia en las provincias, y el de juzgados de paz en las poblaciones, se designarán por una ley.

Art. 126. Los Vocales y Fiscales de la Córte Suprema serán nombrados por el Congreso, á propuesta en terna doble del Poder Ejecutivo: los Vocales y Fiscales de las Córtes Superiores serán nombrados por el Ejecutivo, á propuesta en terna doble de la Córte Suprema y los Jueces de primera instancia y Agentes Fiscales, á propuesta en terna doble de las respectivas Córtes Superiores.

Si ocurriere alguna vacante en la Córte Suprema, durante el

receso del Congreso, la Comision Permanente del Cuerpo Legislativo proveerá interinamente la plaza, á propuesta en terna doble del Poder Ejecutivo.

Art. 127. La publicidad es esencial en los juicios : los tribunales pueden discutir en secreto, pero las votaciones se harán en alta voz y públicamente.

Las sentencias serán motivadas expresándose en ellas la ley ó los fundamentos en que se apoyen.

Art. 128. Se prohibe todo juicio por comision.

Art 129. Ningun poder ni autoridad puede avocarse causas pendientes ante otro poder ú otra autoridad, ni sustanciarlas, ni hacer revivir procesos fenecidos.

Art. 130. Producen accion popular contra los magistrados y jueces :

1.º La prevaricacion :

2.º El cohecho :

3.º La abreviacion ó suspension de las formas judiciales :

4.º El procedimiento ilegal contra las garantías individuales,

TITULO XVIII

REFORMA DE LA CONSTITUCION.

Art. 131. La reforma de uno ó más artículos constitucionales se sancionará en Congreso ordinario, prévios los mismos trámites á que debe sujetarse cualquier proyecto de ley ; pero no tendrá efecto dicha reforma, si no fuere ratificada de igual modo por la siguiente legislatura ordinaria.

TITULO XIX

DISPOSICIONES TRANSITORIAS.

Art: 132. La renovacion del Congreso, en las legislaturas, de 1862 y 1864, se verificará por sorteo.

Art. 133. Los Senadores correspondientes á cada departamento ó provincia litoral, serán elegidos, en esta vez, por el Congreso, de entre los Diputados que representan esas divisiones territoriales.

Los miembros del Congreso que no fuesen elegidos Senadores, formarán la Cámara de Diputados.

Art. 134. Para que se establezcan sobre bases sólidas las relaciones existentes entre la Iglesia y el Estado; y para que se remuevan los obstáculos que se opongan al exacto cumplimiento del artículo 6, en cuanto al fuero eclesiástico, se celebrará á la mayor brevedad, un concordato.

Art. 135. Los artículos 34 y 35 no privan de los derechos de peruano por nacimiento ó por naturalizacion, á los individuos que se hallen en posicion legal de esta calidad.

Art. 136. Los juzgados y tribunales privativos é igualmente sus Códigos especiales, existirán miéntras la ley haga en ellos las reformas convenientes.

Art. 137. La eleccion del segundo Vice-Presidente de la República, que debe suplir la falta del Presidente y del primer Vice-Presidente, en el actual período, se verificará por los pueblos, tan luego como se promulgue la ley de elecciones; haciéndose el escrutinio y la proclamacion por la Comision Permanente del Cuerpo Legislativo, en receso del Congreso.

Art. 138. Esta Constitucion regirá en la República desde el dia de su promulgacion, sin necesidad de juramento.

Dada en la Sala de sesiones en Lima, á los diez dias del mes de Noviembre del año del Señor de mil ochocientos sesenta.

LEY FRANCESA

DE 15 DE NOVIEMBRE DE 1846

SOBRE FERRO-CARRILES.

TITULO I

DE LAS ESTACIONES Y DE LA VIA DE LOS FERRO-CARRILES.

SECC. I. — *De las estaciones.*

Art. 1. La entrada, la estacion y la circulacion de los coches públicos ó particulares destinados, ora al transporte de las personas ó bien al transporte de las mercancías, en los patios dependientes de las estaciones de los ferro-carriles, estarán sujetas á reglamentos formados por el Prefecto del departamento. Estos reglamentos no serán ejecutorios sino en virtud de la aprobacion del Ministro de obras públicas.

SECC. II. — *De la via.*

Art. 2. El ferro-carril y las obras que de él dependen estarán constantemente conservados en buen estado. — La compañía deberá poner en conocimiento del Ministro de obras públicas las medidas que haya adoptado para esta conservacion. — En caso

de que estas medidas sean insuficientes, el Ministro de obras públicas, despues de haber oido á la compañía, prescribirá las que
juzgue necesarias.

Art. 3. Se colocarán, por dó quier que haya necesidad, celadores
en número suficiente para asegurar la vigilancia y la maniobra de
las agujas en donde se cruzan y cambian las vías; en caso de
insuficiencia, el número de estos celadores será fijado por el Ministro de obras públicas, despues de haber oido á la compañía.

Art. 4. Por dó quier que un ferro-carril es atravesado al nivel,
sea por un camino destinado para carruages, ó bien por un camino
destinado á los pedestres, se establecerán barreras. — El modo, la
vigilancia y las condiciones de servicio de las barreras serán regla-
mentadas por el Ministro de obras públicas, según la proposicion
de la compañía.

Art. 5. Si se juzga necesario el establecimiento de contra-rieles en
interés de la seguridad pública, la compañía estará obligada á colocarlos en los puntos señalados por el Ministro de obras públicas.

Art. 6. Al momento que se ponga el sol y hasta despues que pase
el último tren, las estaciones y sus inmédiaciones deberán estar
alumbradas. — Sucederá lo mismo con los pasos á nivel para los
cuales la administracion juzgue necesaria esta medida.

TITULO II

DEL MATERIAL EMPLEADO EN LA ESPLOTACION.

Art. 7. Las máquinas locomotoras no podrán ser puestas en servicio sino en virtud de la autorizacion de la administracion, y despues que se las haya sometido á todas las pruebas prescritas por
los reglamentos vigentes. — Cuando, á consecuencia de deterioros
ó por cualquiera otra causa, se haya prohibido el uso de una máquina, esta no podrá volver á ponerse en servicio sino en virtud de
una nueva autorizacion.

Art. 8. Los ejes de las locomotoras, de los tenders y de los coches
de toda especie, que componen los convoyes de viajeros ó los

trenes mixtos de viajeros y mercancías, que marchan á gran velocidad, deberán ser de hierro forjado de primera calidad.

Art. 9. Se tendrán hojas del estado de servicio para todas las locomotoras. Estas hojas se inscribirán en registros que deberán estar constantemente á la vista é indicar, en el artículo de cada máquina, la fecha en que ha entrado en servicio, el trabajo que ha hecho, las reparaciones ó modificaciones que ha recibido y la renovacion de sus diversas piezas. — Además, se tendrán registros especiales para los ejes de las locomotoras, tenders y coches do toda especie, en los cuales se inscribirán, al lado del número de órden de cada eje, su procedencia, la fecha en que ha entrado en servicio, la prueba que ha sufrido, su trabajo, sus accidentes y sus reparaciones; á este efecto, el número de órden será sellado en cada eje. — Los registros mencionados en los dos párrafos precedentes serán presentados, á pedimento suyo, á los ingenieros y agentes encargados de la vigilancia del material y de la esplotacion.

Art. 10. Está prohibido colocar en un convoy que comprendo coches de viajeros ninguna locomotora, tender ú otros carruages de cualquiera naturaleza montados sobre ruedas de hierro colado. — No obstante, el Ministro de obras públicas podrá autorizar, escepcionalmente, el uso de las ruedas de hierro colado, con llantas de hierro forjado, en los trenes mixtos de viajeros y de mercancías y que marchen con la velocidad de veinticinco kilómetros por hora á lo mas.

Art. 11. Las locomotoras deberán estar provistas de aparatos que tienen por objeto detener los fragmentos de carbon de piedra que caen de la reja é impedir la salida de las chispas por la chimenea.

Art. 12. Los coches destinados á los viajeros serán de sólida construccion; deberán ser cómodos y estar provistos de lo necesario para la seguridad de los viajeros. — Las dimensiones del espacio destinado á cada viajero deberán ser á lo menos, de cuarenta y cinco centímetros de ancho, sesenta y cinco de profundidad y un metro cuarenta y cinco centímetros de altura; esta disposicion será aplicada á los ferro-carriles existentes, en un plazo que será fijado para cada camino por el Ministro de obras públicas.

Art. 13. Ningun coche destinado á los viajeros será puesto en uso sin autorizacion del Prefecto, dada segun dictámen de una comision que compruebe que el coche llena las condiciones prescritas por el artículo precedente. — La autorizacion para ponerlo en servicio no tendrá efecto sino despues que la estampilla prescrita para los coches públicos, por el art. 117 de la ley de 25 de marzo de 1817, haya sido despachada por el director de contribuciones indirectas.

Art. 14. Todo coche destinado á los viajeros indicará en el interior, de un modo aparente, el número de asientos.

Art. 15. Las locomotoras, tenders y carruages de toda especie deberán llevar : 1.º el nombre ó las iniciales del ferro-carril al cual pertenecen ; 2.º un número de órden. Los coches de viajeros llevarán, además, la estampilla despachada por la administracion de contribuciones indirectas. Se colocarán estas diversas indicaciones de un modo aparente sobre la caja ó en uno de los lados de los bastidores.

Art. 16. Las máquinas, locomotoras, tenders y coches de toda especie, y todo el material de esplotacion, serán mantenidos constantemente en un buen estado de conservacion. — La compañía deberá poner en conocimiento del Ministro de obras públicas las medidas adoptadas por ella sobre el particular, y, en caso de insuficiencia, el Ministro, despues de haber oido las observaciones de la compañía, prescribirá las disposiciones que juzgue necesarias para la seguridad de la circulacion.

TITULO III

DE LA COMPOSICION DE LOS CONVOYES.

Art. 17. Todo convoy ordinario de viajeros deberá contener, en número suficiente, coches de cada clase, á menos de una autorizacion especial del Ministro de obras públicas.

Art. 18. Cada tren de viajeros deberá estar acompañado : 1.º De un maquinista y de un fogonero por cada máquina : este deberá ser capaz de detener la máquina en caso de necesidad; — Del número de conductores guarda-frenos que se determine para cada ca-

mino, segun las cuestas y segun el número de carruages, por el
Ministro de obras públicas, á proposicion de la compañía. — En el
último carruage de cada convoy ó en uno de los carruages colocados atrás, habrá siempre un freno y un conductor encargado de
hacerlo maniobrar. — Cuando haya varios conductores en un convoy, uno de ellos deberá tener siempre autoridad sobre los otros. —
No podrá componerse un trén de viajeros de mas de veinticuatro
coches de cuatro ruedas. Si el convoy se compone de coches de seis
ruedas, el máximum del número de coches será determinado por el
Ministro. — Las disposiciones de los precedentes párrafos son
aplicables á los trenes mixtos de viajeros y de mercancías que marchen con la velocidad de los de viajeros. — En cuanto á los convoyes
de mercancías que transportan al mismo tiempo viajeros y mercancías, y que no marchan con la velocidad ordinaria de los de viajeros, las medidas especiales y las condiciones de seguridad á las que
deberán estar sujetos, serán determinadas por el Ministro, á proposicion de la compañía. •

Art. 19. Las locomotoras deberán estar á la cabeza de los trenes.
— No podrá derogarse esta disposicion sino para las maniobras
que deben ejecutarse en las inmediaciones de las estaciones ó en
caso de socorro. En estos casos especiales, la velocidad no deberá
pasar de veinticinco kilómetros por hora.

Art. 20. Los convoyes de viajeros no deberán ser remolcados
sino por una sola locomotora, salvo los casos en que el empleo de
una máquina de refuerzo sea necesario, ora por la subida de una
pendiente de grande inclinacion, ora á consecuencia de una afluen-
cia estraordinaria de viajeros, del estado de la atmósfera, de un
accidente ó de un atraso que exija el empleo del socorro, ú de cualquier otro caso análogo ú especial, préviamente determinado por el
Ministro de obras públicas. — En todo caso, está prohido engan-
char simultáneamente mas de dos locomotoras á un convoy de viajeros. — La máquina colocada á la cabeza deberá dar la regla á la
marcha del tren. — Deberá haber siempre á la cabeza de cada tren,
entre el tender y el primer coche de viajeros, tantos coches vacíos
cuantas locomotoras enganchadas haya. — En todos los casos en
que se enganche mas de una locomotora á un tren, se hará de ello
mencion en un registro destinado á este efecto, indicando el motivo
de la medida, la estacion en que haya sido juzgada necesaria, y la

hora en que el tren haya salido de esta estacion. — Se presentará este registro cada vez que lo pidan los funcionarios y agentes de la administracion pública encargados de la vigilancia de la esplotacion.

Art. 21. Está prohibido admitir en las convoyes que llevan viajeros ninguna materia que pueda causar esplosion ó incendio.

Art. 22. Los coches que componen los trenes de viajeros serán atados entre sí por medios que permitan que los tapones de resorte de estos coches esten siempre en contacto. — Los carruages de los contratistas de mensajerías no podrán ser admitidos en los trenes sino por autorizacion del Ministro de obras públicas, y mediante las condiciones indicadas en el acta de autorizacion.

Art. 23. Los conductores y guarda-frenos se pondrán en comunicacion con el maquinista para dar la señal de alarma, en caso de accidente, por el medio que sea autorizado por el Ministro de obras públicas, á proposicion de la compañía.

Art. 24. Los trenes deberán estar alumbrados esteriormente durante la noche. En caso de ser insuficiente el sistema de alumbrado, el ministro de obras públicas prescribirá, oida la compañía, las disposiciones que juzgue necesarias. — Los coches cerrados, que se destinan á los viajeros, deberán estar alumbrados interiormente durante la noche y en el paso de los subterráneos que sean designados por el Ministro.

TITULO IV

DE LA PARTIDA, DE LA CIRCULACION Y DE LA LLEGADA DE LOS CONVOYES.

Art. 25. Para cada ferro-carril el Ministro de obras públicas determinará, á proposicion de la compañía, el sentido del movimiento de los trenes y de las máquinas aisladas en cada via, cuando hay varias, ó los puntos de cruzamiento cuando no hay mas que una via. — No se podrán derogar, bajo ningun pretesto, las disposiciones que hayan sido prescritas por el Ministro, escepto los casos en que la via esté interceptada; y, en este caso, deberá hacerse el cambio con las precauciones indicadas en el artículo 34.

Art. 26. Antes de la partida del tren, el maquinista se asegurará si todas las partes de la locomotora y del tender se hallan en buen estado, si el freno de este tender funciona convenientemente. — Los conductores guarda-frenos verificarán lo mismo, en lo concerniente á los coches y los frenos de estos coches. — No se dará la señal de la partida sino cuando esten cerradas las portezuelas. — El tren no se pondrá en marcha sino despues que se haya dado la señal de partida.

Art. 27. Ningun convoy podrá partir de una estacion antes de la hora determinada por el reglamento de servicio. — Igualmente no podrá partir ningun convoy de una estacion antes que haya pasado, desde la partida ó el paso del convoy precedente, el espacio de tiempo que haya sido fijado por el Ministro de obras públicas, á proposicion de la compañía. — Se colocarán señales en la entrada de la estacion para indicar á los maquinistas de los trenes que pueden llegar, si ha pasado el plazo determinado en virtud del párrafo precedente. — En el intérvalo de las estaciones se establecerán señales con el objeto de dar la misma advertencia al maquinista en los puntos en que no puede ver adelante á una distancia suficiente. Luego que se le haya dado la advertencia, el maquinista deberá retardar la marcha del tren. En caso de insuficiencia de las señales establecidas por la compañía, el Ministro prescribirá, despues de haber oido esta, el establecimiento de las que juzgue necesarias.

Art. 28. Salvo el caso de fuerza mayor ó de reparacion de la via, los trenes no podrán detenerse mas que en los embarcaderos ó lugares de estacion autorizados para el servicio de los viajeros ó de las mercancías. — Las locomotoras y no los coches podrán estacionar en las vías del ferro-carril destinadas á la circulacion.

Art. 29. El Ministro de obras públicas determinará á proposicion de la compañía, las medidas especiales de precaucion relativas á la circulacion de los trenes en los planos inclinados y en los subterráneos de una ó dos vias, en razon de su longitud y de su trazo. — Determinará igualmente, á proposicion de la compañía, la velocidad máxima que los trenes de viajeros podrán tomar en las diversas partes de cada línea, y la duracion del tránsito.

Art. 30. El Ministro de obras públicas prescribirá, á proposicion de la.compañía, las medidas especiales de precaucion que se deben tomar para la espedicion y la marcha de los convoyes estraordinarios. — Luego que se haya decidido la espedicion de un convoy estraordinario, se la deberá declarar inmediatamente al comisario especial de policía, con indicacion del motivo de la espedicion del convoy y de la hora de la partida. ˙

Art. 31. Se colocarán en toda la longitud del camino, durante el dia y la noche, sea para la conservacion en buen estado, ó bien para la vigilancia de la via, agentes en bastante número para asegurar la libre circulacion de los trenes y la transmision de las señales; en caso de insuficiencia, el Ministro de obras públicas determinará su número, despues de oida la compañía. — Estos agentes se hallarán provistos de señales de dia y de noche por medio de las cuales anunciarán si la via está libre y en buen estado, si el maquinista debe detener inmediatamente el tren. — Ademas, deberán señalar de trecho en trecho la llegada de los convoyes.

Art. 32. En caso de que un tren, ó bien una máquina aislada, se detenga en la via por causa de accidente, la señal de alto indicada en el artículo anterior deberá hacerse á lo menos á quinientos metros atrás. — Los conductores principales de los convoyes y los maquinistas conductores de las máquinas aisladas deberán estar provistos de una señal de parada.

Art. 33. Cuando se hayan establecido talleres de reparacion en una via, las señales deberán indicar si el estado de esta via permite el paso de los trenes, ó si basta retardar la marcha de la máquina.

Art. 34. Cuando, á consecuencia de un accidente, de reparacion ó de cualquiera otra causa, la circulacion deba efectuarse momentáneamente en una via, deberá colocarse un guarda cerca de las agujas de cada cambio de via. — Los guardas no dejarán pasar los trenes á la via única reservada á la circulacion, sino despues de haberse asegurado de que no encontrarán un tren que venga en sentido opuesto. — Se pondrá en conocimiento del comisario especial de policía la señal ó el órden de servicio adoptado, para asegurar la circulacion en la via única.

Art. 35. La compañía estará obligada á poner en conocimiento del Ministro de obras públicas el sistema de señales que ha adoptado ó que se propone adoptar para los casos previstos por el presente título. El Ministro prescribirá las modificaciones que juzgue necesarias.

Art. 36. El maquinista deberá fijar constantemente la atencion en el estado de la via, detener ó retardar la marcha en caso que haya algun obstáculo, segun las circunstancias, y regirse segun las señales que se le transmitan; vigilará todas las partes de la máquina, la tension del vapor y el nivel de agua de la caldera. Cuidará de que nada embaraze la maniobra del freno del tender.

Art. 37. A quinientos metros á lo menos antes de llegar al punto en que una línea de encrucijada viene á cruzar la línea principal, el maquinista deberá moderar la velocidad de tal manera que el tren pueda ser detenido completamente antes de llegar á este cruzamiento, si las circunstancias lo exigen. — En el punto de la encrucijada que se menciona arriba, las señales deberán indicar el sentido en el cual están colocadas las agujas. — Al acercarse á las estaciones de llegada, el maquinista deberá tomar las disposiciones convenientes para que la velocidad adquirida del tren sea completamente amortiguada antes del punto en que deben apearse los viajeros, y de tal manera que sea necesario volver á poner la máquina en accion para llegar á este punto.

Art. 38. Al acercarse á las estaciones, á los pasos de nivel, á las curvas, á las zanjas y subterráneos, el maquinista hará sonar el silbato de vapor para advertir que el tren se acerca. — Se servirá igualmente del silbato como medio de advertencia todas las veces que la via no le parezca completamente libre.

Art. 39. Ninguna otra persona mas que el maquinista y el fogonero podrá subir á la locomotora ó al tender, á menos de un permiso especial y escrito del director de la esplotacion del ferrocarril. — Estan esceptuados de esta prohibicion los ingenieros de puentes y calzadas, los ingenieros de minas encargados de la vigilancia, y los comisarios especiales de policía. No obstante, estos últimos deberán remitir al jefe de la estacion ó al conductor principal del convoy una demanda escrita y motivada.

Art. 40. Deberán conservarse constantemente encendidas y prontas á partir máquinas llamadas de socorro ó de reserva, hácia los puntos de cada línea que serán señalados por el Ministro de obras públicas, á proposicion de la compañía. — Las reglas relativas al servicio de estas máquinas serán determinadas igualmente por el Ministro, á proposicion de la compañía.

Art. 41. Habrá constantemente, en el lugar del depósito de las máquinas, un wagon cargado de todos los aparatos y utensilios necesarios en caso de accidente. — Por lo demas, cada tren deberá estar provisto de los utensilios mas indispensables.

Art. 42. En las estaciones que designará el Ministro de obras públicas se tendrán registros en los cuales se mencionarán los retrasos de mas de diez minutos por los tramos cuya longitud es inferior á cincuenta kilómetros, y quince minutos por los tramos de cincuenta y mas kilómetros. Estos registros indicarán la naturaleza y la composicion de los trenes, el nombre de las locomotoras que los hayan remolcado, las horas de partida y de llegada, la causa y la duracion del retraso. — Estos registros serán presentados, cuando los pidan, á los ingenieros, funcionarios y agentes de la administracion pública encargados de la vigilancia del material y de la esplotacion.

Art. 43. Carteles colocados en las estaciones pondrán en conocimiento del público los horas de partida de los convoyes ordinarios de toda especie, las estaciones que deben servir, las horas á que deben llegar á cada una de las estaciones y partir de ellas. — Quince dias al menos antes de que se pongan en práctica estas órdenes de servicio serán comunicadas al mismo tiempo á los comisarios reales, al Prefecto del departamento y al Ministro de obras públicas, quienes podrá prescribir las modificaciones necesarias para la seguridad de la circulacion ó para las necesidades del público.

TITULO V

DE LA COBRANZA DE LAS TASAS Y DE LAS OTRAS COSTAS ACCESORIAS.

Art. 44. Ninguna tasa, de cualquiera naturaleza que sea, podrá ser cobrada por la compañía sino en virtud de una autorizacion del Ministro de obras públicas. — Las tasas cobradas actualmente por los ferro-carriles cuyas concesiones son anteriores á 1835, y que no estan regularizadas aún, deberán estarlo antes del 1º de abril de 1847.

Art. 45. Para la ejecucion del párrafo 4.º del artículo precedente, la compañía deberá estender una tabla de los precios que tiene intencion de cobrar, en los límites del máximo autorizado por el cuaderno de cargas, para el transporte de los viajeros, de los ganados, mercancías y diversos objetos, y remitir al mismo tiempo copias al Ministro de obras públicas, á los Prefectos de los departamentos que atraviesa el ferro-carril y á los comisarios reales.

Art. 46. Además, la compañía deberá someter, en el mas corto plazo posible y en la forma mencionada en el artículo anterior, sus proposiciones al Ministro de obras públicas relativas á los precios de transporte no determinados por el cuaderno de cargas, y respecto de los cuales el Ministro debe decidir.

Art. 47. En cuanto á las costas accesorias, tales como las de carga, descarga y depósito en los embarcaderos y almacenes de los ferro-carriles, y en cuanto á las tasas que deben arreglarse anualmente, la compañía deberá someter el reglamento á la aprobacion del Ministro de obras públicas en el décimo mes de cada año. Hasta que decida el Ministro, continuarán cobrándose las antiguas tasas.

Art. 48. Las tablas de las tasas y de las costas accesorias aprobadas, se hallarán constantemente fijadas en carteles en los lugares mas aparentes de los embarcaderos y de las estaciones de los ferro-carriles.

Art. 49. Cuando la compañía quiera hacer algun cambio de los precios autorizados, dará aviso al Ministro de obras públicas, á los Prefectos de los departamentos atravesados por el ferro-carril y á los comisarios reales. — Al mismo tiempo se informará al público por medio de carteles de los cambios sometidos á la aprobacion del Ministro. — Al terminar un mes, que debe contarse desde la fecha en que se ha fijado el cartel, podrán cobrarse dichas tasas si, en ese intervalo, el Ministro de obras públicas las ha autorizado. — Si el Ministro hubiere prescrito algunas modificaciones de los precios anunciados, deberán fijarse de nuevo en carteles estos precios modificados y no podrán servir de tarifa sino un mes despues de la fecha en que se hayan publicado los avisos.

Art. 50. La compañía está obligada á efectuar con cuidado, exactitud· y celeridad, sin turno de privilegio, los transportes de las mercancías, ganados y objetos de toda especie que se le hayan confiado. — A medida que lleguen los fardos, ganados. ú otros objetos al ferro-carril, se apuntarán en un libro inmediatamente, mencionando el precio total debido por el transporte. Este se efectuará en el órden de las inscripciones, á menos de dilaciones pedidas ó consentidas por el espedidor, y qué serán mencionadas en el libro. — Se deberá dar un recibo al espedidor, si ·lo pide, sin perjuicio, si ha lugar de la letra de carruage. El recibo indicara la naturaleza y el peso de los fardos, el precio total del transporte y el término en el cual deberá efectuarse este transporte. — Los libros de registro mencionados en el presente artículo serán presentados todas las veces que los pidan á los funcionarios y agentes encargados de vigilar la ejecucion del presente reglamento.

TITULO VI

DE LA VIGILANCIA DE LA ESPLOTACION.

Art. 51. La vigilancia de la esplotacion de los ferro-carriles se ejercerá al mismo tiempo : — Por los comisarios reales (1); — Por los ingenieros de puentes y calzadas, los ingenieros de minas y por los conductores, los guarda-minas y otros agentes que se hallan á sus órdenes; — Por los comisarios especiales de policía y los agentes que se hallan á sus órdenes.

Art. 52. Los comisarios reales estarán encargados : — De velar sobre el modo como se aplican las tarifas aprobadas y sobre la ejecucion de las medidas prescritas para el cobro y el registro de los fardos, su transporte y su remision á las personas á que están destinados; — De velar sobre la ejecucion de las medidas aprobadas ó prescritas para que el servicio de los transportes no sea interrumpido en los puntos estremos de las líneas que se hallan en comuni-

(1) Los comisarios reales se hallan reemplazados por los inspectores de la esplotacion comercial. V. el decreto del 26 dé Julio de 1852.

cacion una con otra; — De verificar las condiciones de los tratados concluidos por las compañías con las empresas de transporte por tierra ó por agua, que se hallan en correspondencia con los ferro-carriles, y señalar todas las infracciones al principio de la igualdad de las tarifas; — De comprobar el movimiento de la circulacion de los viajeros y de las mercancías en los ferro-carriles, los gastos de conservacion y de esplotacion, y los ingresos.

Art. 53. Para la ejecucion del artículo anterior, las compañías estarán obligadas á presentar, cuando los pidan, á los comisarios reales sus libros de gastos ó ingresos, y los libros mencionados en el artículo 50 arriba indicado.

Art. 54. Respecto á los ferro-carriles para los que las compañías hayan obtenido del Estado sea un préstamo con interés privilegia-do, sea la garantía de un mínimo de interés, ó respecto á aquellos de cuyos productos netos debe participar el Estado, los comisarios reales ejercerán todas las otras atribuciones que sean determinadas por los reglamentos especiales que han de intervenir en cada caso particular.

Art. 55. Los ingenieros, los conductores y otros agentes del ser-vicio de puentes y calzadas estarán encargados especialmente de velar sobre el estado de la vía ferrea, de los terraplenes y de las obras de arte y de los cercados.

Art. 56. Los ingenieros de minas, los guarda-minas y otros agen-tes del servicio de minas estarán encargados especialmente de ve-lar sobre el estado de las máquinas fijas y locomotoras empleadas en la traccion de los convoyes, y, en general, de todo el material de ruedas que sirve para la esplotacion. — Podrán suplirlos los in-genieros, conductores y otros agentes del servicio de puentes y calzadas, y recíprocamente.

Art. 57. Los comisarios especiales de policía y los agentes que se hallan bajo sus órdenes están encargados particularmente de ve-lar sobre la composicion, la partida, la llegada, la marcha y las paradas de los trenes, la entrada, la parada y la circulacion de los coches en los patios y estaciones, la admision del público en los em-barcaderos y los muelles de los ferro-carriles.

Art. 58. Las compañías están obligadas á suministrar locales con-venientes para los comisarios especiales de policía y los agentes de vigilancia.

17

Art. 59. Todas las veces que suceda un accidente en el ferro-carril se le declarará inmediatamente á la autoridad local y al comisario especial de policía, á diligencia del gefe del convoy. El Prefecto del departamento, el ingeniero de puentes y calzadas y el ingeniero de minas encargados de la vigilancia, y el comisario real serán informados del accidente inmediatamente por la compañía.

Art. 60. Las compañías deberán someter á la aprobacion del Ministro de obras públicas sus reglamentos relativos al servicio y á la esplotacion de los ferro-carriles.

TITULO VII

DE LAS MEDIDAS CONCERNIENTES A LOS VIAJEROS Y A LAS PERSONAS ESTRAÑAS AL SERVICIO DEL FERRO-CARRIL.

Art. 61. Está prohibido á toda persona estraña al servicio del ferro-carril : — 1.º Introducirse en el recinto del ferro-carril, circular ó detenerse en él; — 2.º Arrojar ó depositar en él ningun material ú objeto cualquiera; — 3.º Introducir caballos, ganado ú animales de toda especie; — 4.º Hacer circular ó parar ningun coche, wagon ó máquinas estrañas al servicio.

Art. 62. Están esceptuados de la prohibicion prescrita en el párrafo primero del artículo anterior los alcaldes y adjuntos, los comisarios de policía, los oficiales de gendarmería, los gendarmes y otros agentes de la fuerza pública, los empleados de la aduana, de las contribuciones indirectas y de las puertas, los guardas rurales y de montes en el ejercicio de sus funciones y vestidos con sus uniformes ó insignias. — En todo caso, los funcionarios y los agentes designados en el párrafo anterior, están obligados á conformarse á las medidas especiales de precaucion que hayan sido determinadas por el Ministro, oida la compañía.

Art. 63. Está prohibido : — 1.º Entrar en los coches sin haber tomado un boleto, y colocarse en un coche de otra clase que la que se halla indicada en el boleto; — 2.º Entrar ó salir de los coches de otro modo que por la portezuela que da frente al lado esterior de la línea del ferro-carril; — 3.º Pasar de un coche á otro, inclinarse al esterior; — Los viajeros no deben salir de los coches sino en las estaciones, y cuando el tren está completamente parado. — Está prohido fumar en los coches y en los embarcaderos; sin embargo, á peticion de la compañía y mediante medidas especiales de precaucion, podrán autorizarse escepciones á está disposicion. — Los viajeros están obligados á conformarse á las observaciones que les hagan los agentes de la compañía para cumplir con las disposiciones mencionadas en los párrafos anteriores.

Art. 64. Está prohibido admitir en los coches mas viajeros de los que indica el número de asientos conforme al artículo 14 arriba mencionado.

Art. 65. La entrada de los coches está prohibida : — 1.º A toda persona en estado de embriaguez; — 2.º A todo individuo portador de armas de fuego cargadas ó de paquetes que, por su naturaleza, su volúmen ó su olor, podrian molestar ó incomodar á los viajeros. — Todo individuo portador de un arma de fuego deberá, antes de entrar en los muelles de embarque, hacer constar que su arma no está cargada.

Art. 66. Las personas que quieran espedir mercancías de la naturaleza de las que se hallan mencionadas en el artículo 21, deberán declararlas en el momento en que las lleven á las estaciones de los ferro-carriles. — Se prescribirán medidas especiales de precaucion, si ha lugar, para el transporte de dichas mercancías, oida la compañía.

Art. 67. No se admitirá ningun perro en los coches que sirven para el transporte de los viajeros; sin embargo, la compañía podrá colocar en cajas de coche especiales á los viajeros que no quisieren separarse de sus perros, con tal que estos perros lleven bozal, en cualquiera estacion del año que sea.

Art. 68. Los camineros, guarda-barreras y otros agentes del ferro-carril deberán hacer salir inmediatamente toda persona que se hubiere introducido en el recinto del camino ú en cualquiera parte de sus dependencias en que no tenga derecho á entrar. — En caso de resistencia, por parte de los delincuentes, todo empleado del ferro-carril podrá pedir auxilio á los agentes de la administracion y de la fuerza pública. — Los caballos y ganados abandonados que se encuentre en el recinto del ferro-carril, serán tomados y embargados.

TITULO VIII

DISPOSICIONES DIVERSAS.

Art. 69. En todos los casos en que, conforme á las disposiciones del presente reglamento, el Ministro de obras públicas deba estatuir sobre la proposicion de una compañía, la compañía estará obligada á someterle esta proposicion en el plazo que él haya determinado, á defecto de lo que, el Ministro podrá estatuir directamente. — Si el Ministro cree que hay lugar de modificar la proposicion de la compañía, deberá, salvo los casos de urgencia, oir á la compañía antes de prescribir las modificaciones.

Art. 70. Ningun pregonador, vendedor ó distribuidor de cualesquiera objetos podrá ser admitido por las compañías á ejercer su profesion en los patios ó edificios de las estaciones y en las salas de espera destinadas á los viajeros, sino en virtud de una autorizacion especial del Prefecto del departamento.

Art. 71. Cuando un ferro-carril atraviese varios departamentos, las atribuciones conferidas á los Prefectos por el presente reglamento podrán ser centralizadas totalmente ó en parte en poder de uno de los Prefectos de los departamentos atravesados.

Art. 72. Las atribuciones conferidas á los prefectos de los departamentos por la presente ordenanza serán ejercidas, conforme al decreto del 3 brumario año IX, por el Prefecto de policía en toda la estension del departamento del Lena, y en los pueblos de St. Cloud, Meudon y Sèvres, departamento de Sena-y-Oise.

Art. 73. Todo agente empleado en los ferro-carriles llevará un uniforme ó un signo distintivo; los camineros, guarda-barreras y celadores podrán estar armados de un sable.

Art. 74. Nadie podrá ser empleado en calidad de maquinista, conductor de tren, si no presenta certificados de capacidad estendidos en la forma que será determinada por el Ministro de obras públicas.

Art. 75. En las estaciones señaladas por el Ministro, las compa-

ñias conservarán los medicamentos y medios de socorro necesarios
en caso de·accidente.

Art. 76. Se tendrá en cada estacion un libro marginado y rubri-
cado por el Prefecto de policía, en Paris, y en otras partes por el
alcade del lugar, el cual estará destinado á recibir las reclamaciones
de los viajeros que tengan quejas que formular, sea contra le compañía, ó bien contra sus agentes. Este libro será presentado á los
viajeros cuando lo reclamen.

Art. 77. Los libros mencionados en los artículos 9, 20 y 42 precedentes, se hallarán marginados y rubricados por el comisario de
policía.

Art. 78. Se hallarán fijados constantemente ejemplares del presente reglamento, á diligencia de las compañías, en las inmediaciones
de las oficinas de los ferro-carriles y en las salas de espera. — El conductor principal de un tren en marcha deberá estar provisto igualmente de un ejemplar del reglamento. — Se entregarán estractos
del reglamento en lo concerniente á cada uno, á los maquinistas,
fogoneros, guarda-frenos, camineros, guarda-barreras y otros agentes empleados en los ferro-carriles. — Deberán colocarse en cada
caja de coche estractos del reglamento en lo concerniente á las
reglas que deben observar los viageros durante el tránsito.

Art. 79. Serán comprobadas, perseguidas y reprimidas, conforme
al título III de la ley del 45 de julio de 1845, sobre la policía de los
ferro-carriles, las contravenciones al presente reglamento, á las
decisiones prescritas por el Ministro de obras públicas y á las disposiciones tomadas por su aprobacion, por los Prefectos, para la
ejecucion de dicho reglamento.

LEY

SOBRE ELECCION DE OBISPOS.

EL CONGRESO

DE LA REPUBLICA PERUANA.

Considerando :

Que es de sumo interés para la Iglesia y el Estado la buena elección de los Obispos, la cual unicamente puede conseguirse aproximándola en lo posible á la forma primitiva establecida por los cánones;

Da la ley siguiente :

Art. 1. El Cabildo de la Iglesia en que haya vacado la silla episcopal, al siguiente dia de haber elegido Vicario capitular, hará por tres dias consecutivos una rogativa pública en la Catedral.

Art. 2. El Vicario capitular, luego que quede canónicamente elegido, con anuencia del Supremo Gobierno, avisará por nota circular la vacante de la sede episcopal á los vicarios foráneos y al provisor, para que convoquen á los curas, encargándoles propongan personas para la lista de elegibles.

Art. 3. El provisor y cada vicario foráneo luego que reciban la órden del Vicario capitular, convocarán por una nota circular á los curas de su comprehension, sean propietarios, interinos ó coadjutores con título del Ordinario, para que concurran puntualmente á la parroquia capital de la provincia dentro de treinta dias contados desde su fecha, acompañándoles copia certificada de la citada órden para la inteligencia del fin á que son convocados.

Art. 4. El cura de la parroquia capital de la provincia mandará hacer públicas rogativas en los últimos tres dias de la convocatoria, y los curas que se hallaren presentes si llegasen al número de dos tercios del total de la provincia, se dirigirán á la Iglesia matriz, donde el cura mas antiguo en colacion cantará una misa solemne de Espíritu Santo.

Art. 5. Concluida la misa, se reunirán en la Iglesia ó sacristia, donde sobre una mesa se pondrá un Santo-Cristo y una urna para depositar los votos. Colocados los sufragantes por el órden de antigüedad, bajo la presidencia del Decano, hará este que el ménos antiguo, que será el secretario, lea la circular del Vicario foráneo y la órden del Capitular. Despues de esto comenzará la votacion por el ménos antiguo, y concluirá el presidente, quien recibirá y pondrá en la urna los boletos en que irán escritos los nombres de doce individuos debiendo ser seis de ellos de fuera del Obispado.

Art. 6. Los síndicos procuradores de las capitales de provincia concurrirán á dicha eleccion, en union de los párrocos, y tendrán voto en ella.

Art. 7. Terminada la votacion se contarán los votos por el presidente y secretario, y resultando igual en número al de votantes, se procederá al escrutinio leyendo el presidente de uno en uno los votos, y pasando estos por la vista de dos escrutadores, que con este objeto se nombrarán por la junta, entre los párrocos concurrentes. Verificado el escrutinio, se extenderá incontinenti el acta, relacionándose en ella los dias de las rogativas, misa, horas de reunion, lecturas, votacion, escrutinio y regulacion; así mismo los nombres de los que sacaren votos y cuántos, precediendo los de mayor número á los de menor. Concluida el acta, se leerá á presencia de todos los sufragantes y se firmará por ellos autorizándola el secretario, y quedando citados al mismo lugar para el dia siguiente.

Art. 8. Congregados en la misma forma que el dia anterior, el secretario presentará una copia del acta, que despues de confrontada con el original, se firmará por los mismos curas y síndicos, y autorizada por el secretario á presencia de todos, se cerrará y sellará, escribiéndose en el sobre lo siguiente : — « *Acta que comprende los candidatos para el Obispo de esta Diócesis de N...* » Este pliego se remitirá por el presidente con la nota respectiva al Prefecto del departamento dentro de tercero dia, por medio de un expreso costeado por los curas sufragantes. El acta original se pasará al Vicario de la provincia, y si hay mas de uno, al que tenga bajo su jurisdiccion la capital, con otra nota á la Municipalidad, y mientras estas se restablecen, al Subprefecto de la provincia para que la mande archivar en su secretaría.

Art. 9. El Cabildo eclesiástico, á los treinta dias de expedita la circular del Vicario capitular, dispondrá que el mas digno cante una misa solemne de Espíritu-Santo : concluida, se reunirán las Dignidades, Canónigos, Racioneros y medios Racioneros en la sala capitular y procederán á votar en el modo y forma prescritos en el artículo anterior ; reservando en su secretaría el pliego cerrado y sellado de su votacion.

Art. 10. A los cincuenta dias del acto enterior el Cabildo por medio de su presidente oficiará al Prefecto avisándole que al dia siguiente procede á formar la lista de elegibles para Obispo de la Diócesis, y que siendo de necesidad incorporar los votos de los curas con los del Cabildo para su regulacion, concurra con las actas remitidas de las provincias.

Art. 11. En el citado dia concurrirá el Prefecto á la sala capitular, donde será recibido con la ceremonia acostumbrada, y tomando el asiento preferente entre los capitulares, mandará se pongan á la vista las actas que recibió de las provincias y se traiga la del Cabildo. Cerciorado este de la integridad de los pliegos, el prefecto mandará que el secretario del Cabildo les dé uno en uno los que abiertos le entregue. Se procederá al nombramiento de dos escrutadores para el escrutinio de votos. Concluido este se hará la regulacion, sentándose en el acta, con la preferencia debida, las personas que fueron nombradas y el número de votos, con relacion de la hora en que principió el acto y los incidentes de él. El acta será firmada por el Prefecto, y por todos los que sufragaron ántes: una copia se entregará al Prefecto.

Art. 12. Reunido el Cabildo al segundo dia, en vista del acta precedente, formará la lista de doce individuos por el órden de mayoría de votos que hubieren obtenido. En los casos de empate, el Cabildo á pluralidad respectiva, dará el lugar preferente. A dicha lista se acompañará copia de las actas del Cabildo.

Art. 13. Si la Iglesia episcopal no tuviese Cabildo, la junta de párrocos de la provincia en que se halle situada la capital del Obispado, suplirá sus veces observando los artículos anteriores y el Subprefecto las del Prefecto, donde no lo haya; y el cura mas antiguo presidirá la junta á falta del Decano.

Art. 14. Si un Obispado comprende dos ó mas departamentos, las juntas de párrocos de provincia remitirán sus actas al Prefecto del departamento en cuya capital reside la silla episcopal.

Art. 15. El Cabildo eclesiástico remitirá en pliego cerrado y sellado la lista y el acta de que hablan los artículos 11 y 12, por conducto del Prefecto, al Ministerio de Negocios Eclesiásticos, para que este los pase inmediatamente al Consejo de Estado, el cual en el término de tres días contados desde la fecha en que su secretaría reciba dichos documentos, formará de entre los doce individuos contenidos en la lista remitida por el Cabildo, la terna que corresponde, conforme á la atribucion 7ª, artículo 103 de la Constitucion.

Comuniquese al Poder Ejecutivo para que disponga lo necesario á su cumplimiento, mandándolo imprimir, publicar y circular.

Dado en Lima, á 10 de Diciembre de 1851.

APÉNDICE

DE LA

SEGUNDA EDICION.

CAPITULO PRIMERO.

Division de la administracion activa. — Centralizacion. — Descentraliza-
cion/descentralizacion administrativa. — Consejos Consultivos.

Al hablar de la division de la administracion activa (pág. 9) la dividimos en GENERAL y LOCAL, y
consideramos entónces en la primera, á la *Comision
permanente del cuerpo legislativo*, reconocida por la
constitucion (1) y que en ciertos casos ejercia atribuciones administrativas, y dejamos de considerar en
la segunda á los Concejos Departamentales y provinciales creados por la ley de 7 de Abril de 1873.

Así el cuadro que entónces presentamos debe quedar reformado de esta manera:

GOBIERNO.

ADMINISTRACION GENERAL ... { Presidente de la República.
Ministros de Estado.

DEPARTAMENTOS.
Prefectos.
Concejos departamentales.
PROVINCIAS.
ADMINISTRACION LOCAL .... { Sub-Prefectos.
Concejos provinciales.
DISTRITOS.
Gobernadores.
Municipalidades.

(1) Ya extinguida por ley de 31 de Agosto de 1874.

La creacion de esos Concejos que ejercen en el órden administrativo alguna de las atribuciones ántes encomendadas á los funcionarios políticos, nos lleva naturalmente á tratar de una cuestion ardientemente de batida: la descentralizacion.

CENTRALIZACION — DESCENTRALIZACION — DESCENTRALIZACION ADMINISTRATIVA. — La CENTRALIZACION es la concentracion en el poder de cuantas fuerzas son necesarias para dirigir los intereses comunes de una manera vigorosa y uniforme. La *centralizacion* es la unidad en la accion y en el poder, ó la unidad en el territorio, en la legislacion y en el gobierno (1).

"La centralizacion, dice Pradier Fodéré (2), consiste en la subordinacion de los administradores locales á la autoridad central que los nombra y que revoca sus nombramientos, y que se reserva la decision de los mas importantes asuntos. Desde el año VIII, la centralizacion que se ha desarrollado siempre ha producido grandes bienes; ella ha contribuido á animar á la Francia de un solo espíritu y de un mismo pensamiento; ha fundado la unidad. Pero, al mismo tiempo, ha creado males funestos aumentando la responsabilidad de la autoridad, distrayendo los espíritus de los asuntos públicos y entregando al gobierno que toma parte en muchas cosas á las recriminaciones de los descontentos."

La centralizacion política es necesaria, bajo cualquiera forma de gobierno, porque los intereses gene-

(1) COLMEIRO. — *Derecho administrativo español*, tom I, pag. 16.
(2) P. PRADIER FODÉRÉ. — Comp. de *Derecho Administrativo.* — 5. ed. P. 84.

rales y la necesidad de que la accion gubernativa sea pronta, enérgica y uniforme, exigen que obre una sola fuerza y que ésta no pueda ser contrarestada, en ningun caso. Así, en los gobiernos mas republicanos como en el de los EE. UU. de Norte-América, se confian al poder central los elementos necesarios para llenar sus fines. El Jefe del Poder ejecutivo es, en esa República federal, comandante en jefe del ejército y armada, concede perdones, hace tratados y nombra á todos los funcionarios públicos cuyo nombramiento no esté determinado que se haga de otro modo (1).

Generalmente, el empleo de la fuerza pública, las relaciones diplomáticas, la administracion de los fondos nacionales y el nombramiento de los agentes superiores de la administracion, son atribuciones del Jefe del Estado, como que sin ellas sería imposible dar á la gestion de los negocios que interesan á la nacion entera, la impulsion y direccion constante y uniforme que deben caracterizarla.

Importa, pues, mucho distinguir la centralizacion política y la administrativa, que pueden hallarse juntas ó separadas. Muchos y autorizados partidarios tiene la absoluta descentralizacion administrativa, que consiste en dejar á las administraciones locales el libre empleo de sus recursos propios, la creacion de otros nuevos, la vigilancia de los establecimientos de de enseñanza y de Beneficencia existentes en su jurisdiccion, y en una palabra, la completa satisfaccion de todas sus necesidades.

(1) Const. Art. 2. Sec. 2.ª, § 1.º

"Mezclarse sin necesidad, dice el mismo Colméiro,
"en la vida social es acostumbrar á la nación á vivir
"en perpétua minoría; á mendigar la tutela del go-
"bierno en los actos mas sencillos de la existencia,
"á enervar la fortaleza de los hombres y relajar los
"vínculos de ciudad y de familia."

La centralizacion mata hasta cierto punto la actividad de los pueblos cuya iniciativa se hace estéril
desde que no puede conducirles á ningun resultado
positivo.

La descentralización no puede, sin embargo, con-
venir á todos los pueblos ni debe serles concedida en
igual grado. Las condiciones topográficas, las tradi-
ciones históricas, el desarrollo de la instruccion y de
la industria, la cantidad y naturaleza de sus elementos propios, estas y otras condiciones debe el legislador tener presentes para determinar hasta qué punto
debe dejar expedita la accion de las administraciones
locales independientes de las políticas.

Si se dá una rápida ojeada á las constituciones europeas y aun á las americanas se notará que la organizacion de los comunes y distritos, última subdivision política de los Estados difiere considerablemente. Así, por ejemplo, en Inglaterra, la última division
política, que es al mismo tiempo *religiosa*, es la *parroquia*, subdivision del Condado. El Gobierno de
los asuntos comunes de la parroquia está confiado á
la asamblea parroquial ó *vestry*, á cuyo cargo corre
la conservacion de los cementerios, la vigilancia del
alumbrado y la reparticion del impuesto á él destinado, la conservacion de los caminos parroquiales,

la administracion local del registro de nacimientos, matrimonios y defunciones, y el importante servicio de la ley de los pobres.

La legislacion de los EE. UU. de Norte–América ha dado al comun una importancia mayor que al mismo Condado. El *comun* es en los EE. UU. una pequeña república dentro de la Gran república y del Estado (1). Los EE. UU. son como su nombre lo indica, una federacion, es decir, que la soberanía central está limitada por la soberanía local y no la absorbe (2).

Miéntras que el Perú y á consecuencia de la ley que ya hemos citado (3), tanto los Concejos Departamentales como los de distrito funcionan con entera independencia de las autoridades políticas locales, en Chile los gobernadores son los jefes de las Municipalidades de los departamentos ; y los subdelegados los de las de sus subdelegaciones.

Antes que determinar el legislador el límite que impone á la centralizacion administrativa y la extension que dá á las atribuciones de los agentes de la administracion local, debe tomar en cuenta las condiciones que poco há hemos indicado á fin de salvar los escollos y evitar los inconvenientes que naturalmente resultarian de no adoptar el término conveniente.

CONSEJOS CONSULTIVOS. — La *organizacion administrativa del Perú no reconoce actualmente la existencia de*

(1) PRADIER FODÉRÉ. — Principios generales de Derecho, etc.
(2) LABOULAYE.
(3) Ley de 7 de Abril de 1873.

18

consejos consultivos: tales son nuestras palabras al tratar de la *de la division de la administracion.* (pagina 7.)

En el dia y aunque esas comisiones no deban su orígen á una ley, existen en virtud del supremo decreto de 14 de Agosto de 1872, cuyos fundamentos son : 1º " Que la buena administracion pública de-"manda el concurso de todos los ciudadanos ilustra-"dos : 2º Que este concurso debe ser sistemado á fin "de que llene más provechosamente su objeto, que "es contribuir al mas completo estudio y á la mejor "direccion de los negocios públicos."

Estas comisiones están encargadas de formar los proyectos de leyes, decretos, y reglamentos que les pida el Ministro ; modificar los que éste someta á su conocimiento, y presentar los que estime conveniente para la satisfaccion de las necesidades públicas.

Las comisiones son tantas cuantos los ramos generales en que cada ministerio está dividido ; deben constar cuando ménos, de cinco miembros nombrados por el ministerio respectivo ; son presididas por el Ministro del ramo, pero cada comision elige un Presidente de su seno para que dirija los trabajos, en ausencia del Ministro; deben reunirse dos veces cada mes en el ministerio del ramo y extraordinariamente cuando las convoque el Ministro.

Los directores de cada ramo del ministerio y los Jefes de seccion donde no haya directores, sirven de secretarios en las comisiones respectivas.

Las comisiones creadas son :

MINISTERIO DE RELACIONES EXTERIORES.

1.ª Comision diplomática.
2.ª   "   consular.

MINISTERIO DE GOBIERNO, POLICÍA, Y OBRAS PÚBLICAS.

1.ª Comision de Administracion.
2.ª   "   de Estadística.
3.ª   "   de Policía.
4.ª   "   de Obras públicas.
5.ª   "   de Agricultura.
6.ª   "   de Inmigracion y colonizacion.

MINISTERIO DE JUSTICIA, CULTO Y BENEFICENCIA.

1.ª Comision de Instruccion superior.
2.ª   "   "   popular.
3.ª   "   de Beneficencia.
4.ª   "   de Justicia.

MINISTERIO DE GUERRA Y MARINA.

1.ª Comision de Guerra.
2.ª   "   de Marina.

MINISTERIO DE HACIENDA Y COMERCIO.

1.ª Comision de Hacienda.
2.ª   "   de Comercio y moneda.
3.ª   "   de Rentas.
4.ª   "   de Contabilidad y crédito.
5.ª   "   de Minería.
6.ª   "   de Industria.

Estas comisiones consultivas pueden, realmente prestar á la administracion útiles servicios, pues compuestas de hombres competentes en los diversos ramos, ayudan al gobierno con el contingente de sus luces. Sin embargo, la necesidad de un cuerpo con facultades mas ámplias, de mas elevado carácter, y de orígen legislativo, se hace mucho mas sentible desde el desaparecimiento de la *Comision permanente del Cuerpo legislativo*. La reforma consistente en extinguir un cuerpo constitucionalmente creado sin indicar desde luego que otro cuerpo debia reemplazarlo deja un vacío notable que, en nuestra opinion, debería llenarse creando un Consejo de Estado.

CAPITULO II.

DERECHO DE GRACIA. — CONMUTACION. — AMNISTIA. — INDULTO. —

Al tratar del derecho de gracia, generalmente concedido al Jefe del Estado, digimos (pág. 13) que "abolida la pena de muerte para todos los casos en "que la prescribia la legislacion antigua, y limitada "solo á los casos de homicidio calificado, habia de- "saparecido de nuestra constitucion el derecho de "conmutacion que, en las anteriores se habia conce- "dido al Presidente de la República."

La intencion del legislador, añadimos, podia deducirse del hecho de que, aplicándose la pena de muerte solo á casos gravísimos, se creyó que en estos no era posible la conmutacion. Debia tambien deducirse de lo mismo que la conmutacion no podia en ningun caso ser concedida por el cuerpo legislativo porque no estaba indicada entre las atribuciones de ese cuerpo.

Sin embargo, los casos que de pocos años á esta parte se han presentado, y la interpretacion algo violenta que se ha pretendido dar al inc. 19 del art. 59 de la constitucion, han venido á suscitar algunas dudas sobre la extension de la atribucion del Congreso de *conceder amnistías é indultos.*

Antes de emitir nuestra opinion sobre este punto, parece oportuno determinar de un modo preciso el sentido de las palabras *gracia, conmutacion, amnistía é indulto.*

Se llama GRACIA el privilegio de remitir la pena á un criminal, legalmente condenado por los tribunales del pais. Este privilegio se deriva incontestablemente del derecho de vida y de muerte, del carácter de *juez supremo* atribuidos á los soberanos absolutos, por la ley de las monarquías primitivas.

Se entiende por CONMUTACION el derecho de minorar la pena impuesta por los tribunales; este derecho, era el concedido al Presidente de la República en el Reglamento de Tribunales (1), con la limitacion de no poder conmutar sino en los casos de pena de muerte, con tal que el delito que la motivara no fuera homicidio atroz y alevoso, y con la calidad de que la conmutacion fuese en presidio ó destierro por seis años á lo ménos.

La AMNISTÍA, es el olvido de los sucesos ó hechos, que dán lugar á la aplicacion de una pena. La amnistía puede ser objeto de las cláusulas de los tratados de paz, ó tender á apaciguar las discordias civiles y á

(1) Tit. VII.

reconciliar con el Estado á los ciudadanos que se sublevaron contra el órden establecido (1).

-De la naturaleza de la amnistía se desprende que no ha procedido acertada y legalmente la Córte Suprema de Justicia al aplicar la ley de 26 de Abril de 1873, que amnistiaba á todos los *enjuiciados por delitos políticos*, á los Ministros de Estado, á quienes el Congreso habia mandado enjuiciar por hechos cometidos en el ejercicio de sus fuuciones; tanto porque esos actos no constituyen delitos políticos, cuanto porque segun la Constitucion ese juzgamiento debe hacerse siempre y en todo caso que los ministros sean acusados por la Cámara de Diputados y que la de Senadores declare que há lugar á formacion de causa.

" Las amnistías son una excepcion de la ley comun, una suspension del hecho de castigar, un medio extraordinario de gobierno que, separándose de la marcha lenta y extricta de la Justicia, encierra miras mas vastas y complejas y provee á las necesidades sociales; porque si el derecho de castigar los delitos es la regla general y constante, solo por una excepcion de la misma puede concebirse y realizarse el acto solemne que se interpone entre la ley y el delincuente y anonada con relacion á éste la fuerza de sus severas prescripciones."

" La *amnistía*, dice Mr. Dupin (2), es una *manera* " *de gracia;* pero debemos no confundirla con la gra-

(1) Bouvin.
(2) *Enciclopedia del Derecho —*Aart. mnistía.

" via propiamente dicha. La gracia solo remite la
" pena; no interviene sino despues que la justicia
" ha tenido su libre curso cuando el crímen está com-
" probado, cuando los magistrados han impuesto la
" condenacion. Para que haya gracia es necesario
" que haya una pena ya pronunciada."

El tribunal de Casacion, en una sentencia de 11 de
Junio de 1825, se fundó en " que la amnistía y la
" gracia se diferencian tambien por sus efectos; por-
" que el efecto de la gracia se limita al todo ó parte
" de las penas, miéntras que la amnistía comprende
" la abolicion de los delitos, los procedimientos y
" condena, de tal manera, que los delitos quedan, sal-
" vo el derecho de tercero, como si no hubieran exis-
" tido."

De estas razones es fácil deducir la diferencia que
existe entre la amnistía, la gracia y la conmutacion.
Estos dos últimos derechos se aplican en favor de los
reos de delitos comunes; la amnistía solo en favor de
los enjuiciados políticos.

Llámase INDULTO el derecho del soberano para per-
donar las penas impuestas por los tribunales; se diferencia de la *gracia* en que ésta debe recaer en favor
de determinada persona y no comprende sino un hecho, miéntras que el indulto puede ser *general ó particular* y ser extensivo á una ó varias clases de delitos; se diferencia de la conmutacion en que por
ésta no hay sino diminucion de pena.

El *indulto general* es el que se concede á todas las
clases de delitos no exceptuados en él mismo y aun
el que le concede á cierta clase de delincuentes, co-

mo contrabandistas, desertores, delincuentes políticos.

Si en el indulto genéral no se determína la clase de delitos ó no se exceptúan algunos, se entienden siempre *exceptuados* los crímenes atroces y algunos contra la honestidad (1).

El *indulto particular* es el que se concede á una persona determinada, y no por el simple hecho de solicitarlo ésta, como sucede en la gracia, sino por alguna razon especial como servicios importantes que el delincuente ó sus progenitores hubiesen prestado al Estado, por los que todavía pueden esperarse de sus virtudes, de su valor ó de su talento; por su extraordinaria habilidad en alguna ciencia ó arte, y á ruego de sus propios jueces ó de muchos vecinos del lugar de su residencia que lo recomienden; por haber sido el *delito mero efecto del impulso de una pasion y no de perversidad.*

Nos hemos extendido en definir estas palabras y hacer notar las diferencias que en su sentido existen, para deducir que la atribucion constitucional que el Congreso tiene para conceder indultos no puede llegar hasta los reos de homicidio calificado condenados á muerte. Muchas razones pudiéramos aducir en favor de nuestra opinion, sacadas de la misma historia del artículo constitucional, de la cual fácilmente se deduciria que la facultad de indultar solo puede entenderse con respecto á los delitos políticos, pero nos limitaremos á una sola reflexion que en nuestro concepto es terminante.

(1) Escriche.

.El único caso, en que puede imponerse la pena capital es la de homicidio calificado; el indulto remite completamente la pena, y por consiguiente un condenado á muerte *indultado,* queda en .mejores condiciones que. el que cometió un homicidio por. negligencia ó el reo de simples heridas.

Y no puede ser de otro modo, porque minorar ó debilitar la pena no es indulto sino conmutacion, y el Congreso no tiene facultad de conmutar.

Resulta, pues, absurda, ilegal y atentatoria á la magestad de la ley y á la importancia de la cosa juzgada, la doctrina sostenida por algunos miembros del Senado, en 1874, pretendiendo establecer que el Congreso·podia indultar á varios reos de homicidios alevosos y crueles que habian ·sido condenados á muerte por los Tribunales de Justicia.

CAPITULO III.

Organizacion de los Ministerios. — Ministerio de Gobierno. — Ministerio de Hacienda. — Ministerio de Justicia. — Ministerio de Guerra.— Ministerio de Relaciones Exteriores.

ORGANIZACION DE LOS MINISTERIOS DE ESTADO. — Al hablar de la distribucion de los ramos en los ministerios de Estado (pág. 24 á 27), omitimos dar una idea de su organizacion que últimamente ha recibido notables y ventajosas reformas.

Anteriormente no podia ménos que notarse gran confusion en el servicio, encontrándose un cierto cierto número de empleados cuyas atribuciones no estaban perfectamente deslindadas; estableciéronse despues las secciones con sus respectivos jefes, y últimamente direcciones divididas en secciones, en este órden :

MINISTERIO DE GOBIERNO.

1.ª DIRECCION DE GOBIERNO. { 1.ª Seccion de policía y municipalidades. 2.ª De inmigracion, colonizacion y agricultura.

2.ª DIRECCION DE POLICÍA... {
1.ª Seccion del material.
2.ª " del personal.
}

3.ª DIRECCION DE OBRAS PÚ-
BLICAS.............. ..... {
1.ª Seccion de administracion.
2.ª " de construccion.
3.ª " de contabilidad de fondos y materiales.
}

4.ª DIRECCION DE ESTADÍSTI-
CA. .... {
1.ª Seccion de estadística de la poblacion.
2.ª " de estadística territorial.
3.ª " de estadística del Estado.
}

La direccion de Correos forma parte del Ministerio de Gobierno, pero conservando su anterior organizacion y funciones (1).

MINISTERIO DE HACIENDA.

1.ª DIRECCION DE ADMINIS-
TRACION.............. } Dos secciones.

2.ª DIRECCION DE RENTAS... {
1.ª Seccion de guano.
2.ª " de aduanas.
3.ª " de contribuciones y demas rentas del Estado.
}

3.ª DIRECCION DE CONTABILI-
DAD GENERAL Y CRÉ-
DITO (2) .... {
1.ª Seccion de contabilidad.
2.ª " de crédito público.
3.ª " de contabilidad militar.
}

MINISTERIO DE INSTRUCCION, CULTO, JUSTICIA Y BENEFICENCIA.

1.ª DIRECCION DE INSTRUC-
CION PÚBLICA Y CULTO.. {
1.ª Seccion de Instruccion.
2.ª " de Culto.
}

2.ª DIRECCION DE JUSTICIA Y
BENEFICENCIA (3). .... {
1.ª Seccion de Justicia.
2.ª " de Beneficencia.
}

MINISTÉRIO DE GUERRA Y MARINA.

SE DIVIDE EN............ {
Seccion de Guerra.
Seccion de Marina.
}

MINISTERIO DE RELACIONES EXTERIORES.

SE DIVIDE EN............ {
Seccion continental.
Seccion de Ultramar.
}

(1) Ley de 30 de Abril de 1873.
(2) Ley de 10 de Diciembre de 1868.
(3) Ley de 23 de Agosto de 1872.

CAPITULO IV.

Al tratar de la administracion local (pág. 29 á 39), nos ocupamos únicamente de las atribuciones de los funcionarios politicos y de las Municipalidades organizadas conforme á la léy entónces vigente.

La ley de 9 de Abril de 1873 ha introducido en la administracion local una considerable novedad, conconfiándola á los Concejos que ella crea, con independencia de las autoridades políticas.

DIVISION DE LA ADMINISTRACION LOCAL. — La administracion local de la República se divide en departamental, provincial y de distrito. — A la administracion departamental corresponde: — 1º Administrar los servicios del departamento que le encomienda esta ley: — 2º Fiscalizar la administracion provincial: — 3º Recaudar las rentas departamentales. — A la administracion provincial corresponde: — 1º Administrar los servicios de la provincia especificados en esta ley: — 2º Fiscalizar la administracion de los distritos: — 3º Recaudar las rentas de las provincias. — La administracion de distrito tiene á su cargo todo lo relativo á los intereses municipales, dentro del territorio de su jurisdiccion (1).

DE LOS CONCEJOS. — CALIDADES PARA SER CONCEJAL. — La Administracion local se desempeña por las siguientes corporaciones: — Un concejo departamental en cada capital de departamento: — 2º Un concejo provincial en cada capital de provincia, aun cuando sea capital de departamento: — 3º Un concejo de distrito en cada capital de distrito, que no sea capital de provincia. — Los concejos provinciales inspeccionan y vigilan los procedimientos de los de distrito y conocen, en revision, de las resoluciones de estos. — La misma jurisdiccion ejercen los concejos departamentales sobre los actos de lss de provinvia, y el Supremo Gobierno sobre los de aquellos. — Están sujetas á revision todas las resoluciones contrarias á las leyes, á los derechos de los ciudadanos y á las conveniencias de las poblaciones. — Esto no impide que el Poder Judicial conozca, con arreglo á sus atribuciones cons-

(1) Art. 1 á 4, ley de 9 de Abril de 1873.

titucionales, de las reclamaciones referentes á asuntos contenciosos. — Los reglamentos de los concejos provinciales obligan á los de distrito. — Los que dictan los concejos departamentales, á los provinciales y á los de distrito. — Los concejos provinciales dirimen las competencias suscitadas entre concejos de distrito. Los departamentales, las que se promuevan entre concejos provinciales, ó entre uno provincial y otro de distrito, ó entre concejos de distrito de distintas provincias. — El Poder Ejecutivo, las que se susciten entre concejos departamentales ó entre un departamental y otro provincial, ó entre provinciales ó de distrito, de distintos departamentos. — Para ser miembro de cualquier concejo se requiere: 1º Saber leer y escribir: — 2º Tener á lo ménos dos años de residencia en el departamento, provincia ó distrito á que el concejo corresponde: — 3º Ser mayor de edad: — 4º Ejercer una industria ó pagar una contribucion directa al Estado. — No pueden ser miembros de ningun concejo: — 1º Los militares y empleados políticos ó judiciales, en activo servicio: — 2º Los empleados municipales: — 3º Los que contratan con cualquiera de los concejos del departamento: — 4º Los deudores á los fondos fiscales, locales ó municipales: — 5º Los incapaces: — 6º Los procesados criminalmente, con mandamiento de prision, ó sujetos á alguna pena. — Los concejos tendrán sesiones ordinarias en los dias que esta ley señala, y extraordinarias cuando las convoque el Presidente, por sí, ó á pedimento de cinco ó mas de sus miembros: — Las resoluciones que tomen serán siempre fundadas. — Forma *quorum* de un concejo el tercio del número total de sus miembros, y reunidos que sean, puede comenzar sus sesiones. — Siempre que tenga lugar una sesion extraordinaria, el Presidente, con la anticipacion que señala el reglamento, convocará á los miembros por medio de los periódicos, ó por esquelas, indicando la materia que la motiva. — No es lícito ocuparse en las sesiones extraordinarias de asuntos distintos del de la convocatoria. — Las votaciones serán públicas, exceptuándose las que recaigan sobre elecciones ó asuntos personales. — Todos los miembros de un concejo tienen voz y voto en los acuerdos y pueden ser elegidos indistintamente para las diversas comisiones; pero les es prohibido tomar parte en la votacion y discusion en los asuntos en que ellos, ó sus parientes, hasta el segundo grado inclusive, tengan interés directo. — Los miembros de todos los concejos son responsables, en el modo y forma que prescriben las leyes, de los abusos y de las faltas que cometan en el ejercicio de sus funciones. Cualquier ciudadano tiene derecho de acusarlos ante el juez de primera instancia, sin el requisito de afianzar las resultas del juicio, hallándose sujeto únicamente á la pena con que la ley castiga las acusaciones maliciosas. — Los inspectores de los distintos ramos, son los jueces de las infracciones de los reglamentos, ordenanzas ó disposiciones de los concejos. Compete á ellos, ó en su defecto á los presidentes ó alcaldes, la imposicion de las multas correspondientes á dichas infracciones, pudiendo los interesados apelar á las juntas directivas, por la injusticia ó agravio que se les infiera. — Los bienes municipales gozan de los mismos privilegios y exenciones que las leyes conceden á los fiscales; y los contratos que se celebren sobre aquellos, quedan sujetos á las disposiciones que rigen sobre estos. — La subasta de los bienes y ramos del departamento se verificará ante una junta compuesta del Presidente, el contador, el tesorero departamental y un Vocal de la Corte de Justicia, ó en su defecto el juez de primera instancia mas antiguo de la capital. — La de los bienes y ramos de la provincia, ante una junta compuesta del alcalde, teniente alcalde, el síndico de primera nominacion, el tesorero provincial y el juez de primera instancia mas antiguo; y la de los bienes y ramos de dicho distrito, ante una junta compuesta del alcalde, los dos síndicos y el regidor de primera nominacion. — El remate de los bienes y ramos de distrito, debe ser aprobado por la junta directiva provincial; el de los de provincia, por la junta directiva departamental; y el de los de departamento, por el concejo departamental. — Los concejos se renovarán por mitad cada dos años. — La calificacion electoral y personal de los miembros nuevamente elegidos, se hará por la mitad que hubiese quedado. — La calificacion electoral tendrá lugar en público y por mayoría de votos de los miembros concurrentes; la personal en secreto, necesitándose el voto de los dos tercios para rechazar la idoneidad. — Se prohibe á los concejos: — 1? Cobrar derechos de tránsito á las mercaderías que se consuman en la República: —2? - Imponer gravámen á mercaderías sujetas al pago de derechos fiscales: — 3? Aplicar los fondos provenientes de bienes de beneficencia, eclesiásticos y de instruccion, á objetos distintos de los de su respectivo ramo. — Los concejos tienen la facultad de redactar y aprobar sus reglamentos interiores, cuidando de que no se opongan á las leyes vigentes. — En la administracion local no se reconocen destinos en propiedad, ni tienen los concejos derecho de conceder pensiones de ninguna especie (1).

ORGANIZACION Y FUNCIONES DE LOS CONCEJOS DEPARTAMENTALES. — Los concejos departamentales se componen :— 1? De veinticinco miembros elegidos por mayoría de votos de los colegios electorales de las provincias del departamento. — Los departamentos que pasan de cuatro provincias, elegirán además dos miembros por cada una de las excedentes. Si pasan de ocho, elegirán otro miembro mas por cada una de las que excedan á dicho número. — El concejo departamental de Lima se compondrá de cien miembros: — 2? De un diputado elegido por cada concejo provincial. — Cada concejo elegirá anualmente de su seno, en la primera quincena de Diciembre, para los diversos ramos de su administracion, los funcionarios departamentales que en seguida se expresan. — Presidente, Primer Vice-Pre-

(1) Art. 5 á 26 id. id,

sidente, Segundo Vice-Presidente, Inspector ó contralor de rentas, Contralor de gastos, Inspector de
instruccion primaria, Inspector de obras públicas,
Inspector de cárceles, Inspector especial de puentes y caminos, Inspector de higiene y vacuna, Inspector de los registros del estado civil, Un inspector de administracion provincial por cada una de
las provincias del departamento, y los inspectores
especiales que requieran las obras, establecimientos ó ramos que corran á su cargo. — Quedan facultados los concejos para encomendar á un mismo inspector dos ó mas ramos de administracion.—
Los miembros del concejo que no hayan sido elegidos inspectores, formarán comisiones especiales bajo
la presidencia de los inspectores nombrados. El cuadro de estas comisiones lo trabajará el Presidente,
y será aprobado por el concejo. — Los conce
jos departamentales se reunirán en junta general
el 1.º de Marzo, el 15 de Junio y el 1.º de Diciembre, y celebrarán diariamente, en cada una de estas
épocas, las sesiones que sean necesarias para resolver los asuntos que indican los artículos subsiguien-
tes. — En las sesiones que comiencen el 1.º de
Marzo, se ocuparán de preferencia: — 1.º De examinar el informe que la comision especial haya emi-
tido sobre las cuentas de entradas y gastos del año
anterior, y de resolver sobre los reparos sacados por
ella, teniendo presente su correlacion con el presupuesto y la legalidad de las partidas : — 2.º De votar los presupuestos para el año siguiente, en vista
del proyecto formado por la tesorería, revisado por

la junta directiva, presentado al concejo en las sesiones de Diciembre y examinado por la comision
que en dichas sesiones se hubiese nombrado: — 3.°
De aprobar ó rechazar, prévia lectura del informe
de la comision á que se hubiesen sometido, las indicaciones y proyectos contenidos en la memoria que
el Presidente del concejo debe presentar en las sesiones de Diciembre: — 4.° De todos los asuntos
públicos ó de particulares que el 1.° de Marzo
estuviesen pendientes de su resolucion. — En las
sesiones que comiencen el 15 de Junio, se ocupará el concejo de preferencia: — 1.° De los informes que la junta directiva emita sobre la cuenta
rendida por cada uno de los concejos de provincia,
averiguando sus correspondencias con el presupuesto votado, y la legalidad de los ingresos recaudados
y de las sumas invertidas: — 2.° De examinar y votar los reparos que saque la junta directiva sobre
dichas cuentas: — 3.° De aprobar ó modificar, prévio informe de la junta directiva, los presupuestos
que formen los concejos provinciales para el año
subsiguiente: — 4.° De examinar las memorias que
presenten los alcaldes de provincia á sus respectivos
concejos, y de emitir votos de aprobacion ó de censura sobre la administracion de dichos alcaldes, y
las ideas ó proyectos contenidos en el expresado documento: — 5.° De sancionar los reglamentos, medidas ó disposiciones de los concejos provinciales
que el 1.° de Junio se hallen pendientes de su resolucion. — En las sesiones que comiencen el 15
de Diciembre, se ocupará de preferencia : — 1.°

De la calificacion de los miembros elegidos para completar el concejo departamental: — 2.° De la lectura de la cuenta de los ingresos y egresos departamentales 'hasta el 30 de Noviembre anterior, sometiéndola á las comisiones que deban examinarla y sacarle los reparos á que hubiese lugar: — 3.° Del presupuesto para el bienio siguiente, que deberá revisarse anualmente, nombrando la comision respectiva para su exámen: — 4.° De las memorias que cada uno de los inspectores, que forman la junta directiva, deben presentarle sobre su administra-cion — 5.° De la memoria general que sobre su administracion debe presentar el Presidente del concejo. — En los lugares donde los concejos departamentales no puedan verificar las tres juntas generales indicadas, se reunirán á lo ménos, dos veces al año, es decir, el 15 de Junio y el 1.° de Diciembre; debiendo tratar en la segunda de estas reuniones, de los asuntos que debia ocuparse en la de 1.° de Marzo. — Instalado el concejo en cualquiera de las épocas indicadas, se dará lectura en la primera sesion: — 1.° Al manifiesto de ingresos y egresos departamentales del trimestre ó semestre económico anterior: — 2.° Al manifiesto de gastos correspondientes al mismo trimestre ó semestre, que debe enviar cada concejo provincial: — 3.° Al cuadro estadístico de la asistencia diaria á todas las escuelas del departamento, que por el mismo período deben enviar igualmente los concejos provinciales. — Terminados los asuntos de preferencia, continuarán las sesiones

hasta finalizar los que á la instalacion del concejo
hubiesen estado pendientes de su resolucion y de
los que ocurran en el curso de ellas. — Además de las indicadas en los artículos precedentes,
son atribuciones de los concejos departamentales:
— 1ª Aprobar, rechazar ó modificar los reglamentos de policía local ó municipal adoptados por los
concejos provinciales, y fijar, cuando lo juzgue conveniente, las bases conforme á las cuales deben formarlos dichos concejos: — 2ª Adoptar ó rechazar
los arbitrios propuestos por los concejos provinciales para el territorio de su jurisdiccion, ó autorizar
la imposicion de los que estimen convenientes. Estos nó podrán cobrarse sin aprobacion del concejo
provincial: — 3ª Dictar en conformidad con las leyes, los reglamentos y disposiciones conducentes al
buen servicio de los ramos que están bajo su administracion. — En estos reglamentos no podrán imponerse penas mayores que las de ocho dias de arresto ó cien soles de multa.— 4ª Procurar, por cuantos medios estén á su alcance, el desarrollo de la
instruccion primaria y el fomento, conservacion y
buen servicio de los caminos, puentes y obras públicas de los departamentos: —5ª Conceder ó negar
las autorizaciones que solicite la junta directiva ó
su presidente, para el mejor desempeño de las funciones encargadas por la ley á los concejos departamentales: — 6ª Discutir y votar las proposiciones
que, con el propio objeto, le someta cualquiera de
sus miembros: — 7ª Crear y dotar los empleos necesarios para el buen desempeño de sus funciones:

8ª. Aceptar las donaciones y regalos que se hagan al departamento, ó á cualquiera establecimiento de su dependencia, y autorizar la iniciacion de las cuestiones judiciales en defensa de sus derechos (1).

DE LA JUNTA DIRECTIVA DEPARTAMENTAL. — El Presidente, Vice-Presidente é inspectores elegidos forman la junta directiva del concejo departamental. — Dicha junta tendrá sesiones ordinarias dos veces al mes, en los dias que designe el reglamento interior y en los casos en que éstos resulten feriados, se aplazarán para los siguientes. — Son atribuciones de la junta directiva: — 1ª Acordar y dictar las medidas conducentes á la ejecucion de las leyes, decretos, reglamentos y acuerdos del concejo, referentes á los ramos y servicios que abraza la administracion departamental: — 2ª Vigilar el exacto cumplimiento de las obligaciones del Presidente Vice-Presidente, Inspectores y empleados de todo órden que se hallen en el servicio del departamento: — 3ª Fiscalizar por medio de los contralores, la exacta recaudacion y buena inversion de los caudales encomendados á su cuidado: 4ª Vigilar el buen desempeño de las funciones de los concejos provinciales y de distrito, y solicitar del concejo departamental la suspension y enjuiciamiento de los que abusan de sus funciones, ó desatienden sus deberes de una manera notoria. En caso necesario puede reemplazarlos provisionalmente con los que hayan obtenido el accesit: — 5ª Promover por cuantos medios le sugiera su celo, el aumento de los fondos,

(1) Art. 27 á 37 id. id.

la economía de los gastos y la mejora de todos los servicios del departamento y muy especialmente de los colegios de instruccion media, de las escuelas de instruccion primaria y de las cárceles, puentes y caminos departamentales. — En caso de que los gastos excedan de quinientos soles por una sola vez, ó de treinta mensuales, recabará la autorizacion necesaria del concejo departamental: — 6ª Preparar los proyectos de reglamentos y acuerdos que deban someterse á la resolucion del concejo: —7ª Acordar las bases y condiciones de los remates, de recaudacion de rentas, ejecucion de servicios y construcion de las obras departamentales: — 8ª Elejir de entre la terna elevada por cada inspector, los empleados que reclame su respectivo servicio; del mismo modo que los maestros de instruccion primaria de entre las ternas que le pase la comision de instruccion primaria. — Estas ternas se formarán de las personas que reunan los requisitos exigidos por los reglamentos de instruccion. — 9ª Proponer al Gobierno, en terna doble, el nombramiento del tesorero departamental, miéntras aquel tenga que cubrir el déficit que resulte entre las entradas y los gastos municipales. — 10. Votar las obras extraordinarias ó urgentes, cuyo monto no exceda de quinientos soles. — 11. Examinar las cuentas de los concejos provinciales y hacer el exámen prévio de los presupuestos de dichos concejos para someterlos al departamental. — La junta directiva podrá funcionar en sesiones ordinarias con un tercio de sus miembros, y en las extraordinarias con la mitad mas uno, prévia ci-

tacion en la forma establecida por el reglamento
interior (1).

DEL PRESIDENTE, VICE-PRESIDENTE E INSPECTORES DEL CONCEJO
DEPARTAMENTAL. — Los presidentes son los ejecutores
de las resoluciones de los concejos departamentales y de las juntas directivas, y ejercen las funciones siguientes: — 1ª Representar la primera
autoridad de la administracion municipal del departamento: — 2ª Presiden las sesiones de ambos
cuerpos y cuidan de que ellas tengan lugar en las
épocas marcadas por esta ley, ó siempre que lo
requiera el mejor servicio público: — 3ª Vigilar
el buen cumplimiento de las obligaciones de los
inspectores y empleados de su dependencia y de los
concejos provinciales y de distrito: — 4ª Velan dentro del territorio de su jurisdiccion, por el exacto
cumplimiento de las leyes, decretos supremos y reglamentos departamentales ó provinciales, y en general, ejercen por sí ó por medio de los inspectores
ó miembros del concejo, comisionados al efecto, todas las funciones que requiera el mejor servicio de
la administracion departamental, y no sean privati-
vas del concejo ó de la junta directiva. — Los presidentes tienen facultad de suspender del ejercicio
de sus funciones á los empleados de su dependencia
y á los maestros de instruccion primaria, debiendo
someter el hecho á la aprobacion de la junta directiva. — Promulgarán, en caso necesario, por medio de bando, sus resoluciones y las del concejo departamental ó de la junta directiva. — Tienen la

(1) Art. 38 á 40 id. id.

facultad de recabar de los Prefectos y demás autoridades políticas el apoyo de la fuerza pública para el cumplimiento de sus resoluciones: y dichos funcionarios están en la obligacion de prestarla. — Por impedimento del presidente, ausencia ó cualesquiera otras causas, los vice-presidentes, por su órden, desempeñan sus atribuciones. — Lós contralores de rentas y gastos ejercerán especialmente las siguientes : — 1? Hacer de personeros en los juicios de la comunidad y en los asuntos que le interesen, activando aquellos y promoviendo éstos incesantemente : — 2ª Autorizar y firmar las escrituras públicas relativas á asuntos locales ó municipales : — 3ª Velar asíduamente por la buena administracion y legal inversion de los fondos, y hacer presente á la corporacion las faltas é irregularidades que notaren, proponiendo las medidas para corregirlas y evitarlas : — 4ª Excitar al tesorero para que ejecute á los deudores morosos : — 5ª Examinar al fin de cada mes la razou de los gastos, con el objeto de manifestar á la corporacion, si se han verificado ó no con arreglo á la ley, haciendo, en el segundo caso, los reparos que considere justos. — Toda órden de pago librada por el presidente, se anotará por el contralor de gastos en esta forma : " *Conforme á la partida ...... del presupuesto.* ". — El tesorero de rentas departamentales es responsable de los abonos que haga sin esa anotacion. — Los síndicos y tesoreros responden solidariamente de los pagos hechos con anotaciones-erróneas. — Los inspectores son los jefes de los ramos cuya administracion se les confía, y como tales, ejercen estas atribuciones : — 1ª Presiden la comision especial de cada ramo : — 2ª Velan inmediatamente por el buen servicio de su ramo y por el cumplimiento de las leyes, decretos, reglamentos y acuerdos que se le refieran : — 3ª Proponen en terna los empleados, profesores y maestros de instruccion primaria del departamento, sujetándose á lo dispuesto en esta ley. — Los inspectores de instruccion arreglarán sus procedimientos á los reglamentos y órdenes que sobre este ramo expida el concejo superior de instruccion. — El inspector de instruccion se cerciorará por sí mismo, ó por medio de inspectores nombrados al efecto : — 1º De que cada poblacion tenga las escuelas necesarias para la instruccion de los niños que en ella se encuentran : — 2º De que tengan locales adecuados y los útiles necesarios para la enseñanza : — 3º De que se hallen provistas de profesores competentes : — 4º De que éstos desempeñen debidamente sus funciones : — 5º De que los profesores que mejor cumplan con sus deberes, sean ascendidos á escuelas de mayor remuneracion, ó alentados con premios de honor ó pecuniarios. — Los inspectores de instruccion primaria requerirán á los concejos provinciales para que proporcionen los recursos necesarios á la mejora de la enseñanza ; y en caso de que se desatienda su requerimiento, darán cuenta á la junta directiva, para que ésta, si lo conceptúa conveniente, ordene el cuplimiento de sus indicaciones. — Cuidarán de que cada maestro de instruccion primaria les pase anualmente una memoria que comprenda : — 1º La razon de la asistencia diaria á la escuela, segun los modelos que se les proporcionen : — 2? La razon nominal de los niños que han dejado la escuela despues de dar exámen de instruccion primaria y de los que ingresan á ella: — 3? El inventario de los útiles y muebles de la escuela. — Los inspectores de puentes y caminos, y de cualesquiera otras obras públicas, tendrán á su cargo la construccion, conservacion y mejora de dichas obras en la seccion que corresponde al departamento : requerirán directamente á los concejos provinciales para el trabajo de la parte que á cada uno pertenece, y vigilarán la fiel inversion de los fondos departamentáles destinados á ese objeto. — Para el desempeño de su cargo, los inspectores serán auxiliados por el ingeniero que el concejo nombre de director facultativo de los trabajos departamentales. — Corresponde al ingeniero director, hacer los estudios, levantar los planos, formar los presupuestos, determinar las bases facultativas para el remate de los trabajos, y vigilar su ejecucion. — La parte administrativa de las obras estará sujeta á la vigilancia y direccion del inspector respectivo, ó del que extraordinariamente se nombre para cada una. — Además del ingeniero, la inspeccion de puentes y caminos tendrá un empleado, á lo ménos, que recorra constantemente los del departamento. — Los inspectores de vacuna harán recorrer al vacunador ó vacunadores del departamento todos los pueblos de su comprension, á lo ménos dos veces al año. — El inspector de estadística departamental cuidará de recoger mensualmente, de los concejos provinciales, los datos necesarios para formar la estadística del departamento. — Los inspectores de los diferentes servicios de la administracion, tendrán asiento y voz, pero no voto, en los concejos provinciales. — Les corresponde fiscalizar el buen desempeño de las funciones de estos concejos, y requerir al alcalde para el cumplimiento de las leyes, reglamentos y acuerdos del concejo departamental, dando cuenta á la junta directiva de este cuerpo, en los casos graves, para que acuerde lo conveniente (1).

DE LOS EMPLEADOS DE LA ADMINISTRACION DEPARTAMENTAL. — — Para el buen desempeño de la administracion departamental, se nombrarán los empleados siguientes: — 1º Un secretario, que lo será igualmente de la junta directiva: — 2º El número de amanuenses que se juzgue necesario para la secretaría del concejo: — 3º Un oficial de estadística: — 4º Un jefe de los ramos de instruccion primaria y media: — 5º Un ingeniero del departamento, y el número de ayudantes que el servicio requiera: — 6º Un tesorero administrador de las rentas del departamento (2).

DE LAS RENTAS Y GASTOS DEPARTAMENTALES. — Son rentas departamentales: — 1ª Las dos terceras partes de las contribuciones de predios rústicos y urbanos, industrial y de patentes, ó de la contribucion que las sustituya: — 2º El producto de los bienes y establecimientos departamentales, y especialmente del trabajo de los presos de las cárceles, exceptuando

(1) Art. 41 á 59 id. id.
(2) Art. 60 id. id.

la parte que corresponde á éstos: — 3ª Las rentas propias y las pensiones ó inscripcionss de los colegios de instruccion media: — 4º El dos por ciento adicional, que á parte de los impuestos fiscales, se cobrará sobre el valor de las mercaderías extrangeras afectas á derechos de importacion, que se despachen en las aduanas de la República. — El resultado de este impuesto se distribuirá entre todos los concejos de la República, en la proporcion siguiente:

A Lima y Cuzco	10	p$ c/u	20
A Puno y Arequipa	7 1/2 "	"	15
A Ayacucho y Libertad	7 "	"	14
A Ancachs y Junin	7 1/2 "	"	15
A Moquegua	7 "	"	7
A Cajamarca	6 "	"	6
A Huancavelica, Callao, Piura, Tarapacá, Ica y Huánuco	3 "	"	18
A Amazonas y Loreto	2 1/2 "	"	5
			100

5º Los fondos procedentes de multas judiciales y de policía: — 6º Los que provengan de los arbitrios que voten el concejo departamental ó el Congreso: — 7º El cinco por ciento de las entradas de la caja del concejo provincial: — 8º El El dos por ciento de las herencias, legados y donaciones á trasversales: — 9º El cuatro por ciento de las herencias, legados y donaciones á extraños: — 10. dos por ciento que se cobra en timbres por alcabala de enagenacion: — 11. Las capellanías legas de libre disposicion que se hallan vacantes ó que vacaren en lo sucesivo: — 12. Los bienes de los con-

ventos que se supriman conforme á las leyes, y que
estén ubicados en el territorio del concejo departamental: — 13. Los mostrencos ó bienes que resulten
sin dueño: — 14. El peage ó pontazgo en los lugares
donde existen actualmente, ó en que se establezcan
nuevos puentes ó caminos: — 15. Las herencias
que correspondan al fisco segun las leyes: — 16. Los
subsidios fiscales. — Los gastos de forzosa inclusion
en el presupuesto departamental son: — 1º Los que
ocasionen la secretaría y las oficinas de los diferentes ramos ó servicios departamentales: — 2º Los de
sueldos, locales, muebles y demás egresos que origine la administracion de justicia en primera y segunda instancia. En los distritos judiciales que
abrazen mas de un departamento, los gastos se verificarán en proporcion á la poblacion de cada uno:
— 3º Los que se requieran para el personal, local,
muebles, custodia y manntencion de los presos de
las carceles departamentales: —Los gastos que ocasionen las penitenciarias, son de cuenta del fisco. —
4º Los que reclamen el personal ó material de las
fuerzas de gendarmería que el concejo estime necesarias para el departamento. — El exceso sobre dicha fuerza, que el Gobierno estableciese ordinaria ó
extraordinariamente, será sostenido con los fondos
fiscales: — 5º Los necesarios para el local y personal de los colegios de instruccion media del departamento: — 6º Las subvenciones que se acuerden á
las provincias para el sostenimiento de la instruccion primaria: — 7º Los que demanden la conservacion y reparacion de los caminos y puentes de-

partamentales: — 8º Las deudas líquidas y exigibles del departamento: — 9º Las que ocasionen la impresion de los presupuestos y cuentas, y la defensa judicial de los derechos y acciones departamentales : — 10. Los de conservacion y propagacion del fluido vacuno: — 11: Los que deban hacerse conforme á otras leyes: — 12. Las asignaciones ó mesadas á las sociedades ó establecimientos de beneficencia. — Los concejos solo pueden votar gastos facultativos cuando tengan sobrante de sus rentas, despues de cubiertos los ordinarios, ó cuando se provean, con tal objeto, de los recursos necesarios por medio de arbitrios ó de empréstitos. — Son gastos facultativos ó extraordinarios del departamento: —1º Los que ocasionen las nuevas obras, proyectos ó servicios que se establezcan, ó las mejoras que se quieran introducir en los establecimientos. —2º Los que sean indispensables para aumentar el número de empleos ó sus dotaciones (1).

DE LOS TESOREROS Y DE LAS CUENTAS DEPARTAMENTALES. — —La administracion ó intervencion de las rentas del departamento corren á cargo de los tesoreros departamentales. — Estos funcionarios arreglarán su conducta á las leyes y disposiciones fiscales que rijen sobre la materia, y al presupuesto votado por el concejo, y estarán sujetos á las órdenes del presidente del departamento y á la inspeccion de los contralores de rentas y gastos. — Las cuentas de los tesoreros se examinarán por la junta directiva, la que someterá sus observaciones al concejo departa-

(1) Art. 61 á 64 id. id.

mental para que las juzgue en primera instancia. — Los tesoreros departamentales ejercerán las mismas facultades coactivas que tenian los administradores del tesoro público. — La fianza que debe otorgarse para el manejo de los fondos departamentales, será igual á la duodécima parte de los ingresos ordinarios que haya en el año. — El concejo determinará los empleados que, además del tesorero, deben prestarla. — Las fianzas se otorgarán á satisfaccion de la junta directiva; y miéntras no se presten, no podrán los empleados tomar posesion de sus destinos. —Los tesoreros departamentales están obligados á exigir de los inspectores, por conducto del presidente, los presupuestos de los ramos que corren á su cargo. — Estos se entregarán al tesorero ántes del 1º de Setiembre de cada año, para que puedan pasar al presidente, en 1º de Octubre, el presupuesto del departamento que comprenderá un bienio contado desde el 1º de Julio. — Si los inspectores no presentan oportunamente los presupuestos especiales, los formará el tesorero en vista de los anteriores y de las leyes y reglamentes vigentes. — El presupuesto se discutirá y votará por la junta directiva, prévio informe de los inspectores de rentas y gastos, y con todo lo obrado se pasará al concejo en las primeras sesiones de Diciembre, á fin de que proceda con arreglo á la presente ley.— El presupuesto votado por el concejo, se devolverá á la tesorería y se elevará en copia al Gobierno, quien tiene derecho de suprimir ó modificar las partidas que considere infractorias de las leyes. Si dentro de los primeros

20

treinta días de su remision el Gobierno no observa-
se el presupuesto, regirá por el bienio que comienza
el 1º de Julio próximo. — El presupuesto estará impreso á principios de Junio, y se remitirán los ejemplares necesarios á las oficinas centrales del departamento, á cada uno de los miembros del concejo
departamental, á las juntas directivas de los concejos provinciales, al concejo de instruccion y al Ministerio de Gobierno. — Ningun pago puede hacerse
por el tesorero, sino en virtud del libramiento gira-
do por el presidente contra una partida no agotada
del presupuesto y visado por el contralor de gastos.
— En caso de negativa de los funcionarios anteriores, ó de gastos urgentes ó extraordinarios, no previstos en el presupuesto, será necesario para el pago
el voto de la junta directiva, si el gasto no excede
de quinientos soles, ó el del concejo departamental,
si pasa de dicha suma, quedando obligado el tesorero á dar cuenta al Ministerio de Gobierno, con
copia de los documentos, para los fines que haya lugar. — Los tesoreros formarán el margesí de las
rentas y bienes departamentales. — Las tesorerías
cerrarán sus cuentas el 30 de Junio de cada año y
las presentarán á la junta directiva ántes del 1º de
Agosto. — A las cuentas se acompañará un cuadro
en que conste cada una de las partidas votadas en
el presupuesto, y los diversos pagos y cobros que á
virtud de ellas se hubieren hecho. — Los inspectores de rentas y gastos harán el cotejo correspondiente, informarán sobre la cuenta y la presentarán
á la junta directiva, ántes del 1º de Setiembre, para

que la examine y apruebe, partida por partida. Los
reparos que saque, se comunicarán en copia á la tesorería para su contestacion ántes del 1.º de Diciembre. — Si fuesen contestados ántes de 1.º de
Enero, se discutirán de nuevo por la junta directiva. — Contestados ó no dichos reparos, se presentará el expediente con el pliego que los contenga, al
concejo en las sesiones de Marzo, para que nombre
la comision que informe sobre ellos. — Del informe
de la comision se dará copia al tesorero para que lo
conteste antes de las sesiones de Junio. En éstas
pronunciará el concejo sentencia en primera instancia sobre los reparos deducidos por la junta directiva. — Juzgadas las cuentas por el concejo, si hubiese apelacion, el tesorero que la entable depositará
la suma á que ascienden los alcances y reparos condenados, y le dará entrada en sus libros, cargándo-
la á la cuenta de depósitos. Con el certificado de
este ingreso, se pasará original el expediente al Tribunal Mayor de Cuentas para que conozca y falle
en segunda instancia. — El Ejecutivo hará en el reglamento de dicho Tribunal las modificaciones que
esta ley exige, y designará de entre los vocales que
lo componen, el número de los que formen la sala
de segunda instancia, y los procedimientos de ella.
— Los tesoreros llevarán cuenta especial de los gastos que se hagan con fondos y por cuenta del Gobierno y la rendirán directamente al Tribunal Mayor de Cuentas; pero en ningun caso harán dichos
gastos con los fondos departamentales. — Se cargará en la cuenta de los concejos departamentales los

gastos que origine la fuerza de gendarmería en el número prefijado por ellos; y en la del fisco, los que ocasionen los aumentos sobre dicha fuerza decretados por el Gobierno. —Los tesoreros están en el deber, no solo de cumplir, sino tambien de exigir bajo su responsabilidad, el cumplimiento de las disposiciones de esta ley relativas á la administracion de las rentas y bienes municipales ó locales. — Dichos tesoreros gozarán del sueldo que señale el concejo departamental, y que sea aprobado por el Gobierno. — Los inspectores de rentas y gastos pondrán mensualmente el V? B? en las cuentas de la tesorería y elevarán á la junta directiva las observaciones que le sugiera la irregularidad de dichas cuentas. — En las poblaciones en que haya "diario," se publicará por la imprenta todos los dias el resultado de las cuentas de los tesoreros, y cada mes los manifiestos de ingresos y egresos. — El tesorero, depositario ó recaudador que malversase los fondos ó rentas locales ó municipales, quedará inhabilitado para obtener cargo público, y sufrirá además la pena que señalan las leyes. — El Ejecutivo, por conducto del Ministerio de Hacienda, dictará las medidas que conduzcan á plantificar y arreglar debidamente la contabilidad y administracion de las rentas locales ó municipales, y dará las instrucciones, modelos y reglamentos para el mejor órden y uniformidad en las operaciones (1).

DE LOS CONCEJOS PROVINCIALES. — Son atribuciones de

(1) Art. 65 á 91 id. id.

los concejos provinciales : reglamentar, administrar
ó inspeccionar los servicios de las poblaciones de su
jurisdiccion, relativos á los siguientes ramos : — 1º
Al aseo y salubridad públicos, pudiendo prescribir
con tal objeto, las reglas que deben observarse en
los establecimientos y domicilios particulares ó impedir la venta de comestibles, licores, ó medicamentos de mala calidad. : — 2º A la provision y conservacion de manantiales, fuentes y depósitos de aguas,
y á la distribucion de éstas, así en la ciudad como
en los campos, pero solo en cuanto sea de uso comun ;—3º A la comodidad de la via pública, determinando la direccion, dimensiones y construcciones
de las calles, plazas y caminos públicos. Al efecto
dictarán las resoluciones que convenga sobre la expropiacion de los terrenos que se necesiten, y sobre
la parte de trabajo ó de dinero con que deben contribuir los propietarios, arrendatarios ó poseedores
pro indiviso, de las fincas que se ocupen ó atraviesen ; del mismo modo que lo que corresponde á los
que aprovechen del camino, calle, ó plaza que se
trate de abrir, construir ó conservar : — 4º Al ornato de las poblaciones, á cuyo efecto fijarán reglas
para la construccion exterior de los edificios particulares, la cerca de los solares y formacion y conservacion de los jardines, paseos, arboledas, puentes
y demas de este género : — 5º A los servicios y establecimientos, por su naturaleza comunales, como
los referentes al alumbrado público, mercados, mataderos, abrevaderos, pastos y dehesas ; á los hospitales, cementerios y establecimientos de beneficen-

cia, donde no haya sociedades especiales del ramo, y en fin, á los depósitos de policía y cárceles de detenidos : — 6º A la instruccion primaria de toda la provincia, obligando á los distritos á que cada uno sostenga una escuela de hombres y otra de mugeres: — 7º Al fomento de las sociedades ó empresas que tengan por objeto el desarrollo y progreso de las ciencias y de las artes industriales y liberales de la provincia : — 8º A los registros del estado civil y á la estadística de la provincia; á la conservacion de los patrones de pesos y medidas, ó inspeccion de los que use el comercio y la industria. — La atribucion segunda no priva á los tribunales y juzgados de la facultad de conocer de las cuestiones que sobre el uso ó propiedad de las aguas se susciten. — Las resoluciones que adopten los concejos provinciales, en uso de la 3ª de sus atribuciones, serán especialmente sometidas á la aprobacion del concejo departamental. — Los concejos provinciales administran el ramo de caminos de la provincia, bajo la inspeccion facultativa del ingeniero del departamento; pero la administracion del que une cápitales de provincia y de los puentes que en él se encuentren, correrá á cargo de los concejos departamentales, pudiendo éstos encomendarla á los provinciales. — Los gastos que requiera la construccion ó conservacion de dichos caminos se distribuirán en la forma siguiente: los de puentes ú obras de arte de cualquier género, serán de cuenta del departamento y los que correspondan á los demás trabajos, se distribuirán por terceras partes entre el departamen-

to, la provincia y los distritos que el camino atraviese; debiendo hacerse dichos gastos, bajo la administracion ó inspeccion departamental, á quien
corresponde determinar la parte de dinero ó de
trabajo con que debe contribuir el concejo provincial ó de distrito cuyos territorios recorre el
camino proyectado. — La provincia costeará por
su parte, en la capital, las escuelas que fuesen
necesarias, ó cuando ménos, además de las dos
obligatorias por cada distrito, otras dos escuelas de instruccion primaria superior, ó siquiera
una en la capital de provincia, si sus rentas no permiten otra cosa. — Los concejos provinciales se componen: — 1º De veinte miembros elegidos por mayoría de votos del colegio de provincia, siempre que
el número de electores de dicho colegio no pase de
cincuenta. Si excede de este número, se elegirá
un miembro mas por cada diez electores de exceso.
— El concejo provincial de Lima, se compondrá de
cincuenta miembros. — 2º De un diputado elegido
por el concejo de cada distrito: — 3º De un diputado elegido por el concejo departamental. — Los concejos de provincia elegirán anualmente de su seno,
en la última quincena de Diciembre, los funcionarios siguientes: Alcalde, Teniente-Alcalde, dos síndicos contraroles de rentas, un inspector de policía
municipal para cada distrito de la capital de la provincia, Inspector de instruccion primaria, Inspector
de estado civil, Inspector de mercados, Inspector de
aguas, Inspector de obras, Inspector de espectáculos públicos, Inspector de lugares de detencion, Ins_

pector de higiene, Inspector de beneficencia, donde
no haya sociedad de éste ramo. — Nombrarán además inspectores especiales de los ramos, obras ó servicios que lo requieran: — Quedan facultados los
concejos para encomendar á una misma persona dos
ó mas de las inspecciones indicadas anteriormente.
— Los miembros del concejo provincial, que no hayan sido elegidos inspectores, formarán comisiones
especiales, nombradas por el alcalde y aprobadas
por el concejo provincial, bajo la presidencia del
respectivo inspector. — Los concejos provinciales se
reunirán en juntas generales en las mismas fechas
y en el mismo órden que los departamentales; y
respecto del tesorero municipal, ejercerán las mismas atribuciones señaladas á los concejos departamentales respecto de sus tesoros. — Además de las
atribuciones indicadas, corresponde á los concejos
provinciales las siguientes: — 1ª Aprobar, modificar ó rechazar los reglamentos de policía municipal
que discuta y vote la junta directiva, y fijar cuando
lo juzgue conveniente, las bases que para formarlos
deben consultar dichas juntas:—2º Votar anualmente los arbitrios municipales que deben cobrarse en el
territorio de su jurisdiccion, sin que los nuevamente
impuestos, ó los aumentos sobre los anteriores, puedan hacerse efectivos ántes de ser aprobado por el
concejo departamental : — 3ª Procurar por cuantos
medios estén á su alcance el fomento y mejora de
todos los ramos del servicio público que corran á su
cargo : — 4ª Conceder ó negar las autorizaciones
que solicite la junta directiva, para el mejor desem-

peño de las funciones que esta ley encarga á los
concejos provinciales:—5ª Crear y dotar, con aprobacion del concejo departamental, los empleos necesarios para el desempeño de las funciones que
corren á su cargo :— 6ª Aceptar las donaciones y
legados que se hagan á la provincia, ó á cualesquiera establecimientos locales ó municipales, y autorizar la iniciacion de las cuestiones judiciales en defensa de sus derechos:— 7ª Autorizar los contratos
de empréstito ó emision de obligaciones municipales, hipotecando los bienes ó rentas de la provincia,
prévia aprobacion del concejo departamental, sin
cuyo requisito serán de ningun valor ni efecto. —
Los concejos provinciales ó parroquiales no pueden
imponer, en su respectivo territorio, derechos de
tránsito ni de extraccion á los productos que se con-
sumen en otro. — Los jurados de imprenta serán
nombrados anualmente por los concejos de los lugares donde haya imprenta, conforme la ley de la
misma materia. — En las capitales de provincia los
concejos provinciales ejercen las funciones de los de
distrito (1).

DE LA JUNTA DIRECTIVA PROVINCIAL. — El alcalde, teniente
alcalde, los síndicos ó inspectores elegidos, forman
la junta directiva del concejo provincial. — La junta directiva provincial tendrá sesiones ordinarias se-
manales, en los dias que señale el reglamento, y las
extraordinarias que fuesen necesarias. — La junta
directiva provincial ejerce, respecto de las funciones
que corresponden á los concejos provinciales, las

(1) Art. 92 á 106 id. id.

mismas atribuciones que la departamental, respecto
de aquellas que concierne á los concejos de departamento ; y respecto á los de distrito, las atribuciones
que esta ley determina á las juntas directivas departamentales sobre los de provincia (1).

DEL ALCALDE, TENIENTE-ALCALDE, SINDICO E INSPÉCTOR DEL CONCE
JO PROVINCIAL. — Los alcaldes, teniente-alcalde, síndicos é inspectores del concejo provincial, tendrán
respecto de las funciones de este, las mismas atribuciones que los presidentes, vice-presidentes, contralores de rentas y gastos ó inspectores de los concejos departamentales. — Las oposiciones ó competencias que se susciten entre los presidentes ó juntas
directivas de los concejos departamentales y los alcaldes y juntas provinciales, se resolverán por los
concejos departamentales (2).

DE LOS EMPLEADOS DE LA ADMINISTRACION PROVINCIAL. — Los
concejos provinciales, los alcaldes y las juntas directivas, tendrán bajo sus órdenes los empleados
necesarios para el mejor cumplimiento de las atribuciones que les designa la ley. — Las creaciones y
dotaciones de empleos permanentes, deberán someterse al concejo departamental, para su aprobacion,
sin cuyo requisito serán nulas (3).

DE LAS RENTAS Y GASTOS PROVINCIALES. — Los gastos provinciales de forzosa inclusion en el presupuesto
son : — 1º Los de oficina y escritorio, y los sueldos
de los empleados : — 2º Los de impresion de los

(1) Art. 107 á 109 id. id.
(2) Art. 110 y 111 id. id.
(3) Art. 112 y 113 id. id.

documentos que deben publicarse: — 3º Los de instruccion primaria correspondiente á los concejos
provinciales: — 4º Lo que origine la formacion del
censo y registro: — 5º Los que motiven las elecciones: — 6º Los pagos de deudas, réditos y censos:—
7º Los que demande el sostenimiento de los hospitales que se costeen con rentas provinciales: — 8º
Los que ocasione la defensa en juicio de los derechos y acciones del comun: — 9º Los de cárceles,
dotaciones de sus alcaides, seguridad, manutencion
y traslacion de presos — 10. Los que demande el
alumbrado público: —11. Los de mejora y conservacion de los caminos, puentes, calzadas, alamedas y
otros objetos de comodidad ú ornato, que correspondan á las atribuciones del concejo provincial. — Son
gastos facultativos de la provincia, los que respecto
de ella se hallan en alguno de los casos del art. 64.
— Los concejos provinciales no pueden votar gastos
facultativos sino cuando tienen sobrante en sus rentas, despues de cubrir los gastos forzosos, ó cuando
con tal objeto proveen á dichos gastos, por medio
de árbitros ó empréstitos, prévia aprobacion del concejo departamental. — Son rentas provinciales ordinarias: — 1ª Los productos de propios: — 2ª Los
productos de arbitrios, como el mojonazgo sobre los
licores, vinos y demas bebidas fermentables, la coca
y tabaco, la sisa sobre el ganado vacuno, lanar, ca-
brío y cerdos, y demas que se cobran en las capitales de provincia: — 3ª Los derechos municipales
que se establezcan conforme á la ley:— 4ª El cánon
de los censos, y los intereses de los capitales perte-

necientes á la provincia ó municipio : — 5ª Los intereses de las inscripciones ó vales de las deudas del Estado que correspondan al comun : — 6ª Las multas impuestas por infracciones de reglamentos municipales ó de policía : — 7ª Los derechos de peaje y pontazgo de carácter provincial, y los de licencias para espectáculos, diversiones y rifas : — 8ª La contribucion de carruajes, de alumbrado y de todo ramo que las leyes autoricen con un objeto municipal ó local : — 9ª La tercera parte de la contribucion de prédios rústicos y urbanos, industrial ó de patentes, ó de la contribucion que lo constituya : — 10. La retribucion de los servicios de baja policía ú otros, y el reembolso de los gastos que haga el concejo por cuenta de los vecinos : — 11. Los fondos provenientes de multas de policía que se cobren en la capital de la provincia : — 12. Las demas contribuciones que fuese necesario establecer con aprobacion del concejo departamental. — En la administracion de las rentas provinciales é inversion de ellas, del propio modo que en la formacion y aprobacion de los presupuestos, se procederá en las mismas formas y con los mismos requisitos que en los de los concejos departamentales.— Los tesoreros serán elegidos por los concejos provinciales, con aprobacion de la junta directiva del departamento. — Los tesoreros de provincia desempeñarán sus funciones en la misma forma, con las mismas garantías é iguales obligaciones que los departamentales. — Las cuentas de los tesoreros provinciales se pasarán, con informe de la respectiva junta directiva, al concejo provincial, para que falle en primera instancia. Si hubiese apelacion conocerá de ella el concejo departamental (1).

DE LOS CONCEJOS DE DISTRITO. — En cada capital de distrito, que no sea capital de provincia, habrá un concejo compuesto de un alcalde, un teniente-alcalde y tres regidores, elegidos todos por los ciudadanos al mismo tiempo y en la misma forma que se eligen los colegios electorales. — Formarán tambien parte de dicho concejo, dos síndicos nombrados por la junta directiva del concejo provincial. Estos síndicos se encargarán de la recaudacion é inversion de rentas del distrito. — Los concejos de distrito ejercerán en su territorio todas las atribuciones de los provinciales, y se consagrarán especialmente á la conservacion de los puentes y caminos de su territorio, y al fomento y mejora de la escuela ó escuelas que tengan á su cargo. — Son rentas del concejo municipal de distrito : 1º El fondo especial de escuelas que se cobrará en cada distrito, para acudir al sostenimiento de dos escuelas municipales á lo ménos: — 2º El importe del rescate de los animales que se extravien, despues de haber satisfecho los daños que ocasionen :— 3º Las rentas que establezca el concejo de distrito con aprobacion del provincial : — 4º El producto de las obras públicas que se construyan de su cuenta : — 5º La parte de arbitrios provinciales que se cobre en el distrito. — En caso de falta de fondos especiales ó municipales para la refaccion de los caminos y puentes, todos los habitantes hábiles

(1) Art. 114 á 121 id. id.

están obligados á contribuir con su trabajo, ó con el de los peones de sus haciendas, para mantenerlos en buen estado. Este arbitrio no podrá exigirse sin que sea aprobado por el concejo provincial.— Los presupuestos del distrito los formarán los síndicos, y prévio informe de su concejo se someterán á la aprobacion de la junta directiva provincial.—Las cuentas del distrito se someterán por los síndicos á su propio concejo, y con el informe de éste, pasarán á la junta provincial para que las juzgue en primera instancia. — Los síndicos pueden apelar de las resoluciones de la junta para ante el concejo provincial. — Los cargos ó alcances que resulten contra los síndicos, se realizarán inmediatamente. — Los concejos de distrito pueden funcionar con tres de sus miembros, siempre que concurran el alcalde ó su teniente y uno de los síndicos. — Estos concejos están obligados á cumplir en su distrito los reglamentos y acuerdos de los concejos departamentales ó provinciales (1).

DE LAS FACULTADES QUE COMPETEN A LOS CONCEJOS RESPECTO DE LA INSTRUCCION PRIMARIA.—Los concejos provinciales y de distrito, cuidarán respectivamente de que en las escuelas de su dependencia, no se cobre emolumento alguno, por la admision de los alumnos, ni por los libros y útiles de enseñanza; debiendo suministrar dichos objetos á los hijos de padres pobres. — Las escuelas serán sostenidas con un fondo que se denominará "fondo especial de escuelas", y que se cobrará en cada distrito de una manera proporcional y equitativa, y solo en la cantidad que baste á lle-

(1) Art. 122 á 129 id. id.

nar. cumplidamente las obligaciones municipales
respecto á la instruccion primaria de los pueblos.—
Si no hubiese fondos especiales ó generales de la
municipalidad con que pagar una escuela de hombres y otra de mugeres en cada pueblo, el concejo
de distrito cuidará de que los vecinos contribuyan,
en proporcion á sus facultades, con la suma indis-
pensable·para los gastos que ocasiouen dichas escuelas. — El arbitrio á que este artículo se refiere,
no podrá cobrarse sino despues de aprobado por el
concejo provincial. — Las escuelas de instruccion
primaria y superior, se costearán con los fondos pertenecientes á la provincia. — Los concejos provinciales y de distrito, administrarán respectivamente
los fondos, destinados á la instruccion primaria, y
harán los gastos del material y personal que ella requiera, y vigilarán el fiel cumplimiento de las obligaciones de los maestros. — Los concejos provinciales ó de distrito, no podrá confiar las escuelas sino
á personas competentes y calificadas, segun las leyes y reglamentos de la materia. Si no se encontra-
sen en los pueblos de su jurisdiccion, los pedirán al
concejo departamental y solo podrán emplear maestros no calificados, si éste no los proporcionare. —
Corresponde al concejo departamental vigilar que
los provinciales y de distrito cumplan extrictamente los deberes relativos á la instruccion primaria. —
Esta misma atribucion compete á los concejos provinciales respecto á los de distrito. — Los concejos
departamentales podrán votar en sus presupuestos
cantidades para gastos extraordinarios de instruc-

ción en los distritos, siempre que conozcan que los respectivos concejos no pueden soportar dichos gastos (1).

(1) Con las disposiciones de esta ley referentes á los concejos municipales, han quedado sin efecto las indicadas en el capítulo V, páginas 41 á 47.

CAPITULO VI.

Dejamos de tratar, al hablar del poder judicial, de dos puntos importantes que muy recientemente han dado lugar á largas y debatidas cuestiones por la prensa, y sobre las cuales se ha llamado, tambien, la atencion del cuerpó legislativo. Esos puntos son los relativos á la INDEPENDENCIA del poder judicial y á la INAMOVILIDAD de sus miembros.

INDEPENDENCIA DEL PODER JUDICIAL — La Constitucion sanciona la independencia de los poderes públicos, prohibiéndoles *salir de los límites que ella les determina.*

La independencia consiste, pues, para el poder judicial, como para los demas poderes, en la libertad de accion, limitada únicamente por la ley, y en el libre empleo de los medios que conducen al ejercicio de sus especiales funciones.

En virtud de esa independencia, el poder judicial ni puede ni debe intervenir en los actos puramente

21

administrativos; ni el poder ejecutivo tomar parte en la administracion de justicia, es decir, no puede resolver los conflictos de derechos que se susciten entre los particulares, ni pronunciar sentencias, ni revocar ó enmendar las pronunciadas por los tribunales, ni impedir su ejecucion. Pero esta independencia, que jamás puede ir mas allá de lo que acabamos de indicar, pretende ser ensanchada hasta tal punto que el ejecutivo se vea condenado á ser mudo ó impotente espectador de cuanto abuso puedan cometer los jueces; á ser sordo al clamor público que se levante contra los jueces ignorantes, incapaces y venales, y á tolerar que la independencia constitucional venga á reducirse á una independencia tan absoluta y monstruosa, que cada poder público sea una dictadura aislada; marche completamente á su capricho, ó introduzca, en fin, el cáos y el desórden mas espantoso en la gestion de los negocios del Estado. Nótase, sin embargo, que miéntras se pide para los poderes legislativo y judicial esa independencia sin límites, solo se le niega al poder ejecutivo cuyos actos, si bien ejecutorios y respetables, no alcanzan jamás ni la magestad de una ley, ni la fuerza eterna de la cosa juzgada. Segun tal doctrina, el poder que por razon de sér ejecutor es el que mas expuesto está á la responsabilidad, sería el mas inerte; y el que, mas inmediatamente es responsable del órden público y del afianzamiento de los derechos del ciudadano, el ménos capaz de llenar con independencia su mandato.

La independencia, tal cual se quiere suponer, con-

duciria desde luego á la irresponsabilidad ; porque
es difícil que haya quien entable una acusacion en
forma contra un juez, por multitud de causas que
por conocidas es inútil enumerar, y porque es muy
raro que los jueces prevaricadores ó venales dejen
vestigios y ménos documentos que patenticen sus
reprobados actos.

Si la notoriedad de incompetencia en cualquiera
de sus manifestaciones ; si la conducta irregular ó
inmoral de un juez tienen que ser cubiertas por el
manto de la independencia de los poderes, necesario sería confesar que semejante independencia,
muy léjos de contribuir al movimiento armónico de
los diferentes resortes del gobierno y de la administracion pública, tenderia á dejar los mas preciosos
derechos del ciudadano y las mas esenciales garantías, al capricho de funcionarios independientes,
hasta el extremo de ser los órganos ultrajantes de la
mas espantosa arbitrariedad.

INAMOVILIDAD JUDICIAL.— Hé aquí otra palabra mal
comprendida por algunos que á todo trance sostie-
nen que los jueces deben permanecer en sus cargos
miéntras no sean destituidos de ellos por sentencia
judicial.

Nuestra opinion es que los jueces deben de ser
inamovibles, en el sentido de que no sean renova-
bles por periodos determinados como los funcionarios cuyos nombramientos dependen de eleccion popular, y que deben desempeñar sus cargos durante
un periodo fijo. En otros escritos (1) hemos ex-

(1) Derecho Constit. filos., pág. 303.

puesto la opinion de los mas acreditados publicistas para quienes la inamovilidad consiste en conservar á los jueces en sus empleos durante todo el tiempo que observen buena conducta. Esta opinion ha pasado de un simple precepto de doctrina á principio legal, pues se ve consignada como tal en muchas constituciones así europeas como americanas.

Nosotros somos partidarios de la inamovilidad en ese sentido, estamos contra la eleccion de los jueces para periodos determinados.

Sostiénese por algunos que la índole del gobierno republicano se opone á la permanencia de los empleados judiciales; que en una República todos los cargos son alternativos y deben conferirse por eleccion popular.

Si tal cosa puede sostenerse en teoría, el experimento ya intentado en algunos lugares no ha producido sino malos resultados. Por otra parte, la inamovilidad ha sido reconocida en principio, aún en los pueblos en que los jueces son directamente nombrados por el soberano, entre otras muchas razones de política, de órden social y de conveniencia pública, por la naturaleza especial de las funciones del magistrado (1).

Sin embargo, allí donde la independencia y la inamovilidad están sancionadas, se determinan los casos en que los jueces *pueden y deben* ser destituidos por sentencia judicial, á causa de delitos cometidos en el ejercicio de sus funciones, y aquellos en que

(1) Véase sobre este punto á Bélime, Colmeiro, Lafferriere y Lieber.

no habiendo motivos para el *enjuiciamiento, destitu-cion* y *pérdida de sueldo y goces*, pueden ser separados.

Con el fin de evitar el nombramiento de individuos quizá poco idóneos para la magistratura, y á quienes no fuera ya posible separar en razon á la reconocida inamovilidad del cargo, se ha adoptado el expediente de hacer que los nombramientos de nuevos jueces tengan el carácter de interinos, y que solo se reputen inamovibles despues de haber servi-do cierto número de años sin dar mala nota de su persona y habiendo acreditado su competencia durante ese término de prueba.

Nuestra actual constitucion nada dice sobre este particular y en las que la han precedido, no ha subsistido siempre el mismo principio.

La constitucion de 1823 estableció (art. 97) que los jueces eran *inamovibles y de por vida*, si su conducta no daba motivo para lo contrario, conforme á la ley.

La de 1826 disponia (art. 38) que los magistrados y jueces durarian tanto cuanto duráran sus buenos servicios.

La de 1828 (art. 104) declaraba perpétuos á los jueces, sin que pudiesen ser destituidos sino por juicio y sentencia legal.

La de 1834 (art. 108) decia: La duracion de los jueces es en razon de su buen comportamiento, y no podrán ser destituidos sino por juicio y sentencia legal.

La de 1839 (art 112) : Podrán (los jueces) ser destituidos por sentencia legal.

La de 1856 (125) : Son *amovibles* los miembros del poder judicial, y la ley fijará la duracion de sus empleos.

La de 1867 guarda silencio sobre este punto.

Del hecho de que el precepto del art. 125 de la constitucion de 1856 haya desaparecido de la constitucion vigente, reformatoria de aquella, se pretende deducir que debe regir el principio opuesto. En nuestro concepto, una ley abrogada, es una ley que no existe, que nada dice, y que por consiguiente, no admite interpretacion de ningun género.

RESPONSABILIDAD. — Hemos dejado dicho (pag. 61 y 62) que " nuestro código civil sometia á los vocales " de la Corte Suprema á la jurisdiccion de un tribu- " nal llamado de los *Siete Jueces* (creado por la cons- " titucion de 1828), y que la constitucion actual na- " da indicaba acerca del Tribunal que debia juzgar " á esos vocales."

Para llenar este vacío, se ha dado las leyes de 9 de Enero de 1865 y 21 de Marzo de 1873, disponiendo : Que el Tribunal Supremo de responsabilidad se compusiera de nueve vocales y un fiscal elegido por el Congreso :

Que para reemplazar ó suplir á los vocales y fiscal, se nombraran cuatro adjuntos para los primeros y uno para el segundo :

Que la Sala de ese tribunal se formara con siete vocales :

Que el cargo de miembro de ese tribunal era concejil, y no podian renunciarlo sino los jubilados y los que fuesen reelectos:

Que para ser vocal ó fiscal, se requiere: 1º Haber cumplido 40 años de edad; 2º Tener título de abogado recibido; 3º Poseer una renta que no baje de 3,000 pesos; 4º Haber sido Senador ó Diputado, Ministro de Estado, ó miembro de un Tribunal de Justicia, ó Decano del Colegio de Abogados, ó haber seguido cualquiera carrera pública por diez años, con reputacion notoria.

Pueden tambien ser electos los jubilados y cesantes que reunan las calidades arriba designadas.

Las atribuciones de este Tribunal son: 1ª Conocer en los juicios sobre responsabilidad civil y criminal en que incurran los vocales de la Corte Suprema: 2ª Sustanciar y resolver los recursos de nulidad que se interpongan de las sentencias pronunciadas en segunda instancia por la Corte Suprema.

En cada cuatrenio legal, despues de la proclamacion del Presidente constitucional de la República, debe renovarse el Supremo Tribunal de responsabilidad judicial en su totalidad.

Recientemente acaba de hacerse por el Congreso la eleccion de miembros del Tribunal, que hasta la fecha no habia podido organizarse, por haber renunciado el cargo varios individuos de los nombrados en la primera eleccion (1).

_____

(1) En cuanto al modo de proceder en los casos de acusacion, véase la ley de 28 de Setiembre de 1868.

SEGUNDA PARTE.

CAPITULO III.

El vacío que hicimos notar en nuestra legislacion (pág. 107 á 111) ha sido llenado por la ley ,de 28 de Enero de 1868, que determina cuáles son las invenciones y descubrimientos que pueden ser privilegiados, y el modo de obtener la patente y los efectos de ésta.

PRIVILEGIOS. — Se consideran como invenciones ó descubrimientos :

1º Los nuevos productos industriales :

2º Los nuevos medios ó la nueva aplicacion de los ya conocidos, para obtener un resultado ó un producto industrial.

No se comprenden en este privilegio :

1º Las composiciones farmacéuticas ó remedios, de cualquiera clase que sean:

2º Los planos ó combinaciones de créditos y rentas:

3º Los procedimientos que tengan por objeto establecer los medios conocidos para mejorar una industria cuyo ejercicio es libre dentro ó fuera de la República. En este caso, solo se admitirán propuestas relativas á contratos permitidos por las leyes, y y se adjudicarán por remate.

No se reputa nuevo el descubrimiento, invencion ó aplicacion que en el Perú, ó en el extrangero, y con anterioridad á la fecha del pedimento, hubiese tenido la publicidad suficiente para ser ejecutado.

DURACION DE LOS PRIVILEGIOS. — La duracion de los privilegios no podrá pasar de diez años, y los que los obtuviesen, pagarán cien pesos cada año, aplicables al fondo de obras públicas de la provincia en que deben ejercerlos ó plantificarlos.

CADUCIDAD DE LOS PRIVILEGIOS. — El privilegiado pierde sus derechos: 1º Si no paga la anualidad de cien pesos: 2º Si no explota su descubrimiento ó invencion en el término de dos años, ó en el que se le señale en el privilegio, á no ser que justifique legalmente la causa de la demora: 3º Si introduce efectos fabricados en el extrangero, semejantes á los privilegiados por la patente, exceptuándose tan solo los modelos de máquinas, con tal que su introduccion sea autorizada por el gobierno, prévio su reconocimiento.

USURPACION DE PRIVILEGIOS. — El que en anuncios, pros-

pectos, carteles,. marcos ó estampillas, se abrogue
el título de poseedor de un privilegio, sin tenerlo
legalmente, ó despues de su terminacion, será castigado con una multa de cincuenta á mil soles, sin
perjuicio de las penas que corresponden al delitó de
falsedad.

Tienen derecho para solicitar la nulidad ó cesacion
de un privilegio, todas las personas que, con justo
título, se consideren interesadas. Intervendrá en
el asunto el Ministerio fiscal, y en caso de declarar-
se nulo, ó terminado el privilegio, cualquiera que
sea la causa, se dará por quien corresponda oportuno aviso al respectivo Ministerio.

Todo ataque contra los derechos de un privilegiado, ya consista en la fabricacion de productos, ya
en el empléo de medios designados en la patente,
constituye delito de falsificacion que será castigado,
segun la gravedad de las circunstancias, con multa
á favor del interesado, y confiscacion de la materia
falsificada.

NULIDAD DE LAS PATENTES DE PRIVILEGIO.— Son nulas, y
no producen ningun efecto las patentes de privilegio: 1º Si el descubrimiento, invencion ó aplicacion, no son nuevos: 2º Si no están comprendidos
en los casos que ántes hemos indicado: 3º Si versan
sobre principios, métodos, sistemas, descubrimientos teóricos ó científicos, cuyas aplicaciones industriales no se hayan indicado: 4º Si el descubrimiento, invencion ó aplicacion, resulta ser contrario
al órden, á la seguridad pública ó á las leyes, sin
perjuicio en este caso, de las penas señaladas á la

fabricacion ó venta de objetos prohibidos : 5º Si se descubre que, al demandar la patente, hubo fraude para obtener por ese medio otro objeto distinto de la verdadera invencion: 6º Si al ejecutarse el invento, se encuentra no ser conforme á la descripcion que se acompañó al pedimento : 7º Si se ha obtenido contra las disposiciones de la ley : 8º Si al otorgarse el privilegio se conceden además subvenciones pecuniarias, no consideradas en el presupuesto de la República, ó excepciones contrarias á las leyes. Tambien son nulas y sin efecto, las autorizaciones que se refieren á cambios, perfeccionamientos, ó adiciones que no estén comprendidas en la patente principal.

MODO DE OBTENER LA PATENTE. — Los que soliciten patente de invencion ó introduccion, se presentarán á la prefectura del departamento en que hayan de establecerla, ó á la del domicilio del peticionario, si el establecimiento hubiere de ser en dos ó mas departamentos.

El pedimento contendrá : 1º La descripcion del invento, ó hecho cuya introduccion se proponga: 2º Los planos ó muestras que sean necesarios para su inteligencia : 3º La factura, razon, ó memoria de las piezas que se presenten como modelos : 4º La fijacion ó determinacion del objeto principal, con los pormenores que lo constituyan, ó indicacion de sus aplicaciones : 5º La duracion del privilegio, y 6º La especificacion de la fianza que se ofrezca para la realizacion del proyecto.

El pedimento se redactará precisamente en castellano, usando de los números pesas y medidas conocidas en la República. Si entre los que firmen el pedimento se encontrase algun extrangero, hará renuncia expresa de toda intervencion diplomática, para el caso en que se promueva cualquiera cuestion relativa al privilegio solicitado, y se someterá absoluta y exclusivamente á las leyes y tribunales de la República. Sin este requisito, no se dará curso al pedimento.

Los prefectos oirán á la municipalidad, al fiscal ó agente fiscal, y á los demas funcionarios que la naturaleza del asunto requiera; oirán tambien el dictámen de peritos, si fuere necesario. Con estos antecedentes, y el correspondiente informe, pasarán el expediente, planos, modelos, etc., al respectivo Ministerio, á costa del interesado.

El ministro del ramo á que pertenezca el privilegio, oirá al fiscal de la Corte Suprema, y á las oficinas que creyere necesario, y con el mérito de estos antecedentes, concederá ó negará el privilegio. La próroga de los privilegios, del mismo modo que sus modificaciones ó alteraciones, solo podrá concederse por una resolucion legislativa, si lo solicitan los interesados á mérito de fundadas razones, hechos comprobados ó documentos fehacientes.

Solo el privilegiado podrá usar del privilegio en el tiempo de su duracion. Los demas necesitan para ello permiso, ó que se les trasmita por convenio, ó por cualquier otro de los medios que designan las leyes.

CAPITULO IV.

BANCOS DE EMISION Y DESCUENTO.—Ni el desarrollo que han tenido en el Perú los bancos, establecidos en casi todos los departamentos de la República, contándose ya seis en esta capital; ni la multiplicidad de operaciones de esos establecimientos que emiten billetes, descuentan, abren cuentas corrientes; ni las diferentes controversias judiciales á que naturalmente dá lugar el ensanche de las transacciones y la naturalza de los documentos á que sirven de fundamento, y de que no se ocupan nuestra legislacion civil ni la especial de comercio, han bastado para llamar la atencion de nuestros legisladores y hacerlos pensar en la necesidad de expedir una ley que sirva de fundamento á la confianza pública y cautele los intereses de los ciudadanos. De tanta mayor importancia es esa ley, cuanto que no tenemos noticia de que en ninguna parte del mundo sean los bancos enteramente independientes de la autoridad legislativa y de la administrativa, y no intervenga esta última de un modo, mas ó ménos activo, en el cumplimiento de los estatutos de los bancos, que dicen [relacion con la fortuna de los particulares.

"Un gobierno, dice . J. B. Say, tratando de los "bancos de emision, ¿ tiene el derecho de impedir "que los establecimientos particulares emitan tan- "tos billetes de banco cuantos quiera recibir el pú- "blico, siempre que estos establecimientos cumplan "exactamente sus promesas? ¿ Puede un gobierno "anular así la libertad de las transacciones que está "llamado á defender, ó á lo ménos puede imponer "restricciones dictadas por la prudencia? — Puede "ser — del mismo modo que está autorizado para "condenar la construccion de un edificio privado, "por medida de seguridad pública (1).

"Los bancos, dice Paúl Coq (2), de descuento y "circulacion no han dicho todavía la última pala- "bra, y por lo mismo que prestan tantos y tan gran- "des servicios, en un momento dado y para cierta "clase de operaciones, debe tenerse en cuenta que "comprometen tambien la fortuna pública y la pri- "vada, y que toca al gobierno vigilar qué aquellas "no estén expuestas y carezcan de la necesaria ga- "rantía."

(1) J. B. Say.—*Tratado de Economía Política.* ed. 1861, pág. 305.
(2) *La moneda de banco,* ed. 1863.

En este mismo sentido se expresan Chernuschi, Fould, Vilson, y otros economistas.

El gobierno peruano se ha preocupado solo de garantizar los valores que, en billetes de banco, puedan entrar en las arcas de las oficinas fiscales, y con ese propósito, expidió con fecha 18 de Diciembre de 1873, un decreto, fundándose en que " el gobier-" no debia fijar las condiciones bajo las cuales se re-" cibirian en las oficinas públicas los billetes al por-" tador de los bancos de emision, otorgando única-" mente el crédito del Estado á los bancos que se " establezcan y funcionen, conforme á las reglas y " condiciones que él determine."

Las disposiciones de ese decreto son las siguientes : — Los administradores ó recaudadores de rentas públicas, fiscales, municipales, de beneficencia ó instruccion, no admitirán otros billetes que los que emitan los bancos que sean expresamente autorizados por el gobierno para emitirlos con arreglo á las disposiciones de este decreto. — Ningun banco de emision podrá constituirse con un capital inferior á cien mil soles, la mitad dél cual debe haber sido erogado en dinero: ni podrá emitir una cantidad de billetes al portador cuyo valor exceda al capital erogado, ni los billetes podrán ser de un valor inferior á cuatro soles. Los billetes que existan emitidos de un valor inferior á dos soles, serán recogidos y pagados por los bancos ántes del 1º de Junio del año próximo, y los de dos soles ántes del 31 de Diciembre del mismo año. — Los bancos de emision publicarán mensualmente el balance de su activo y pasivo, determinando con claridad, en dicho balance, la moneda acuñada ó metales preciosos que existan en sus cajas, y el valor de sus billetes que existan en circulacion pública fuera del establecimiento. Los balances mensuales deberán, al publicarse, indicar junto al nombre del banco, la cifra de emision para que el banco haya sido autorizado. — Desde el 1º de Junio próximo, el prior y cónsules del tribunal del consulado de Lima, por turno, y las diputaciones de comercio de los departamentos, comprobarán el dia del balance de cada banco, la exactitud de las cifras de dicho balance, únicamente en lo que respecta á la caja y á la circulacion de billetes y autorizarán dicho balance con su *visto bueno*. — Los bancos de emision depositarán en la casa de moneda, en garantía de los billetes que emitan, una cantidad tal en bonos de tesorería ó de la deuda interna consolidada, ó en una y otra, en las proporciones que el gobierno designe, cuyo valor nominal sea igual al setenta por ciento de la emision de billetes para que cada banco haya sido autorizado. — Este depósito será constituido por los bancos existentes en la proporcion siguiente: tres cuartas partes en bonos de tesorería; y una cuarta parte en bonos de la deuda interna consolidada, y verificado dentro del plazo de nueve meses, debiendo depositarse por cada banco los bonos correspondientes en la siguiente proporcion: el quince por ciento de la emision autorizada será depositado en bonos ántes del 10 de Enero, el diez por ciento ántes del 10 de cada uno de los meses de Febrero, Marzo y Abril; el seis por ciento en los mismos dias de cada uno de los meses subsistentes hasta completar el depósito. — Los nuevos bancos de emision que se establezcan, deberán constituir el depósito en un solo acto luego que estén autorizados para emitir y ántes de comenzar la emision. — Desde el 1º de Enero de 1875, los bancos de emision deberán tener en su propio establecimiento, una caja especial y separada de la caja de las operaciones diarias, que se denominará "depósito de la circulacion." Cada banco tendrá constantemente en depósito en esta caja una cantidad de oro ó plata acuñada ó en barras, cuyo valor sea igual á la diferencia entre la cantidad de billetes que existan en circulacion, y el valor nominal de los bonos depositados por el banco en garantía de dichos billetes. Esta caja estará bajo la custodia de un director del mismo banco, elegido especialmente con tal objeto por el director del banco; y dicho director cuidará de que no se haga en ella extraccion alguna de metálico sino en cambio de una cantidad igual de billetes retirados de la circulacion, y en caso de volver dichos billetes á la circulacion, no salgan de dicha caja sino en cambio de un valor igual de oro ó plata que se restituya al depósito. — Los tenedores de billetes serán considerados dueños de los bonos depositados y del fondo de la caja denominada "depósito de la circulacion" en la cantidad necesaria para que sean cubiertos en metálico los billetes que posean; pudiendo hacer efectivo su derecho sobre los indicados valores, en el caso de que los bancos no cumplan con la obligacion de pa-

gar á la vista y en moneda corriente sus billetes.—
Los bonos de tesorería depositados por los bancos,
serán recibidos en la casa de moneda bajo la custodia de una junta compuesta del director de la casa
de la moneda, del prior del consulado y del cajero
de moneda, y depositados en una caja de tres lla-
ves, de la que guardará una cada uno de estos funcionarios. — Cada banco presentará á dicha junta
los billetes de la emision autorizada, para que sean
sellados por ella, con un sello que diga "circulacion
autorizada por el gobierno," registrándose en un libro especial la série, número y valor de los billetes
sellados para banco, y sentándose la respectiva acta
que firmada por la junta se publicará. — La junta
de que habla el artículo anterior, se reunirá á peticion de los gerentes de cualquier banco en cualquier
época, para autorizar la destruccion de billetes usa-
dos y resellar los que deban reemplazarlos. — Si en
cualquier tiempo un banco se propone disminuir el
monto de la emision para que ha sido autorizado,
lo anunciará al gobierno, el que ordenará se devuel-
va por la junta al banco que lo solicite, la cantidad
de bonos depositados que corresponda al valor de
los billetes resellados que se destruyan ante la misma junta. Si un banco desease aumentar su emision, solicitará del gobierno autorizacion para el aumento, y con ella verificará el depósito de bonos en
una sola vez como banco nuevo. — La junta depositaria de los valores de responsabilidad de los bancos, emitirá á favor de cada banco uno ó mas certificados de depósito intrasmisible, en que consten las

séries, números y cantidades de los valores por cada banco. — La misma junta calculará el interés que corresponda trimestralmente á los certificados de cada banco, y ordenará directamente á la aduana del Callao que remita cada mes á cada banco la suma necesaria para cubrir en el trimestre los intereses del certificado de depósito perteneciente á cada banco. — Los recibos provisionales que los bancos otorguen á la aduana, se remitirán por ésta á la direccion de crédito, la cual hará con ellos el pago de los intereses trimestrales de los bonos representados por los certificados de los bancos, anotándose dicho pago en los certificados, y devolviendo los recibos provisionales que hubiesen otorgado. — Al vencimiento de los bonos de tesorería á otros valores que mas tarde pudieran existir depositados, ó en el caso de amortizacion por sorteo de los bonos de la duda interna que existiesen en depósito, la junta devolverá á cada banco los valores vencidos, anotando su devolucion en el documento de depósito, y recibiendo en su lugar los nuevos valores que deban reemplazarlos. — Los gerentes ó directores de los bancos establecidos ó que en adelante se establezcan, manifestarán por escrito ante el ministerio de hacienda y con arreglo al formulario adjunto, la cantidad para cuya emision en billetes pagaderos á la vista, deseen ser autorizados, determinando, á la vez, la fecha en que se ha establecido la sociedad que ellos representen, el capital suscrito, y la parte de él que haya sido erogada en dinero. — La emision de billetes de los bancos existentes será autorizada tan luego como sus gerentes ó directores la soliciciten, otorgándose para el resello de los billetes un plazo de diez meses, despues del cual no serán adtidos en tesorería los billetes que no estén resellados. — Desde el 2 de Enero próximo, en Lima y el Callao, y desde 31 del mismo en los demas departamentos, no se admitirán en ninguna oficina pública, ni por ningun recaudador de rentas públicas, ya sean fiscales, municipales, de instruccion ó beneficencia, billetes de banco que no estén autorizados por decreto supremo, y los recaudadores ó administradores que los reciban serán reemplazados en sus cargos por las autoridades de que dependan. — Los bancos existentes hoy en los departamentos, harán la solicitud de que habla el art. 19, al prefecto del departamento, el que autorizará en el acto la emision solicitada con arreglo á este decreto, dando cuenta al ministerio de Hacienda. Los bancos que se establezcan ulteriormente en los departamentos, solicitarán la autorizacion del gobierno. — Los plazos para el depósito de bonos por los bancos de los departamentos, se entenderán prorogados treinta dias sobre los fijados para los bancos de Lima; el depósito se hará en la forma y lugar fijados por este decreto, sin distincion para los bancos de Lima ó de los departamentos.

BANCO HIPOTECARIO. — El gobierno dictatorial, erigido en el Perú en 1865, dió en 31 de Enero de 1866, un decreto autorizando el establecimiento de una sociedad anónima con el título de BANCO DE CRÉDITO HIPOTECARIO, que tuviera por objeto *facilitar los* *préstamos á largos plazos*, sobre hipotecas de fundos rústicos ó urbanos, y su reembolso por medio de anualidades, comprensivas del interés y la amortizacion.

Restablecido el órden constitucional en 1868, quedó derogado ese decreto, como los demas de la dictadura, hasta que se le dió fuerza de ley por la de 4 de Febrero de 1869.

En esta ley se dispuso: 1º Que en los términos y condiciones del indicado decreto, podia establecerse en cualquier punto de la República, bancos de crédito hipotecario: 2º Que los Tribunales y juzgados debian observar, en lo que les concierna, lo dispuesto en ese decreto, que se tendria como ley de Estado; y 3º Que las disposiciones de esa ley eran extensivas á todos los créditos hipotecarios que se celebraren desde aquella fecha.

OPERACIONES DEL BANCO HIPOTECARIO. — Las operaciones del Banco de Crédito Hipotecario consistirán: — 1º en emitir cédulas ó títulos hipotecarios, al portador, con un interés de seis por ciento (6 p $\S$) anual, y una amortizacion de cuatro por ciento (4 p $\S$), y pagar, en los plazos respectivos, dicho interés y hacer dicha amortizacion. — 2º En recaudar las anualidades que deben pagar los deudores al Banco, y seguir las acciones judiciales necesarias hasta hacer efectivo el cobro.—3º En hacer ventas á comision, directamente ó por medio de sus agentes, de los productos de los fundos rústicos que los hacendados le consignen, ó compras de maquinarias, ó útiles agrícolas, por cuenta de los mismos. — 4º En administrar y

recibir en pago, ó vender los fundos rústicos ó·ur-
banos, hipotecados al Banco; que, por falta de pago
de annalidades, entre en poder del establecimiento.
—Los intereses de las cédulas hipotecarias se pagarán trimestralmente, y trimestralmente tambien, se
amortizarán por medio de sorteo, á la par, las que
deban amortizarse en la proporcion designada en el
inciso 1.° del art. 2:°—El capital del Banco de Crédito Hipotecario, será, por lo ménos, de un millon
de soles, el cual, conjuntamente con los inmuebles
hipotecados, está destinado á garantizar el pago de
interés y amortizacion de las cédulas, hasta concurrencia de cuatro millones de soles, valor nominal de
las últimas. — Para la emision de una suma mayor
de cuatro millones de soles en cédulas, es necesario
aumentar el capital del Banco en un veinte y cinco
por ciento (25 p $) de la cantidad que se emita en
nuevas cédulas. — Los propietarios de fundos rústicos ó urbanos que tomen cédulas hipotecarias, con
hipoteca de sus fundos, amortizarán su crédito, á lo
mas, en veinte anualidades, cada una de diez y medio por ciento (10 ½ p $) del valor nominal de las
cédulas que tomen del Banco, comprendiéndose en
este diez y medio por ciento, tanto el interés y la
amortizacion del préstamo, como las utilidades del
Banco. — Al tiempo de la inscripcion, y por todo
gasto correspondiente á ésta, pagarán al Banco, á
lo mas, dos y medio por ciento (2 ½ p $) sobre el va-
lor de las cédulas tomadas. — El Banco no puede
emitir cédulas hipotecarias sino por la cantidad á
que asciendan las obligaciones hipotecarias consti-

tuidas á su favor. — El Banco no podrá negarse al pago del capital de cédula hipotecaria sorteada, ni al de los intereses, ni se admitirá para su pago oposicion de tercero. — Los deudores del Banco tienen derecho de amortizar su deuda primitiva aun ántes del plazo estipulado para las anualidades. La amortizacion podrá hacerse en dinero ó en cédulas hipotecarias por su valor nominal, á razon de tanto por ciento del capital nominal tomado privativamente en cédulas, como sea el cociente de ciento dividido por el número de anualidades estipuladas, multiplicado por el número de anualidades que falten por pagar.—El Banco tiene el derecho de invertir todo su capital y el todo ó parte de las utilidades obtenidas en cédulas hipotecarias.—Por regla general, las obligaciones contraidas respecto del Banco, deberán garantirse por primera hipoteca. — El préstamo en letra de crédito que haga el Banco, no podrá exceder de la mitad del valor libre del inmueble ofrecido.— El valor del inmueble hipotecado no debe, en ningun caso, ser menor de dos mil soles (2,000 soles), ni el préstamo menor de quinientos. —No se admite en hipoteca los inmuebles que estuviesen *pro indiviso*, á ménos que firmen la obligacion todos los condónimos. Tampoco se admitirán aquellos en que la nuda propiedad y el usufructo estén en diferentes personas, á ménos que todas se obliguen. Por regla general, no se admitirán los inmuebles que no produjeren una entrada contínua por su naturaleza. — El valor del fundo, sea rústico ó urbano, será determinado por la renta sobre que se paga la contri-

bucion, estimada dicha renta como el seis por ciento
del valor del fundo, — Si los inmuebles hipotecados
experimentasen desmejoras ó sufrieren daños, de
modo que no ofrezcan suficiente garantía para la
seguridad del Banco, tiene éste el derechó de exigir
el reembolso de su acreencia, calculada segun el artículo 9º Cuando las pérdidas ó desmejoras del inmueble no sean imputables á culpa del deudor, éste
podrá otorgar nueva garantía ó aumento de garantía para su crédito. El que pretendiere préstamo del
Banco, se presentará por escrito á la direccion, designando de una manera precisa el inmueble que
ofrece en hipoteca, y acompañando los títulos de
propiedad y los documentos que han de servir de
base para la estimacion de su valor y su produccion
ó renta, y expresando, al mismo tiempo, las responsabilidades que lo gravan. En vista de tales documentos, el Consejo de Administracion decidirá si
debe hacerse el préstamo y hasta qué suma. El Banco hipotecario podrá nombrar peritos que avalúen
el fundo que se ofrece en hipoteca, y que inspeccio-
nen periódicamente el estado de los fundos hipotecados al Banco. Será condicion de los préstamos
que haga el Banco, que su aplicacion sea únicamente para compra de fundos, para cancelacion de hipotecas anteriores, ó para mejoras productivas que
deberán detallarse en la escritura de obligacion, y
cuya ejecucion tendrá el Banco derecho de vigilar,

EJECUCION CONTRA LOS DEUDORES AL BANCO HIPOTECARIO. —
Cuando los deudores de anualidades no hubiesen
satisfecho en su fecha el pago de un trimestre, serán

multados con un interés penal de tres por ciento (3 p⅊) mensual sobre las cantidades cuyo pago se retarde. Si requeridos judicialmente no pagaren, en el término de treinta dias, el trimestre ó trimestres devengados, el Banco podrá, ó solicitar la posesion del inmueble hipotecado, ó pedir que se saque á remate. — La posesion del fundo la decretará el Juez, justificadas que sean la deuda y la falta de pago, en el plazo de treinta dias despues del requerimiento judicial. En virtud de esta posesion, el Banco percibirá las rentas, entradas á productos del inmueble, cualquiera que sea el poder en que se encuentre ; y cubiertas las contribuciones, gastos de administracion y demas gravámenes de preferencia á su crédito, las aplicará al pago de las anualidades ó interés penal, llevando cuenta del exceso, si lo hubiere, para entregarlo al deudor. En cualquier tiempo que el deudor se allane al pago de las cantidades debidas al Banco, y lo verifique, le será devuelto el fundo y el saldo, si lo hubiere. La resolucion del juez se llevará inmediatamente á debido efecto, sin perjuicio de la apelacion que se pudiere imponer. En caso de que el Banco pida el remate, el juez lo decretará, justificadas las mismas circunstancias que para la posesion. Decretado el remate, si no hubiese apelacion, y en el caso de haberla, si se confirma la resolucion del juez, dispondrá éste que se dén tres pregones de nueve en nueve dias, y que se anuncie en los diarios del lugar ; y al fin de este plazo se procederá á enagenar el inmueble á favor del mejor postor, aunque no cubra los dos tercios de su valor.

El valor del fundo se calculará segun la base fijada en el art. 15, sin necesidad de mas tasacion. El comprador está obligado á pagar al Banco las anualidadades debidas, el interés penal, y los gastos que hubiere hecho, á tasacion del juez. Hechos estos pagos, el comprador se sustituye en los derechos y obligaciones del deudor primitivo. En las escrituras celebradas con el Banco se insertarán los tres artículos anteriores. El Banco de Crédito Hipotecario será administrado por un Consejo de Administracion, compuesto de cinco miembros, que sean accionistas por la suma de cuarenta mil soles (40,000 S.) á lo ménos. El Consejo será elegido por los accionistas. La gestion y representacion del Banco de Crédito Hipotecario correrá á cargo de un gerente, accionista por diez mil soles á lo ménos, elegido por el Consejo de Administracion. No puede ser miembro del Consejo de Administracion ni gerente del Banco, ningun deudor al Banco. — El Consejo de Administracion hará publicar semestralmente los balances del Banco Hipotecario. — Son utilidades del Banco : 1º El dos y medio por ciento (2 $\frac{1}{2}$ p$\gtrless$) de inscripcion de que ya se ha hablado:—2º La diferencia entre intereses recibidos de los propietarios y los pagados por las cédulas emitidas : — 3º Las comisiones que estipule el Banco libremente con los propietarios, por venta de frutos, ó compra de útiles ó maquinarias para la agricultura : — 4º Los intereses penales estipulados y cobrados á deudores mososos. — De las utilidades líquidas que arroje la cuenta de provecho y pérdidas, se aplicará de preferencia la parte necesaria al pago de un interés de diez por ciento sobre el capital del Banco. Del sobrante se agregará anualmente una cuarta parte al capital, como fondo de reserva, y las tres cuartas partes restantes se distruibuirán entre los accionistas. — Podrán establecerse sociedades con el mismo fin que el Banco de Crédito Hipotecario, y las obligaciones contraidas á su favor y las letras de crédito que emitan, gozarán de los mismos privilegios que por este decreto se conceden á las letras del Banco de Crédito Hipotecario. — Los administradores de bienes de beneficencia ó de menores, quedan autorizados para invertir fondos de esa procedencia en cédulas de crédito hiptecario.

CAJAS DE AHORROS. — Respecto á las cajas de ahorros (pág. 122) debemos señalar un pequeño progreso. La sociedad de beneficencia de esta capital, fundó como dependencia de uno de sus ramos una *Caja de ahorros*, sobre las bases que estableció en su reglamento, aprobado por el Supremo Gobierno, en 28 de Octubre de 1868.

IMPOSICIONES. — A las personas que por primera vez depositen sus economías en la Caja de ahorros, se les entregará gratuitamente una libreta numerada que contenga los nombres y pronombres de los titulares, destinada á la inscripcion de todas las sumas que sean sucesivamente entregadas ó retiradas por su cuenta. — Cada entrega será firmada en la libreta por el Cajero y el Socio Inspector que nombre la Beneficencia. — Ningun depositante puede ser titular de mas de una libreta. — Toda persona que haga por ella misma la primera imposicion debe firmar en un registro, que se llevará á este efectó, y dar exactamente y por escrito, su nombre, pronombre, edad, profesion y residencia; á fin de que el derecho á la propiedad quede claramente establecido. — En caso de no saber firmar, una tercera persona lo hará á su ruego. — Las personas domiciliadas fuera de Lima, ó las que se hallen en la imposibilidad de hacer ellas mismas las primeras imposiciones, tendrán la facultad de hacerlo por medio de representante con autorizacion firmada. — El titular de nna libreta, en la cual conste la primera entrega, puede hacer por otra persona las subsecuentes imposiciones. — Las entregas de los imponentes no serán menores de dos soles, no comprenderán fracciones de sol, ni excederán de cien soles. —Miéntras la Direccion y el Concejo no acuerden otra disposicion, no se recibirán entregas de los depositantes, cuyas cuentas tengan el haber de mil soles. Entendiéndose que la suma que eda de esta cifra y no se retire, no ganará in — La Caja de ahorros no obstante lo arriba dispuesso admitirá cualquiera suma que se imponga en ella á favor de menores huérfanos; en cuyo caso la cantidad impuesta y sus intereses no podrán retirarse hasta que dichos menores huérfanos lleguen á la mayor edad. —Los depósitos populares se recibirán todos los dias, desde las once de la mañana hasta las tres de la tarde.

INVERSION DE LAS SUMAS IMPUESTAS. — Los fondos que ingresen á la caja de ahorros procedentes de los depósitos, se invertirán inmediatamente en títulos de deuda pública, cédulas hipotecarias ú otros valores, que designará de tiempo en tiempo la Junta de Beneficencia.

INTERESES PRODUCIDOS POR LAS IMPOSICIONES. — La caja de ahorros abonará á los imponentes el interés del 6 por ciento anual. Los intereses se capitalizarán á fin de Diciembre de cada año, y agregados así al capital ganarán nuevos intereses. — Las fracciones de cincuenta céntimos no ganarán interés en la capitalizacion.

DEMANDAS DE REEMBOLSO. — La demanda para el reembolso deberá hacerse por el titular en persona, ó por el conductor de una órden firmada por el titular, presentando la libreta para lo cual se darán por la administracion poderes impresos, que usarán los imponentes que estén imposibilitados de poder apersonarse á recibir el reembolso. La firma del titular deberá estar certificada al pié del poder por dos testigos, si reside en la capital y por el alcalde ó juez de paz si está domiciliado fuera de ella. Si el titular ausente no sabe firmar las firmas de los testigos serán certificadas por el juez de paz ó el alcalde del distrito. — Las imposiciones que se hagan á favor de menores no podrán retirarse sin la autorizacion del padre, de la madre ó de su guardador. — En caso de fallecimiento de algun imponente, sus herederos, provistos de la libreta del difunto, se presentarán á la administracion de la caja de ahorros, donde se les dará las instruccciones necesarias de lo que deban hacer para recibir los foudos del difunto. — Los reembolsos que no pasen de cien soles serán pagados á la vista: los que pasen de cien soles, se efectuarán á los veinte dias. — El titular de la libreta ó su mandatario, suscribirá un recibo separado por cada reembolso parcial ó total. Cuando el reembolso es definitivo, la libreta cancelada se deposita en el archivo de la administracion. — En cada operacion de depósito ó reembolso se retendrá en la oficina de la caja la libreta del imponente para que se haga la inscripcion correspondiente en la cuenta del interesado y recibirá en cambio provisoriamente un recibo, á cuya presentacion se le restituirá la libreta.

DIRECCION DE LA CAJA DE AHORROS. — La caja de ahorros será dirigida por la Sociedad de Beneficencia en conformidad con los reglamentos de la institucion y estos estatutos. — Anualmente, serán elegidos para administrarla, cuatro socios en clase de inspectores, quienes con la junta permanente de la sociedad formarán el Concejo de que se ocupan estos estatutos. — Un reglamento interior que formará la junta permanente con aprobacion de la junta general, detallará las funciones de las personas encargadas de la administración y las responsabilidades que les competan.

INVERSION DE SOBRANTES. — Los provechos que puedan quedar entre los intereses que se abonan á los imponentes y los que la caja de ahorros obtenga de la colocacion de capitales, se emplearán en los gastos de la institucion; y si aún sobrare algo, se constituirá un fondo de reserva con dicho sobrante.

MONEDA, DESMONETIZACION DEL ORO. — Al ocuparnos de la

monéda, manifestamos todas las disposiciones de la ley que estableció para ella el sistema monetario decimal (pág. 143 á 145), que es el que hoy rige.

Allí indicamos tambien, la ley, peso, tipo valor y subdivision de la monéda de oro, considerada como tal, hasta que se expidió la ley de 30 de Diciembre de 1872, que derogó en parte la anterior.

Esta ley de 1872, introdujo en la de 13 de Febrero de 1853, las siguientes modificaciones: — La moneda de oro que se acuñe en adelante será de dos clases. — El peso de la una será de 25 gramos, y su diámetro de 30 milímetros. — El peso de la otra será de cinco gramos, su diámetro 16 milímetros. — La ley de las monedas de oro será de 9 décimos, fino. — La tolerancia en el peso de las monedas de oro de 25 gramos será de 30 miligramos al feble ó al fuerte para cada pieza; de 8 gramos solamente al feble ó al fuerte, para cada millar de piezas en conjunto. — La tolerancia en el peso de la moneda de 5 gramos será de 8 miligramos al feble ó al fuerte para cada pieza; pero de 3 gramos solamente para cada millar de piezas en conjunto. — Se marcará en las monedas de oro su respectivo peso y ley. — El Estado costeará la acuñación de las monedas de oro. — Ni las monedas de oro nacional acuñadas ántes de ahora, ni las que se acuñen conforme á esta ley, tendrán en lo sucesivo valor legal; su valor será el convenido entre los contratantes. — La cantidad de miligramos que el art. 2º de la ley de 13 de Febrero de 1863 señala para la tolerancia en el peso de las diferentes monedas de plata, se refiere á cada gramo del peso total de cada pieza. — Para el millar de piezas de plata en conjunto, la tolerancia será un tercio solamente de la señalada en el mencionado artículo.

CORREOS, CONTRABANDO DE CARTAS.— Desde que el Estado garantiza la inviolabilidad de las cartas y la seguridad de la correspondencia, tiene el derecho de perseguir y castigar todo procedimiento que menoscabe la renta que ese ramo le debe producir, y que está destinado á su mismo servicio.

Al tratar del ramo de correos (pág. 146 á 148) indicamos las disposiciones del caso, á las cuales debemos agregar las contenidas en el decreto supremo de 18 de Febrero de 1875, que establece las penas en que incurren las personas que lleven ó entreguen cartas en los lugares en que haya estafetas establecidas.

Los fundamentos del insinuado decreto son : — "Que siendo el establecimiento de correos creado en beneficio del público, puesto que él se encarga de dirigir con seguridad y prontitud la correspondencia á todos los ángulos de la República, esto no podria realizarse si todos ó cada uno no contribuyesen con el pago de los portes de sus cartas á engrosar las masas de donde salen sus gastos necesarios para costearse y sostenerse." — "Que sin embargo del aumento de correos, y buen servicio que prestan, se practica en algunos puntos de la República el pernicioso abuso del contrabando de cartas, con grave perjuicio de los ingresos de dicho ramo, y se hace urgente dictar medidas que pongan coto á tan grave mal. — " Que habiendo demostrado la experiencia ser insuficiente para contenerlo, la escala de multas impuesta á los contraventores por el art. 13 del supremo decreto de 21 de Enero de 1851, se hace necesario modificarlo en el sentido mas conveniente."

Estas consideraciones han motivado los siguientes preceptos : — Es prohibido que persona alguna conduzca por mar ó tierra, ó entregue cartas donde hay estafetas, sin estar franqueadas y con el respectivo márchamo, bajo la pena de sufrir los contraventores las multas siguientes :

```
Por cada carta sencilla. .................. S.    25
Por id.  id.  doble .. ...................  "    50
Por id.  id.  paquete.................. ...  "   100
```

En las mismas multas incurrirán los que procediendo del lugar donde no hay estafetas, no las franqueen en alguna de las del tránsito, no las entregaren en el momento de llegar á la del lugar donde van dirigidas, ó no las depositaren en uno de los buzones establecidos ; excepcionándose únicamente las cartas de pura recomendacion, que deberán conducirlas abiertas. — Todo ciudadano tiene derecho de perseguir el contrabando de cartas, y las multas ántes designadas las percibirán los denunciantes ó aprehensores. — Las compañías de vapores que giran en el litoral de los puertos dei Perú, capitanes de puerto y funcionarios políticos, están obligados á celar el contrabando de cartas, bajo las mismas multas, en caso de connivencia ó falta de obser-

cia de este decreto. — Los conductores ó postillones de correos, no podrán llevar á la mano
comunicaciones para lugares donde no haya estafetas, sin que estén franqueadas; incurriendo en
la pena de quedar separados de hecho del cargo. —
Los maestros de postas están obligados á celar el
contrabando de cartas en los conductores, postillones y el público; quedando de hecho rescindido el
contrato de éstos si no cumplen con su deber, y si
se les encontrare contraviniéndolo á alguno de los
conductores ó postillones de su dependencia, para
lo que los jefes de estafetas tomarán las medidas
convenientes á fin de aprehenderlos, en caso de que
practiquen tal abuso, bajo la pena de ser separados
del puesto. — Los jefes de las estafetas harán efec-
tivas las multas designadas á los contrabandistas de
cartas, pidiendo auxilio á la policía, si fuere necesario. — El director general de correos, en uso de sus
facultades, dispondrá lo conveniente al extricto
cumplimiento de este decreto; así como también
acordará con las compañías de vapores el establecimiento de buzones en cada vapor que transite en el
litoral de la República; á fin de facilitar el depósito
de las cartas que conduzcan los pasajeros, los que
incurrirán en las multas expresadas, en caso de no
verificar el depósito en el momento de tocar en cada
vapor.

CAPITULO V.

Al tratar de los obras públicas [pág. 154 á 155] manifestamos lo inútil que, en nuestra opinion, era la *Direccion de Obras Públicas*. Así lo comprendió tambien la Representacion Nacional que la abolió, dejando el ramo en una *Seccion* del Ministerio del Interior, convertido despues en *Direccion*, como ya lo hemos hecho ver [pág. 284] ; pero existiendo un cuerpo de ingenieros y arquitectos, cuyas obligaciones y manera de cumplirlas debian ser regularmente determinadas, se expidió, en 21 de Octubre de 1872, el reglamento que actualmente rige.

ORGANIZACION DEL CUERPO. — El cuerpo de ingenieros civiles y arquitectos del Estado, tiene por objeto proyectar, ejecutar y vigilar las obras públicas de interés general, estudiar el territorio de la República, y reconocer sus riquezas minerales. — El cuerpo consta de ingenieros de primera, segunda, tercera y cuarta clase, de ayudantes de primera, segunda y tercera clase, y de arquitectos y ayudantes de primera y segunda clase. — Para la centralizacion de todos los trabajos de interés general, que se emprendan en la República, habrá en la capital una junta central, compuesta de cinco ingenieros de primera clase, bajo la dependencia del Ministerio del ramo. — Para atender á las necesidades permanentes del servicio fuera de la capital, habrá el número necesario de ingenieros, encargado cada uno de un distrito, compuesto de uno ó varios departamentos, con el nombre de Ingenieros de division. — Para atender á las necesidades transitorias y á las comisiones que requieren conocimientos especiales, habrá el número de ingenieros jefes de comision, que requieran las circunstancias. — Para auxiliar á los jefes de comision, á los ingenieros de division, y á la junta central, ésta propondrá el nombramiento de todos los ingenieros, arquitectos y ayudantes de diferentes clases que crea útiles. — Serán considerados como ingenieros ó arquitectos del Estado, los que obtengan este título por contrata celebrada fuera del pais por el Supremo Gobierno, con arreglo á las instrucciones de la junta central, y los que sean incorporados dentro del pais, prévio exámen ante la junta central, de sus títulos y conocimientos. — Serán considerados como ayudantes de ingenieros ó de arquitectos, los que obtengan este título, prévio exámen ante la junta central.

DISPOSICIONES GENERALES. — Las disposiciones del presente reglamento servirán de base obligatoria á las contratas de los ingenieros, arquitectos y ayudan-

tes, para cuyo objeto se les adjuntará siempre un
ejemplar de dicho reglamento. — Los individuos de
la junta central en el ejercicio de sus funciones, dependen únicamente del Ministerio del ramo. — Los
ingenieros de division ó jefes de comision, dependen
inmediatamente de la junta central. — Los demas
ingenieros, arquitectos y ayudantes, dependen inmediatamente del jefe bajo cuyas órdenes los ponga
el Gobierno, prévia consulta con la junta central.—
La junta central propondrá al Gobierno el lugar de
residencia de los ingenieros de division y de los arquitectos. — Los ingenieros y ayudantes en comision, serán considerados como residentes en Lima.
— Los ingenieros de division designarán el lugar
de residencia de los ingenieros ó ayudantes que estén á su cargo, dando aviso á la junta central. —
Los ingenieros y arquitectos no podrán ocuparse de
la direccion de obras que no sean del Estado, sin licencia del Gobierno. — Los ingenieros y arquitectos
no podrán ser ascendidos á la clase inmediata superior á la que pertenecen, sinó despues de haber servido tres años en ella. — Los ayudantes no podrán
ser ascendidos ántes de dos años. — Los ayudantes
no podrán ser nombrados ingenieros ó arquitectos,
sin haber presentado el correspondiente exámen ante la junta central. — Los arquitectos no podrán ser
nombrados ingenieros sin el mismo requisito. —
Cuando la junta central pida la separacion de algunos de los que pertenecen al cuerpo de ingenieros
el Gobierno oirá los descargos del acusado, y con
su contestacion podrá destituirlo de plano, sin que

tenga éste derecho á reclamacion de ninguna clase.
— Cando sea necesario separar algunos individuos
del cuerpo por falta de trabajo, se le notificará con
tres meses de anticipacion, y al cesar en sus funciones recibirán el sueldo de un mes. — Cuando un individuo del cuerpo sea inhabilitado por alguna enfermedad ó herida á consecuencia del ejercicio de
sus funciones, la junta central hará presente el caso
al Supremo Gobierno, y le propondrá la gratificacion que se pueda asignar á este individuo, segun sus
méritos y las circunstancias en que fué inhabilitado.

SUELDOS Y GASTOS. — Los sueldos y sobre-sueldos de
los ingenieros, arquitectos y ayudantes de ingenieros y arquitectos, serán los que el Congreso determine ó los que se estipulen en sus contratas. — Los
ingenieros, arquitectos ó ayudantes contratados, gozarán del haber estipulado en sus contratas, que
podrá ser diverso del que señale esta escala de sueldos. — Cuando los ingenieros, arquitectos ó ayudantes salgan del lugar de su residencia, en comision
del servicio, recibirán para sus gastos un sobre-suel-
do, segun la clase y localidad, con arreglo á la tarifa presentada anualmente por la junta central, y
aprobada por el Supremo Gobierno. — El Gobierno proporcionará á la junta central, á los ingenieros de division y á los ingenieros jefes de
comision, un local especial adecuado á las exigencias del servicio, donde serán instaladas las
oficinas con el menaje respectivo. — El Gobierno
suministrará á los individuos del cuerpo, todos los
útiles ó instrumentos que se necesiten, tanto sobre

el terreno como en los laboratorios, á juicio de la junta central. — Todos los gastos que ocasione la movilidad del personal, trasporte de útiles é instrumentos, pago de guias y peones, serán abonados á los ingenieros, segun presupuesto aproximado aprobado por la junta central con cargo de rendir cuenta. — La junta central pasará mensualmente presupuestos de gastos y sueldos de todos los individuos del cuerpo al Ministerio del ramo.

DE LA JUNTA CENTRAL. — Los cinco ingenieros de primera clase que componen la junta central, serán escogidos por el Ministro del ramo entre aquellos que hayan servido lo ménos dos años en esta calidad.— El Ministro del ramo es el presidente nato de la junta central. — En la primera sesion la junta central elegirá de su seno por mayoría absoluta de votos, á un vice-presidente y á un secretario. — Esta eleccion se renovará todos los años en los primeros dias del mes de Enero. — La junta central propondrá al Gobierno á uno de los ingenieros del cuerpo para que se haga cárgo del archivo y del depósito de instrumentos. — Las labores de la junta central serán divididas en cinco secciones, cada una de las cuales correrá á cargo de uno de sus miembros, á saber:— 1ª Seccion de obras hidráulicas. — 2ª Seccion de vias de comunicacion. — 3ª Seccion de edificios públicos y de arquitectura. — 4ª Seccion de minas y manufacturas. — 5ª Seccion de geografía. — A la primera sección corresponde las distribuciones de agua, las irrigaciones, las obras de defensa y canalizacion de los rios, los trabajos marítimos, como

muelles, faros, y todas las máquinas y obras de arte,
referentes á todos estos ramos. — A la segunda seccion corresponde todo lo relativo á edificios públicos del Estado, como aduanas, almacenes fiscales,
cárceles centrales, palacios de justicia, colegios é
institutos nacionales y demas obras de arte. — A la
cuarta seccion corresponde todo lo que se refiere al
laboreo de las minas, beneficio de los metales, estudio de minerales, formacion del mapa geológico del
Perú, y además todo lo conveniente á las industrias
y manufacturas del pais. — A la quinta seccion corresponde la reunion de todos los datos necesarios
para formar el mapa general del Perú, de las observaciones meteorológicas, geodésicas y astronómicas
en épocas anteriores, y de todos los que se practiquen en lo sucesivo. — La junta determinará la seccion á que corresponden cada uno de sus miembros
— En ausencia del jefe de una seccion se encargará
de ella, con aprobacion del Ministro del ramo, un
ingeniero de primera ó segunda clase propuesto por
la junta central. — Este asistirá á las sesiones de la
junta, pero no tendrá derecho á votar sino en los
asuntos que tocan á su seccion. — Son atribuciones
de la junta central: acordar y proponer al Gobierno
las bases que han de servir de norma á la contrata
de cada ingeniero ó arquitecto, que deba hacerse fuera del pais. — Examinar los títulos y conocimientos de los que pretenden pertenecer al cuerpo de ingenieros y arquitectos del Estado. —
Examinar igualmente á los que sin ser llamados á
pertenecer al cuerpo de ingenieros y arquitectos del

Estado, quieran someterse á esa prueba para obte-. ner un certificado de la junta que acredite su capacidad ante el público y las municipalidades.—Acordar la clase en que puedan ser admitidos los que ingresen al cuerpo de ingenieros y arquitectos del Estado. — Formar el registro de todos los empleados del cuerpo y un estado de servicios para cada uno de ellos. — Proponer al Gobierno el nombramiento de los ingenieros de division, de los jefes de comision y de los demas empleados del cuerpo. — Acordar el número conveniente de ingenieros de division, la extension y límites de su dependencia y el lugar de su residencia.'—Informar sobre la conducta de cualquiera de los individuos del cuerpo para que el Gobierno tome las medidas convenientes. — Proponer al Gobierno los ascensos de todos los individuos del cuerpo. — Dictar reglamentos interiores para el cuerpo de ingenieros y arquitectos, y velar por su cumplimiento. — Revisar y aprobar los presupuestos provisionales, presentados por los ingenieros ó arquitectos, recabar las cuentas de inversion de los fondos entregados á cuenta de dichos presupuestos, revisarlos y elevarlos al Gobierno con su respectivo informe.— Proponer las gratificaciones que deben ser abonadas á los ingenieros y arquitectos por cualquier motivo. —Conceder licencia hasta de quince dias á los individuos del cuerpo residentes en Lima, ó informar sobre la oportunidad de las licencias de mayor duracion, que sean pedidas por los individuos del cuerpo. — Formar el presupuesto aproximativo del costo de las obras públi-

cas del Estado, y de los gastos del cuerpo de ingenieros y arquitectos en cada bienio, ó en las épocas
que lo necesite el Ministro, para incluirlo en el general de la República. — Elevar y acordar al Gobierno cada dos años una memoria sobre el estado
de todas las obras públicas, abrazando en ella las
que están concluidas, las que están en vía de ejecucion, las que se están estudiando, y en fin, aquellas cuyo estudio ó realizacion sea necesaria. — Examinar todos los proyectos, presupuestos y propuestas referentes á obras públicas; acordar y elevar al
Gobierno el respectivo informe. — Acordar y proponer al Gobierno las bases principales á que deben
ser sujetados los proyectos de cuyo estudio ó realizacion se trata. — Intervenir en la formacion de las
contratas, y vigilar por medio de ingenieros inspectores, ó alguno de los miembros de la junta, que los
contratistas cumplan con las condiciones que se les
hubiese impuesto. — Tres miembros de la junta formarán " quorum, " pero no podrán tomar decisiones
sino en los asuntos que pertenezcan á las secciones
que ellos representan. — Todas las cuestiones que
tengan relacion con la formacion de reglamentos interiores y disciplina del cuerpo, serán tratados en
sesion plena, así como aquellos que á juicio del Ministro merezcan esta excepcion. — En caso de empate en una votacion, decidirá de ella el voto del
jefe de la seccion á que corresponde el asunto de
que se trata. — Son atribuciones del vice-presidente
de la junta:—Presidir las sesiones por órden ó impedimento del Ministro y hacer observar el órden en las

discusiones.—Proponer los diferentes asuntos de que se ha de tratar en cada sesion.— Llevar la correspondencia oficial con el Ministro del ramo, los ingenieros de division y los jefes de comision, para lo que será auxiliado por un oficial redactor y los amanuenses necesarios.—Recibir todos los documentos, planos y propuestas que sean dirigidos á la junta central, haciendo anotar en un registro especial, la época de la entrega, el número y clase de piezas de que consta, y el nombre de la persona que lo representa. — Remitir al archivo todos los documentos y planos que se manden archivar. — Dar las órdenes al archivero para que entregue á los ingenieros ó arquitectos, los planos, documentos ó instrumentos que están á su cargo. —Desempeñar todas sus obligaciones como jefe de seccion.

JEFES DE SECCION.— Cada jefe de seccion tendrá una oficina separada, donde conservará todos los documentos y planos que correspondan á ésta, miéntras no se manden al archivo. — Los fefes de seccion están espécialmente encargados de estudiar y revisar los proyectos de todas las obras que se refieren á su seccion, y de presentar á la junta los respectivos informes. — Tendrán bajo sus órdenes el número de ingenieros ó arquitectos y de ayudantes, que la junta juzgue necesarios para su despacho. — Estos ingenieros ó ayudantes podrán ser pasados por decision de la junta, de una seccion á otra, segun convenga. — El jefe de seccion que la junta elija para secretario, se ocupará, además, de dirigir la redaccion de las actas de las sesiones de la junta central.

— Son atribuciones del ingeniero archivero : — Recibir todos los planos y documentos que el vice-presidente le haga entregar, y colocarlos en órden, despues de haber tomado en un registro especial una razon detallada de todas las piezas y la fecha de su entrega. — Recibir y conservar en buen órden los útiles é instrumentos que le mande entregar el vice-presidente, teniendo cuidado de examinar el estado en que se hallan, y de dar aviso oportuno para que se hagan componer. — Entregar los documentos, planos é instrumentos con órden del vice-presidente de la junta, exigiendo el correspondiente recibo.

INGENIEROS DE DIVISION. — Los ingenieros de division se ocuparán de todas las obras y asuntos que ocurran en toda la extension de su division, sin distincion de secciones, excepto aquellas que están encomendadas por la junta á una comision especial. — Son atribuciones de los ingenieros de division : — Centralizar las labores de su division. — Llevar la comunicacion oficial con la junta central. — Revisar los cálculos, informes, proyectos y presupuestos hechos por los ingenieros ó arquitectos de su division y elevarlos á la junta central. — Cuidar de la buena, pronta y económica ejecucion de los estudios y obras que les encomiende el Gobierno. — Nombrar copistas, dibujantes y demas personas que sean necesarias para la ejecucion de las obras, asignándoles, con acuerdo de la junta central, las retribuciones que deba dárseles, segun los servicios que presten. — Vigilar la conducta de todos los individuos de su division, tanto en lo que concierne á la ejecucion de los trabajos como en lo que respecta á la economía de los gastos. — Los demas ingenieros del cuerpo tendrán por obligacion estudiar todos los proyectos y asuntos que le sean encomendados por la junta central, ó por los ingenieros bajo cuyas órdenes se hallen. — Los ayudantes tienen por obligacion: — Cuidar de que las obras se ejecuten extrictamente con arreglo á los planos y á las órdenes que reciban de los ingenieros. — Ejecutar las operaciones gráficas y demas que les encomienden los ingenieros. — Llevar el detalle de las cuentas de los trabajos. — Hacer los planos y copiarlos. — Cumplir con las demas órdenes que les dén los ingenieros para la ejecucion de los trabajos de que están encargados.

MINAS. — CARBON DE PIEDRA. — PETROLEO. — Al hablar de las minas (pág. 172 y 173) nos ocupamos de indicar las principales disposiciones de las ordenanzas de ese ramo. A ellas debe agregarse hoy las de la ley de 27 de Abril de 1873, referente á la explotacion, denuncia, y amparo de las vetas criaderas de carbon de piedra, cuyas prescripciones son:

1º La explotacion del carbon de piedra y del petróleo se sujetará á lo dispuesto en esta ley, y en su defecto á las ordenanzas de minería.

2º El catéo y denuncia de ambas sustancias podrá hacerse por nacionales y extrangeros con sujecion á las reglas siguientes: — 1ª En terrenos de propiedad del Estado serán enteramente libres y gratuitos ambos actos: — 2ª En terrenos comunales serán tambien libres, pero se pagará al respectivo municipio, prévia tasacion por peritos, el valor de la extension superficial que comprenda la pertenencia ó pertenencias denunciadas ó amparadas en posesion: — 3ª En terrenos de propiedad particular serán tambien libres, pero se pagará al propietario, prévia tasacion de los peritos de ambas partes y de tercero en discordia, el valor de la extension superficial de terreno y los daños que sobrevengan en la parte del fundo que comprenda la pertenencia ó pertenencias denunciadas y amparadas en posesion.

3º La medida superficial de cada pertenencia será de cuarenta mil metros cuadrados, no pudiendo bajar de cuarenta métros lineales el ancho de cada uno.

4º Al denunciante en criadero ó veta conocida se le amparará en una pertenencia, pero al descubridor de vetas ó criaderos nuevos hasta en tres pertenencias contínuas.

5º Las compañías que comprueben estar debidamente organizadas y constituidas podrán ser amparadas hasta en cinco pertenencias contínuas en veta ó criadero conocido, y hasta en diez pertenencias contínuas si fuesen descubridores, siempre que en uno y otro caso el capital constituido baste para explotarlas.

6º Toda pertenencia que despues de un año de su amparo y posesion no se halle en explotacion activa y regular conforme á los reglamentos que expida el Poder Ejecutivo, quedará de hecho desamparada y no podrá ser denunciada dos veces seguidas por la misma persona ó compañía, entendiéndose que si el amparo ó posesion abraza varias pertenencias contíuuas todas se consideran como una sola para los efectos de este artículo.

7º Los títulos de amparo ó posesion de las minas y un duplicado de los planos, se presentarán al tribunal de minería de Lima dentro de los primeros cuatro meses de la fecha en que se haya obtenido el amparo, para ser registrados, y los duplicados de los planos y una copia legalizada de los títulos quedarán depositados en el tribunal.

8º Los dueños de terrenos en que existan vetas ó criaderos de carbon de piedra ó petróleo y quieran explotarlas, tendrán que pedir amparo y posesion en la misma forma y bajo las mismas condiciones que los demas descubridores en terreno ajeno.

9º Los dueños de pertenencias adquiridas segun el inciso tercero del artículo segundo están obligados á arreglar préviamente con el dueño de la heredad el establecimiento de la servidumbre de que se ocupan los artículos 1150 y 1151 del Código Civil, así como el uso de los pastos, combustibles y demas artículos que necesiten, pagando al dueño del fundo el precio en que convengan.

10. Quedarán subsistentes los contratos anteriores á esta ley, celebrados entre los dueños de terrenos que contienen carbon de piedra ó petróleo y los explotadores de estas sustancias, y entre los poseedores de permanencias y los que las explotan.

Los dueños de pertenencias ó poseedores de vetas ó criaderos de carbon de piedra ó petróleo, por derechos anteriores á esta ley, presentarán sus títu ;

los ó comprobantes al tribunal de minería de Lima, para su revalidacion en el término de cuatro meses, contados desde la promulgacion de esta ley, á las que quedarán sujetas dichas pertenencias despues de rivalidados los títulos.

Si dichos títulos no fuesen rivalidados dentro del plazo ántes citado se reputarán nulos y de ningun valor, cualquiera que sea su orígen.

En la revalidacion de títulos de amparo y posesion se procederá del modo siguente: — 1º Si el amparo ó posesion fueron dados conforme á las ordenanzas de minería, los títulos serán renovados por el mismo número de pertenencias, pero ampliándolas conforme á las nuevas medidas siempre que lo permita la existencia de permanencias ajenas que estén colindantes. — 2º Si la posesion fué dada ó hubiese subsistido por razon de propiedad del terreno, los nuevos títulos se concederán por el número de pertenencias que corresponde á los descubridores de vetas ó criadores nuevos.

Quedan derogadas todas las leyes y decretos contrarios á esta ley.

TERCERA PARTE.

CAPITULO UNICO.

Eleccion de Obispos. — Instruccion pública.

PRESENTACION PARA ARZOBISPOS Y OBISPOS. — El inc. 32, artículo 87 de la Constitucion de 1839, concedia al Presidente de la República la facultad de presentar para Arzobispos y Obispos á Su Santidad el Papa, de la terna que le pasára el Consejo de Estado; y en 10 de Diciembre de 1851, se dió una ley para que se hiciera la eleccion de candidatos de entre los cuales se formaria una lista de doce individuos, de la cual elegiria el Consejo de Estado los tres que debian formar la terna que habia de elevarse al Ejecutivo. (Véase pág. 263 á 266.)

Solo tenemos noticia de que esa ley se haya aplicado una vez, para llenar la vacante de la silla episcopal de Trujillo.

Aunque el inc. 16, art. 24 de la Constitucion vigente, dispone que la presentacion para Arzobispos y Obispos se haga con aprobacion del Congreso *á los que fuesen electos segun la ley*, la práctica actual es que el Ejecutivo hace una terna al Congreso, y que éste nombra por eleccion al que deba ser propuesto.

INSTRUCCION PUBLICA. — Creíamos oportuno manifestar las innovaciones introducidas en los reglamentos de instruccion pública, para completar el cuadro que ya tenemos presentado (pág. 182 á 187); pero la autorizacion que por ley expedida en el año presente, se ha dado al Ejecutivo para la reglamentacion de la instruccion, hará que dentro de muy pocos meses queden sin efecto todas las disposiciones actuales, relativas á este importante ramo de la administracion.

Haremos, sin embargo, una simple enumeracion de los decretos mas importantes dados desde 1865.

Los Estatutos de la Universidad de San Marcos, dados en 19 de Abril de 1872;

El decreto de 6 de Febrero de 1874, indicando las condiciones que deben reunir los jóvenes que quieran inscribirse en la matrícula de cualquiera de las facultades universitarias;

El decreto de 12 de Abril de 1875, que organizó la Facultad de Ciencias Políticas y Administrativas, en cumplimiento de la ley de 7 del mismo mes y año;

La ley de 18 de Mayo último, que autoriza al Ejecutivo para organizar la instruccion pública.

CUARTA PARTE.

CAPITULO PRIMERO.

Policía. — Guardia civil. — Gendarmería. — Guardia Nacional. — Ejército permanente.

Varias disposiciones gubernativas se han dado para reformar el servicio de la *gendarmería*, habiendo quedado por ellos sin efecto el decreto de 30 de Diciembre, que estaba vigente cuando tratamos de esta materia: se ha dado igualmente las leyes referentes al reclutamiento del *ejército permanente*, y á la organizacion de la *Guardia Nacional*.

GUARDIA CIVIL. — POLICIA. — GENDARMERIA. — En virtud de la autorizacion legislativa de 3 de Abril de 1873, expidió el Supremo Gobierno un decreto reglamentario, con fecha 31 del mismo año, organizando el servicio de policía, dividiéndolo en tres ramos:

1º *Organizacion del vecindario*, para resistir á los ataques de malhechores:

2? *Organizacion de agentes especiales* para servicios locales especiales:

3? *Organizacion de las fuerzas de policía,* para la conservacion del órden, prevencion de los delitos y persecucion constante de los malhechores.

El citado reglamento contiene NUEVE capítulos, que se ocupan: 1? De la division del servicio de policía: 2? De la organizacion del vecindario: 3? De los servicios especiales de policía: 4? De las fuerzas de policía: 5? De los funcionarios de policía: 6? Atribuciones de los Sub-Prefectos: 7° De los médicos de policía: 8? De los Comisarios urbanos: 9? De los Comisarios rurales.

La fuerza de policía se divide en ese reglamento en *guardia civil* y *gendarmería.*

La primera tiene por objetos especiales: "vigilar "por el cumplimiento de las leyes y reglamentos "de policía, por la seguridad de los habitantes y de "las propiedades, velando por el tranquilo ejercicio "de los derechos de los ciudadanos, y exigiendo al "mismo tiempo de cada uno el respeto á los dere-"chos de los demas, á las leyes del Estado, y á las "órdenes de los funcionarios constituidos en auto-"ridad (1).

"La *gendarmería* está destinada á mantener el "órden y la seguridad, y á proporcionar á las auto-"ridades políticas y á los funcionarios de policía una "fuerza permanente disciplinada, y siempre expe-"dita para apoyar con firmeza las órdenes de la au-

(1) Art. 15, dcc. cit.

" toridad ó los funcionarios de la policía civil (1)."

GUARDIA NACIONAL. — En 7 de Enero de 1872 se publicó la ley sobre organizacion de la *Guardia Nacional*, de conformidad con lo dispuesto en el art. 121 de la Constitucion, cuyas disposiciones son las siguientes :

Los ciudadanos de veintiuno á veinticinco años, que no estén enrolados en el ejército activo ó en la reserva, formarán la Guardia Nacional en cada provincia. —Quedan excluidos de pertenecer á la Guardia Nacional, los que por la Constitucion no tienen derecho de sufragio, los ordenados *in sacris*, y los que comprueben incapacidad para el servicio. —Los extrangeros que reunan las condiciones de vecindad exigidas por la ley, podrán ser admitidos al servicio de la Guardia Nacional. — El nombramiento de jefes y oficiales de la Guardia Nacional, que debe hacer el Poder Ejecutivo, no recaerá sino en los ciudadanos que se hallen alistados en ella. — Siempre que la Guardia Nacional se halle en servicio activo, percibirá un haber igual al que disfrute el ejército, y estará sujeta en todo á las ordenanzas de éste. — No están obligados á la movilizacion : — 1º Los extrangeros : — 2º El hijo único de viuda ó de padre pobre y con mas de sesenta años, siempre que cumpla con el deber de sostenerlos : — 3º El viudo, padre de hijos menores : — 4º Los estudiantes matriculados en universidades y colegios : — 5º Los profesores de instruccion y los empleados públicos.

(1) Art. 39 id, id.

— El Poder Ejecutivo dictará los reglamentos necesarios sobre la manera de proceder en el alistamiento, sobre el número de cuerpos, arma respectiva de ellos, instrucción y todo lo que sea indispensable para el establecimiento y arreglo de la Guardia Nacional en cada provincia, con sujecion á las prescripciones de la presente ley. — Los jefes y oficiales de la Guardia Nacional no podrán ser reconocidos por ningun motivo, ni en ningun tiempo, como de ejército. — La inasistencia de los guardias nacionales, no acuartelados, á los ejercicios de instruccion, que no tendrán lugar mas de una ó dos veces al mes, podrá ser penada con arresto de uno á ocho dias, segun la gravedad de la reincidencia. — Siempre que la Guardia Nacional fuese empleada fuera de su provincia ó departamento, no estará obligada á servir por mas de seis meses; debiendo ser relevada si aun hubiese necesidad de sus servicios, excepto el caso de guerra exterior.

EJERCITO PERMANENTE. — En 20 de Noviembre de 1872, se publicó la ley que determinaba la fuerza del ejército permanente y los medios de llenar sus bajas por el sorteo y del enganche voluntario.

Hé aquí las disposiciones de esa ley:

Todo peruano mayor de veintiun años está obligado á servir en el ejército nacional, durante el tiempo, en la forma y en los casos que esta ley prescribe. — La fuerza del ejército activo es de cuatro mil hombres de todas armas. — El tiempo de servicio en el ejército es de cinco años, en esta forma: tres en el ejército activo y dos en el de reserva.—Quedan

exceptuados del servicio militar: — 1º El hijo único
de viuda ó de padres pobres y con mas de sesenta
años, siempre que cumplan con el deber de sostenerlos: — 2º El viudo, padre de hijos menores: —
3º Los estudiantes matriculados, en universidades
y colegios: — 4º Los eclesiásticos, profesores de instrucción y los empleados públicos: — 5º Los que.
comprueben inutilidad para el servicio. — Los cuatro mil hombres que deben componer el ejército, se
sacarán por suerte de todas las provincias de la República, en proporcion al número de sus pobladores.
—Despues de un año de formado el ejército, con arreglo al artículo anterior, se sorteará la tercera parte que pasará á la reserva; el año siguiente se sorteará la otra tercera parte de las dos que hubiesen
quedado, la que pasará tambien á la reserva; y en
lo sucesivo pasará á la reserva sin necesidad de sorteo la tercera parte que tenga mas tiempo de servicios. — Para reemplazar, tanto por la parte sorteada, como las bajas del ejército, el Gobierno pedirá
á las respectivas Municipalidades, por el órgano de
los Prefectos y Sub-Prefectos, el número de individuos aptos para el servicio, que segun el censo corresponda á cada provincia, y además el reemplazo
de los desertores, de los conscriptos de la misma. —
Las Municipalidades asignarán á cada distrito el número de conscriptos con que deba contribuir en la
proporcion indicada en el artículo anterior. — La
Junta Municipal del Distrito sorteará ese número,
entre los ciudadanos de veintiuno á veinticinco años
inclusive, que no estén exceptuados en esta ley y los

entregarán á las autoridades de policía en la Capital de la provincia. — Formará parte de la Junta Municipal para el acto del sorteo, el Juez de Paz de primera nominacion. La Junta admitirá hasta seis adjuntos, siempre que cada uno de estos sea propuesto cuando ménos por diez ciudadanos. — El sorteo de que habla el artículo anterior, se verificará en la plaza pública, poniendo en cédulas los nombres de los que resulten hábiles en cada distrito, y colocadas éstas en una ánfora, se sacarán una por una hasta completar el número que corresponda al distrito. La extraccion de las cédulas se hará por uno de los niños del lugar. — Los Síndicos Municipales llevarán un libro en que inscriban los nombres de los sorteados, los de sus padres y la patria de éstos, anotándose la fecha en que marchan y el pueblo á que corresponde el continjente. Los mismos funcionarios están obligados á pedir al Sub-Prefecto que recabe por los conductos respectivos la licencia final de los individuos que hayan cumplido el tiempo de sus servicios. — Si se presentasen voluntarios entrarán en deduccion del número de conscriptos que corresponda al distrito en que residan. — Cuando un desertor sea tomado y remitido al cuerpo á que pertenecia, será dado de baja el que lo reemplazó, quedando libre éste de todo servicio en el ejército, y perdiendo aquel el tiempo que hubiere servido ántes de su desercion. — Las Municipalidades abonarán á los sorteados y voluntarios, el diario y bagajes hasta su entrega en la capital de la provincia á la autoridad política, corriendo

desde ese dia por cuenta del Gobierno ambos abo
nos. — Cumplidos los tres años de servicio activo
en el ejército, cada soldado ó clase tendrá derecho
á dos sueldos de gratificacion y pasará á la reserva.
—La condicion de reserva deja al soldado en libertad
para contraerse á cualquier trabajo ú ocupacion, im-
poniéndole únicamente las siguientes obligaciones:
—1ª Residencia en la Capital de la República, de
donde no podrá ausentarse sin prévia licencia del
Gobierno. — 2ª Presentacion á revista y ejercicio,
que no podrá exceder de dos dias en el mes. La
asistencia se retribuirá con el doble del prest de reglamento. — 3ª Incorporarse á las filas del ejército
en caso de guerra. — Cumplidos los dos años de reserva, cada soldado ó clase tendrá derecho á un
sueldo de gratificacion, á su licencia final y absoluta separacion del ejército, y á bagajes para regresar
á su provincia. — Queda libre del servicio militar
el sorteado que presente su reemplazo á satisfaccion
de la Municipalidad. — En todos los cuerpos del
ejército habrá una escuela de primeras letras para
cada compañía. Estas escuelas estarán bajo la inspeccion de los jefes y á cargo de los capitanes y subalternos á los que servirá de mérito especial en
su carrera el número de soldados á quienes hayan en-
señado á leer y escribir. Este mérito, prévia la cer-
tificacion del Inspector General del Ejército, se anotará en la respectiva foja de servicios. — El Poder
Ejecutivo expedirá los decretos y reglamentos necesarios para la ejecucion de esta ley.

CAPITULO II.

Subsisten las contribuciones directas ó indirectas, que indicamos al tratar de esta materia (pág. 208 á 213), y además algunos otros impuestos creados por los Consejos departamentales y provinciales.

TIMBRES. — ALCABALAS. — El impuesto ó contribucion de timbres fué creado por decreto dictatorial de 1866 : fué abolido temporalmente por haberse declarado nulos todos los actos dictatoriales, y restablecido por ley de 11 de Febrero de 1869.

Pocas leyes tiene el Perú mas defectuosas que la de timbres, que á cada paso dá lugar, en su aplicacion, á dudas y á embarazos. De la oscuridad y contradicciones, han resultado y tienen que resultar frecuentemente, no solo dificultades para las transacciones, sino conflictos y litigios.

La *alcabala*, derecho que, como tenemos dicho (página 211), consistia en un dos por ciento, pagado en dinero al fisco, sobre el valor de los inmuebles vendidos ó permutados, se paga hoy en timbres.

Las descripciones de la ley de timbres son:

Todo documento de crédito en que conste un contrato entre vivos ó su cancelacion, llevará un timbre en la proporcion que esta ley designa: — Los timbres serán de las clases y valores siguientes: — 1ª De veinte soles cada timbre: — 2ª De diez soles id. id. — 3ª De cinco soles id. id. — 4ª De un sol id. id. — 5ª De veinticinco centavos de sol id. — 6ª De diez centavos de sol id. — Los documentos de aduana quedan sujetos al impuesto de timbre de la siguiente proporcion: — 1ª Los manifiestos por mayor llevarán un timbre de cuarta clase en cada ejemplar: — 2ª Los manifiestos por menor, pólizas de trasbordo y de reembarco, un timbre de quinta clase.

La contribucion de timbres en otra clase de documentos se pagará con arreglo á la siguiente proporcion: — En cuentas mercantiles, recibos, conocimientos, pólizas de seguros marítimos y en general, en toda clase de documentos privados de reconocimiento de deuda, no especificados en esta ley, desde la cantidad de veinte soles hasta la de quinientos, se pondrá un timbre de sexta clase; y de la de quinientos soles hasta mil, un timbre de quinta clase, agregando un timbre de la misma en igual proporcion, es decir, uno de sexta clase por cada quinientos soles, ó fraccion de quinientos; y uno de quinta clase por cada mil soles ó fraccion mayor de quinientos: — 2ª En las letras de cambio giradas y pagaderas en el territorio nacional, hasta diez mil soles, se pondrá un timbre de sexta clase por cada quinientos soles ó fraccion mayor de cien soles. De diez mil soles para adelante, un timbre de la misma clase por cada mil soles ó fraccion mayor de quinientos: — 3ª En los pagarees ó documentos privados de obligacion y pólizas de seguros sobre la vida ó contra incendios, se pondrá un timbre de cuarta clase por cada mil soles hasta cinco mil; y por lo que exceda de esta suma dos timbres de quinta clase por cada mil soles ó fraccion de quinientos: de cien soles á quinientos, un tiembre de quinta clase; y de veinte á cien soles, uno de sexta clase: — 4ª En las escrituras públicas que contengan mútuos, obligaciones, novaciones de contrato, reconocimiento de deuda ó sociedades con capital constituido, se pondrá el número de timbres de quinta clase que equivalga al uno por ciento del valor comprendido en la escritura: — 5ª En la venta de capitales muebles por escritura pública ó en la emision de acciones de compañías industriales ó mercantiles, se pondrán los timbres equivalentes al medio por ciento sobre sus respectivos valores. — 6ª En la compraventa, cesion en pago, permuta, donacion y en general en todo contrato de traslacion de dominio de inmuebles ó de acciones ó derechos sobre inmuebles, se pondrán los timbres equivalentes al dos por ciento sobre el valor de dichos inmuebles.

Los bancos de emision, pagarán anualmente, en timbres, sobre el monto de la mayor emision durante el año, que será comprobada por el Director de Contabilidad General, el valor que correspondería al cuadruplo de esa cantidad, segun el inciso 3º del artículo 4º, quedando exceptados del impuesto de timbres los *cheks* que se giren contra los bancos. — No está exento del timbre un documento por ser el Gobierno uno de los centratantes.

Los que omitieren el uso del timbre que corresponde á cada uno de los documentos designados en esa ley, quedan obligados al pago del cuádruplo del valor de los timbres que correspondan al documento en que falten. — Los derechos de timbre serán pagados por los que firmen el documento, salvo pacto en contrario. — En las donaciones en que no conste el valor de la cosa, se pedirá por los otorgantes, ántes de la celebracion de la escritura, la tasacion del objeto donado. Dicha tasacion se hará por dos peritos, nombrados uno por el administrador de la tesorería respectiva ó autoridad política del lugar donde no existan dichas oficinas, y otro por los interesados, nombrando ambos peritos un tercer dirimente, para el caso de discordia. — En las donaciones de inmuebles, se podrá evitar las tasaciones, sirviendo de base la cuota pagada por contribucion territorial, calculada sobre un valor de seis por ciento anual de aquel en que se estime el fundo. — Los timbres serán vendidos únicamente en las oficinas fiscales ; pudiendo éstas encargar del expendio, á personas que otorguen sobre ellas las fianzas respectivas; abonándoles el tres por ciento como premio de venta, al que no tendrán opcion los expendedores que perciban sueldo como empleados en ejercicio. — Queda suprimida la contribucion denominada *alcabala de enagenaciones.*

El papel sellado solo se usará en expedientes judiciales ó administrativos, registros, certificados, testimonios y demas actos de escribanos públicos. — Los escribanos que autoricen escrituras públicas, contraviniendo las prescripciones de esta ley, serán suspensos del ejercicio de sus funciones por el término de seis meses. — El impuesto de timbre es diferente del que se satisface en las aduanas bajo la denominacion de papel para documentos. — Los administradores de aduana no permitirán que se expenda papel para manifiestos, pólizas &ª, sin que tengan el timbre correspondiente; siendo responsables al reintegro del doble del que corresponda á los documentos de esa clase que giren sin el timbre respectivo.— En los casos en que se pague el timbre á razon del tanto por ciento, se pondrá un timbre de diez centavos por las fracciones mayores de veinte soles.

Quedan exentos del timbre los documentos siguientes: — 1.° Los testimonios, boletas, ó copias certificadas que se dén por los escribanos públicos; — 2.° Los depósitos judiciales; — 3.° La cancelacion de documentos públicos ó privados, que pagaren el impuesto al tiempo de su otorgamiento.; — 4.° Los contratos ó cuentas en que el Estado resulte deudor; — 5.° Las cuentas y conocimientos relativos á las consignaciones de huano. — 6.° Las escrituras de arrendamiento: las guias con que se remiten especies y que no sirven de documento principal; — 7.° Las cartas de pago, y toda clase de recibos por dinero que no estén especialmente determinados en esta ley: las cartas órdenes, si son simples recomendaciones

y que por su natureleza no producen obligacion;—
8º Los recibos por buenas cuentas á los empleados
públicos ó pensionistas del Estado; — 9º Los boletos de pasaje de los empleados públicos que viajan
en comision del servicio y los de los presos ó reos,
cuyo pasaje sea pagado por el Estado; y — 10. Las
escrituras de venta que se hagan en la República
de bienes situados en el extrangero; pero no el recibo de la cantidad, que se entregue á cuenta de la
obligacion de lo que quede por pagarse. — Se con-
siderará como un solo recibo para el pago de timbres, la suma total de los presupuestos de empleados y las listas ó planillas que se formen para el
pago de artesanos y jornaleros. — A falta de papel
sellado, podrá usarse de papel comun con los timbres correspondientes que encabezarán el documento.

CAPITULO III.

La *Direccion general de Hacienda* y la *Direcciou general del Crédito público*, de cuyas funciones nos ocupamos al hablar de la *Contabilidad administrativa* (pág. 218 á 219), han desaparecido desde la creacion de las Direeciones de Rentas y de Contabilidad general y de crédito, creadas por la ley de 10 de Diciembre de 1868. (Véase pág. 284.)

Un importante decreto de 13 de Enero de 1872, fijó las relaciones que debian mediar entre las *Direcciones de Rentas y de Contabilidad*, determinando además las atribuciones de esas oficinas y el modo de ejercerlas.

Como se ha mandado considerar las disposiciones de ese decreto como adicionales al Reglamento general, y como parte del Código de Hacienda, nos parece útil insertarlo íntegramente.

Art. 1º La Direccion de Contabilidad llevará, además de la cuenta central de gastos, la central de ingresos, la que abrirá desde 1º de Enero del presente año, plantificando una y otra con perfecta sujecion á los modelos ó instrucciones que para el efecto se han formulado y que desde luego se aprueban.

Art. 2º La Direccion de Rentas formará al fin de cada año por triplicado, el cuadro del valor justificado y conocido de las contribuciones directas que han de recaudarse en el año siguiente, expresando por semestres y por año, por distritos, provincias y departamentos, el monto de cada una de ellas y guardando un ejemplar, remitirá el 2 de Enero otro al Tribunal Mayor de Cuentas y el tercero á la Direccion de Contabilidad.

Art. 3º Formará tambien á fin de año, por triplicado otro cuadro que exprese el monto de cada una de las otras rentas fiscales que son de periodo fijo, de percibo y de cantidad determinada, tales como arrendamientos de fincas y de ferrocarriles del Estado, censos, dividendos de acciones en empresas industriales, indicando por distritos, provincias y departamentos, el importe del rendimiento y la época del pago; y conservando uno de esos tres ejemplares remitirá el 2 de Enero los otros dos al Tribunal Mayor de Cuentas y á la Direccion de Contabilidad General y Crédito.

Art. 4º Con vista de esos cuadros y en virtud de la remision que de ellos haga á la Direccion de Contabilidad, abrirá á ésta el cargo correspondiente á los valores respectivos á las contribuciones directas y á las rentas de plazo fijo y de rendimiento conocido.

Art. 5º Para que la Direccion de Contabilidad acepte el cargo, deberá la de Rentas traspasarle con factura, llenados por la Direccion y rubricados por el Director de Rentas, los recibos correspondientes á las contribuciones directas y á las otras rentas de plazo fijo y de rendimiento conocido.

Art. 6º La Direccion de Contabilidad remitirá los recibos de que habla el anterior artículo á las Cajas fiscales, á cada una de las que abrirá el correspondiente cargo por los valores que respectivamente les haya mandado; debiendo á su vez dichas cajas entregar los recibos de contribuciones directas á los Receptores departamentales, á los que abrirá el debido cargo, haciendo ellos efectivo, por medio de recaudadores especiales de toda su satisfaccion y de su responsabilidad, el importe de los recibos correspondientes á las rentas del vencimiento fijo.

Art. 7º En los lugares en que exista el impuesto de patentes, éste se pagará por los mismos contribuyentes en las Cajas fiscales, las que por medio de agentes de su confianza y de su responsabilidad harán efectivo ese impuesto con el gravámen correspondiente á la demora, en los casos en que debe cobrarse de los morosos.

Art. 8º La Direccion de Rentas remitirá á la de Contabilidad, en las épocas oportunas y con las correspondientes facturas, el timbre, el papel sellado y el papel de aduanas que han de consumirse en los departamentos y aduanas de la República, abriendo el cargo respectivo por esos valores á dicha Direccion, que á su vez pasará esas especies á las Cajas fiscales, á las que abrirá el correspondiente cargo.

Art. 9? Las Direcciones de Rentas y de Contabilidad mantendrán una cuenta corriente general por todos los valores recaudables, en la que se cargará al *Debe* de la segunda de dichas Direcciones, el importe de esos valores, y se abonarán en el *Haber* todas las cantidades que se recauden.

Art. 10. Para el mejor órden y exacta comprobacion de la enunciada cuenta corriente general, ésta se descompondrá en seis cuentas corrientes particulares, á saber: 1ª por contribuciones cuya recaudacion queda recomendada á los Receptores: 2ª por patentes, timbres y papel sellado: 3ª por valores de plazo fijo y de cantidad determinada: 4ª por rendimiento de derechos de importacion, exportacion, venta de papel y otros impuestos de aduanas: 5ª por el producto de guano; y 6ª por ingresos eventuales.

Art. 11. La comprobacion de estas cuentas se hará con sujecion á las reglas siguientes:

1ª Las partidas de cargo ó sea el *Debe* se comprobarán. — En la cuenta corriente por contribuciones recaudables por los receptores, con las facturas de recibo de contribuciones, confrontadas con su contenido y aceptadas por la Direccion de Contabilidad. En la cuenta corriente por patentes, timbres y papel sellado, con las facturas remitidas por la Direccion de Rentas, confrontadas y expresamente aceptadas por la de Contabilidad.

En la cuenta de valores de plazo fijo, recaudables

por las Cajas fiscales, con el cuadro expresivo de deudores por arrendamientos de fincas ó ferrocarriles del Estado, por censos, por acciones en empresas industriales ó por otras rentas de análoga especie, acompañado de la nota de remision de ese cuadro.

En la cuenta de productos por derechos y venta de papel de aduana, como uno de los dos estados mensuales de valores recaudables, que el último dia de cada mes debe remitir cada aduana principal á la Caja fiscal respectiva; y que ésta pasará inmediatamente á la Direccion de Contabilidad.

En la cuenta de guano, el comprobante del *Debe* será la razon trimestral que la Direccion de Rentas mandará á la Contabilidad del valor de los cargamentos que habrán de venderse durante el siguiente trimestre; y miéntras duren las actuales consignaciones, el valor de las ventas probables en dicho trimestre.

En la cuenta de ingresos eventuales, el *Debe* se comprobará con el certificado del entero en arcas del ingreso eventual, ó si se formase expediente para obtenerlo con dicho expediente.

2ª El Haber se comprobará:

En la cuenta corriente de contribuciones recaudables por los receptores, con el Estado, de los valores recaudados en todas las provincias del departamento, por contribuciones que cada receptor departamental deberá pasar mensualmente á la Direccion de Contabilidad, además del que remitirá tambien mensualmente la de Rentas, y con el certificado de entero de dichos valores, que remitirá la caja fiscal respectiva.

En la cuenta corriente de valores recaudables por la misma Caja fiscal, el comprobante del *Haber* será el certificado de partida de los valores que dicha Caja haya cobrado.

En la cuenta de timbres y papel sellado, el comprobante del *Haber* será el certificado de la partida de ingreso que expida la respectiva Caja fiscal como producto de la venta de esas especies, tanto en la capital ó provincia del Cercado del departamento, como en las otras provincias del mismo.

En la cuenta por productos de aduanas, el comprobante de su *Haber* será el certificado de la partida de entero que mensualmente pasará la Caja respectiva á la Direccion de Contabilidad, además del que debe entregar á la aduana para resguardo de ésta.

En la cuenta de guano, se comprobará el *Haber* con las cuentas de venta de los consignatarios del guano, miéntras duren las consignaciones; y la casa contratista para la compra de este artículo, remitirá trimestralmente á la Direccion de Contabilidad.

En la de ingresos eventuales, el certificado de las partidas de ingreso por razon de esas entradas.

Art. 12. Cada seis meses, las Direcciones de Rentas y de Contabilidad liquidarán las cuentas corrientes particulares que van mencionadas, teniendo á la vista los comprobantes del *Debe* y el *Haber*; si no hubiere discrepancia alguna, se llevarán en su

totalidad los saldos que resulten á la cuenta corríen-
te general.

Art. 13. Practicada la liquidacion de que habla
.el artículo anterior, la Direccion de Rentas pasará
una *nota libramiento* á la de Contabilidad, en la que
expresándole estar conforme con la liquidacion practicada, ponga á disposicion de dicha Direccion de
Contabilidad el total valor que representa el *Haber*
para que, entrando á componer la cuenta central dé
ingresos, se aplique á las necesidades y compromisos del Estado.

Art. 14. Suscrito por los dos Directores se elevará
al Ministro de Hacienda en doble ejemplar, el balance de esa liquidacion, quedando uno de ellos ar-
chivado en el Ministerio y remitiéndose el otro al
Tribunal Mayor de Cuentas.

Art 15. Si al hacerse la liquidacion hubiere alguna divergencia, se esclarecerá inmediatamente la
causa que la origina, para que, sin retardo alguno,
se expida la nota libramiento y se remita el balance
de que tratan los dos artículos anteriores.

Art. 16. Para que la Direccion de Rentas man-
tenga con la de Contabilidad su cuenta corriente, y
pueda además llevar la cuenta particular de los ramos que administra, con el fin de conocer el curso
que siguen esos ramos y los procedimientos de los
encargados de la recaudacion, reunirá los siguientes
documentos:

1º El libro de facturas de los recibos de contribuciones y demas rentas y de patentes, remitidos á
la Direccion de Contabilidad; como tambien de las

remesas de timbres y papel sellado y de aduanas.

2? Los estados de valores recaudados que, visados por las cajas fiscales respectivas, pasarán mensualmente á la Direccion de Rentas los receptores departamentales y las aduanas.

3? La razon de ventas probables de guano en el trimestre, ó de los cargamentos que se vencen en dicho periodo.

4° Los certificados de las partidas correspondiendientes á ingresos eventuales que las cajas fiscales pasarán por duplicado á la Direccion de Contabilidad, y de los cuales reservará ésta un ejemplar, pasando el otro á la Direccion de Rentas.

Art. 17. Poniendo la Direccion de Rentas á disposicion de la de Contabilidad, el total rendimiento ó producto bruto de las contribuciones y demas rentas del Estado, todo gasto, sea cual fuere su naturaleza y objeto, se hará en virtud de órden expedida exclusivamente por la Direccion de Contabilidad.

Los gastos, así ordinarios como extraordinarios, correspondientes á los ramos que administra la Direccion de Rentas, tales como premios de receptores ó de cobranza, comisiones, premios ó descuentos, por la venta de papel sellado y de timbres, reparacion de aduanas, ó adquisicion de los útiles que le sean precisos, comisiones y otros gastos concernientes á la negociacion del guano, conservacion y mejora de los bienes nacionales, adquisicion de papel sellado, timbres y papel de aduanas, se ordenarán, si son ordinarios, en las épocas debidas por la Direccion de Contabilidad, sin necesidad de prévio mandato supremo; y si fuesen extraordinarios, en virtud de dicho mandato, solicitado por la Direccion de Rentas, trasmitido á la de Contabilidad y regisro en el Tribunal de Cuentas.

Art. 18. Las letras que puedan girarse sobre los productos del guano, ó las órdenes de entrega en Europa de alguna parte de estos fondos, se expedirán solo por el Ministerio de Hacienda, con rúbrica del Presidente de la República.

Los giros se harán á favor de la Direccion de Contabilidad, la que endosará las letras ó mandatos de entrega á la órden de la Caja fiscal de Lima, y ésta á la de la oficina, autoridad ó individuo que ha de recibir el importe de las letras ó libramientos girados, prévio asiento de la respectiva partida. Estos giros se harán precediendo resolucion suprema, que se registrará en el Tribunal de Cuentas.

Art. 19. Si por efecto de reparos hechos por la Direccion de Rentas á las cuentas relativas á la negociacion del guano, ó si por consecuencia de economías hechas en la administracion de los ramos fiscales, ó por cualquier otro motivo, hubiere aumento de productos, y este aumento correspondiese á un semestre ya liquidado, se cargará al *Debe* y al *Haber* de la cuenta corriente respectiva dicho aumento, haciendo la especificacion del semestre á que corresponde, y se incluirá en la liquidacion de la cuenta corriente general respectiva, al tiempo en que se hacen los asientos.

Art. 20. La Dirección de Contabilidad remitirá oportunamente cada mes á las diferentes Cajas fis-

cales, con excepcion de las de Lima y el Callao, el
presupuesto mensual de sus gastos ordinarios, segun como figuren en el presupuesto general de la
República que los autorize, y conforme á las resoluciones especiales que se hayan dictado para que
se efectúen los pagos de las cantidades consideradas en dicho presupuesto mensual. Este presupuesto se remitirá en doble ejemplar. El principal contendrá en un solo pliego todos los gastos que hayan
de hacerse en el Departamento. El segundo ó duplicado, se compondrá de tantos pliegos como provincias tiene el Departamento, á fin de que los pagos que se hagan en ellas se comprueben con la firma del que recibió la cantidad pagada. El interesado, á mas de la firma que debe poner en la partida
del libro respectivo, firmará en una columna, especialmente abierta para este objeto, en los pliegos de
que se trata y en la misma línea de la partida correspondiente. Estos pliegos los devolverán por el
próximo correo los cajeros fiscales á la Direccion de
Contabilidad. Miéntras que no se haga esa devolucion, la Direccion no remitirá contingente al Departamento, siendo responsable el cajero de las consecuencias del retardo que por esta falta sufra el en-
vío de los contingentes.

Art. 21. El pago de toda cantidad distinta de las
consideradas en el presupuesto, como gasto ordinario, y por el cual se haya seguido expediente particular, se ordenará en el mismo expediente, el que
pasará á la Caja fiscal que haya de hacer el pago,
para que compruebe la partida respectiva.

Art. 22. Queda desde esta fecha suprimida en la Direccion de Contabilidad y Crédito la seccion de cajas y cuentas especiales, y no se girarán por dicha direccion otros cheks que los que se emitan por la seccion del Crédito á cargo de la Caja fiscal de Lima, la que abrirá en sus libros un ramo especial para esos giros.

Art. 23. En virtud de las disposiciones contenidas en el presente decreto, las cajas fiscales de la República, con excepcion de las de Lima y el Callao, verificarán directamente las aplicaciones de sus cuentas en ingresos y egresos, sujetándose á la forma detallada en el reglamento de 14 de Mayo de 1869, en cuanto á los libros y columnas de aplicaciones.

Art. 24. Las cajas fiscales de Lima y del Callao llevarán sus cuentas con sujecion á los modelos ó instrucciones de que trata el artículo 1º; pero como éstas tienen su base en el presupuesto general de la República y seria necesario tener en el dia liquidadas todas y cada una de las partidas de dicho presupuesto, en lo relativo á los ingresos y egresos correspondientes á estos departamentos, no estando expeditas éstas, formarán las cuentas de los ingresos generales y departamentales que tengan lugar durante el presente año de 1872, haciendo uso de los libros manual y mayor y de los auxiliares necesarios para su servicio; comprobando los respectivos movimientos, tanto en lo ordinario como en lo extraordinario, con las órdenes que al efecto reciba de la Direccion de Contabilidad, y principiarán so-

lo en el bienio próximo, con sujecion á los modelos
é intrucciones indicadas.

Art. 25. La Direccion de Contabilidad General y
Crédito dispondrá que desde luego, y bajo responsabilidad, se proceda por la seccion de cajas y cuentas especiales que se extingue, á presentar los saldos de las cuentas que, segun la disposicion suprema de 15 de Abril del año próximo pasado, ha debido llevar á todas y á cada una de las partidas del
presupuesto géneral de la República, así como la
de los deudores al Estado, por anticipos ú otras
causas de que tenga conocimiento especial, segun
sus libros, á fin de pasarlos á la seccion de Contabilidad General, que debe formar las cuentas centrales de ingresos y egresos y á la Caja Fiscal de Lima para el desempeño de sus funciones, que por este decreto se les encomiendan y que deben principiar en el dia.

Art. 26. Quedan derogadas las disposiciones contenidas en el decreto supremo de 15 de Abril del
año próximo pasado, en todo lo que se opongan al
presente.

Art. 27. Las presentes disposiciones serán tenidas
como adicionales al Reglamento General y formarán parte del Código de Hacienda.

Art. 28. Por resolucion separada se proveerá á la
inmediata plantificacion en las cajas fiscales del
nuevo sistema de cuenta, segun el reglamento aprobado en la citada fecha de 14 de Mayo de 1869, y se
determinará el número de plazas que deben quedar
suprimidas en la Direccion de Contabilidad General.

Artículo transitorio. No siendo posible justificar las partidas del *Debe* y *Haber* de las cuentas corrientes respectivas á los años de 1870 y 1871, que han de establecerse en conformidad con este decreto, por no haberse formado ni los cuadros ni las facturas de recibos, ni llenado, ni trasmitidos éstos, en el modo que va puntualizado, queda entendido que esa clase de comprobantes deberá acompañarse á las cuentas que se lleven desde el presente año.

FIN.

CPSIA information can be obtained
at www.ICGtesting.com
Printed in the USA
BVHW031051060520
579158BV00009B/94